定性资料
统计分析及应用

◎ 胡良平 王琪 著

SAS

统计分析系列

电子工业出版社

Publishing House of Electronics Industry

北京·BEIJING

内 容 简 介

本书涉及一个原因和/或多个原因变量对一个和/或多个定性结果变量影响的各种定性资料统计分析问题，相当于定性资料统计分析的"百科全书"。书中的全部分析方法可以概括为以下四大类：第一类为广义差异性分析［包括一般 χ^2 检验、校正 χ^2 检验、未校正的 CMHχ^2 检验或简称为 χ^2_{MH} 检验及 Fisher's 精确检验；秩和检验、一致性检验、对称性检验、线性趋势检验、基于大样本定性资料的三种特殊 t 检验（即非劣效性检验、等效性检验和优效性检验）、CMH 校正的 χ^2 检验和 CMH 校正的秩和检验、各种有关总体参数的置信区间估计］；第二类为定性资料的 meta 分析；第三类为相关和关联性分析（包括 Spearman 秩相关分析、Kendall's Tau-b 秩相关分析、Shannon 信息量分析、定性资料对应分析）；第四类为回归和聚类分析（配对设计一元定性资料的条件多重 logistic 回归分析和三种表现的定性结果变量的一水平与多水平多重 logistic 回归分析、项目反应模型分析、潜在类别分析和重复测量设计多元定性资料的转移模型分析）。上述的每部分内容都按"问题与数据"、…、"主要分析结果及解释"等层次逐一展开，便于读者学以致用。

本书适合所有需要分析各种定性资料的人员（包括科研人员、临床医护人员、杂志编审人员、研究生指导教师和大学教师、本科生、硕士和博士研究生、博士后人员）学习和使用。

未经许可，不得以任何方式复制或抄袭本书之部分或全部内容。
版权所有，侵权必究。

图书在版编目（CIP）数据

定性资料统计分析及应用/胡良平，王琪著. —北京：电子工业出版社，2016.3
统计分析系列
ISBN 978-7-121-27767-2

Ⅰ. ①定… Ⅱ. ①胡… ②王… Ⅲ. ①定性分析-统计分析-高等学校-教材 Ⅳ. ①C813

中国版本图书馆 CIP 数据核字（2015）第 294990 号

策划编辑：秦淑灵
责任编辑：苏颖杰
印　　刷：北京京师印务有限公司
装　　订：北京京师印务有限公司
出版发行：电子工业出版社
　　　　　北京市海淀区万寿路 173 信箱　邮编　100036
开　　本：787×1092　1/16　印张：17　字数：435 千字
版　　次：2016 年 3 月第 1 版
印　　次：2016 年 3 月第 1 次印刷
印　　数：3000 册　　定价：45.00 元

前　言

众所周知，统计资料从性质上可粗分为定量资料与定性资料两大类，从功能上又可分为原因变量与结果变量两大类。在一个实际问题中，只有原因变量及其取值的统计资料没有什么实用价值，故很少有人关注它们；而仅有结果变量及其取值或者同时具有原因变量与结果变量及其取值的统计资料是最为常见的，也是人们最常分析的定性资料。其中，结果变量是定量变量的统计资料，常简称为"定量资料"，而结果变量是定性变量的统计资料，常简称为"定性资料"。根据每次分析的结果变量的个数来命名统计分析方法时，又有"一元"与"多元"定量资料或定性资料统计分析方法之称。

现有已出版的统计学教科书涉及的内容包罗万象（科研设计、质量控制、统计表达与描述、定量和定性资料统计分析、统计软件的应用、结果解释、结论陈述等），但在每个具体内容模块方面都不够深入和全面，这对于希望全面系统学习和掌握某一知识领域的读者来说，是有失偏颇、不尽如人意的。

本书从三种不同的视角，全面系统地向读者介绍定性资料的统计分析方法、应用场合、SAS实现、输出结果的解释和结论的陈述：第一，从一水平与多水平模型统计分析角度；第二，从非重复测量设计与重复测量设计定性资料统计分析角度；第三，从一元定性资料与多元定性资料统计分析角度。

依据统计分析方法的名称来划分，本书所涉及的统计分析方法有定性资料的广义差异性分析（包括ROC曲线分析）、定性资料的广义线性模型和非线性模型分析、定性资料的聚类分析、定性资料的项目反应模型分析、定义资料的转移模型分析、定性资料的对应分析和Shannon信息量分析。

在本书即将出版之际，真诚感谢北京东直门医院高颖主任医师、教授，是她将我们的研究团队带进了中医药研究的973课题，使我们有机会接触、了解和学习到很多中医药方面的科学问题和宝贵的临床资料，使本书所介绍的定性资料统计分析方法在实际临床应用方面如虎添翼、生动活泼，恰似一场及时喜雨。最后，我们感谢直接和间接为此书付出过辛勤劳动的所有同志和朋友！

由于编者水平有限，书中难免会出现这样或那样的不妥，甚至错误之处，恳请广大读者不吝赐教，以便再版时修正。为便于与读者沟通和交流，特呈上我们的电子邮箱地址和有关网址：lphu812@ sina. com；www. statwd. com；www. huasitai. com。

胡良平

于北京军事医学科学院

2015 年 8 月 14 日

目 录

上篇 非重复测量设计定性资料统计分析方法

— IX —

下篇　重复测量设计定性资料统计分析方法

上篇　非重复测量设计定性资料统计分析方法

第1章　一维与二维列联表资料的常规统计分析

本章主要内容是用 SAS 软件实现单因素设计一元定性资料的统计分析。与单因素设计一元定量资料类似，该类资料从设计类型上分为单组设计、配对设计、成组设计、单因素多水平设计。值得一提的是，本章还对基于一个定量诊断指标如何确定最佳的"诊断点"问题进行了详细介绍，此内容就是临床医师常用的"ROC 曲线分析"问题，它是四格表资料统计分析方法和诊断指标联合使用的产物。

1.1　单组设计一维表资料总体率的区间估计及其假设检验

1.1.1　问题与数据

【例 1-1】　为了调查某工厂产品生产合格率的情况，随机抽取 1000 件该厂产品进行检验，发现其中 978 件合格、22 件不合格。已知业内相同产品的生产合格率为 98%，问该工厂产品合格率是否低于业内平均水平？

1.1.2　对数据结构的分析

例 1-1 的资料中所有观测对象未按其他因素分组，它们均处在同一个组中，而观测变量是一个二值变量（即"合格与否"）。因此从设计类型角度来看，它属于单组设计一元定性资料。

1.1.3　分析目的与统计分析方法的选择

例 1-1 的研究的目的是要考察 1000 件产品所代表的总体与业内相同产品所代表的总体，在产品合格率上的差别是否有统计学意义，由于结果变量是二值变量，所以可以用基于二项分布原理推导出的假设检验方法对数据进行统计处理。

1.1.4　SAS 程序中重要内容的说明

分析例 1-1 的资料所需的 SAS 程序（程序名为 TJFX1_1.SAS）如下：

```
DATA tjfx1;                          ODS HTML;
    INPUT group count;               PROC FREQ;
CARDS;                                   TABLES group/binomial(p=0.98);
1 978                                    WEIGHT count;
2 22                                 RUN;
;                                    ODS HTML CLOSE;
RUN;
```

【程序说明】　数据步，建立名为 tjfx1 的数据集，group 是分组变量，count 是频数变量。

过程步，调用 FREQ 过程，用 TABLES 语句加变量 group 表示绘制一维列联表；binomial 选项表示按照二项分布原理对统计量进行计算和检验，用"（p = 0.98）"指定标准率的大小，最后用 WEIGHT 语句指定频数变量 count。

1.1.5　主要分析结果及解释

group 的二项分布比例 = 1

比例	0.9780
渐近标准误差	0.0046
95% 置信下限	0.9689
95% 置信上限	0.9871

以上给出了 group = 1，即 1000 件产品所代表总体的产品合格率估计值及其 95% 置信区间，合格率为 0.9780，置信区间为（0.9689，0.9871）。

H0 检验：比例 = 0.98

比例	0.9780
H0 下的渐近标准误差	0.0044
Z	-0.4518
单侧 Pr < Z	0.3257
双侧 Pr > |Z|	0.6514

以上是进行二项分布检验所得到的结果，其原假设 H_0 是"1000 件产品所代表的总体与业内相同产品代表的总体，产品合格率之间无差别"。

根据二项检验结果，$Z = -0.4518$，$P = 0.6514 > 0.05$，在检验标准 $\alpha = 0.05$ 条件下，不拒绝原假设，即不能认为两总体的产品合格率差异有统计学意义。因此，可以认为该工厂的产品合格率与业内平均水平基本相同。

1.2　配对设计四格表资料的多种诊断指标的计算和一致性与对称性检验

1.2.1　问题与数据

【例 1-2】　设有一种能准确诊断血友病的方法（称为金标准），用它对 34 名血友病隐性携带妇女和 34 名健康妇女检测的结果作为标准对照，对每位受试者再用欲比较优劣的试验方法检测。两种方法对每位受试者的样品检测的结果按配对的形式整理成表 1-1 的形式。

表 1-1　试验方法与金标准对血友病的诊断结果

试验方法	例数		
诊断结果	金标准诊断结果： 阳性	阴性	合计
阳性	31	4	35
阴性	3	30	33
合计	34	34	68

1.2.2　对数据结构的分析

例 1-2 的资料是配对设计四格表资料，即同一患者的样品均由两种方法来诊断，且诊断结

— 2 —

果是相互对立的两种。整理成这种配对四格表形式，可以直观地看出诊断结果一致和不一致的频数分布情况。

1.2.3 分析目的与统计分析方法的选择

对例1-2的资料进行分析的目的可以有以下三种：其一，描述性统计分析，即计算多种诊断性指标（如敏感度、特异度等12项诊断性指标）；其二，考察试验方法检测结果与金标准结果是否一致，需要选用的统计分析方法称为一致性检验或 Kappa 检验；其三，考察试验方法测定的结果与金标准测定的结果不一致部分之间的差别是否具有统计学意义，从而可以回答试验方法相对于金标准而言，是假阳性错误率高呢还是假阴性错误率高，需要选用的统计分析方法称为 McNemar χ^2 检验。

1.2.4 SAS 程序中重要内容的说明

若资料分析目的为前述的第一个，则所需的 SAS 程序（程序名为 TJFX1_2A.SAS）如下：

```
DATA tjfx2A;
INPUT a b c d;
n=a+b+c+d; n1=a+b; n2=c+d; n3=a+c; n4=b+d;
Se=a/n3;                    Sp=d/n4;
Alpha=b/n4;                 Beida=c/n3;
Pr=n3/n;
PV1=a/n1;                   PV2=d/n2;
LR1=Se/alpha;               LR2=beida/Sp;
Pir=(a+d)/n;                YI=1-(alpha+beida);
OP=a*d/(b*c);
Se=ROUND(Se,0.0001);        Sp=ROUND(Sp,0.0001);
Alpha=ROUND(Alpha,0.0001);
Beida=ROUND(Beida,0.0001);
Pr=ROUND(Pr,0.0001);
PV1=ROUND(PV1,0.0001);      PV2=ROUND(PV2,0.0001);
LR1=ROUND(LR1,0.0001);      LR2=ROUND(LR2,0.0001);
Pir=ROUND(Pir,0.0001);      YI=ROUND(YI,0.0001);
OP=ROUND(OP,0.0001);
Ods html;
FILE PRINT;
PUT #2  @5 'Sensitivity' @20 'Specificity'
        @35 'Mistake Diag' @50 'Omission Diag';
PUT #4  @5 Se @20 Sp @35 Alpha @50 Beida;
PUT #6  @5 'Prevalence Rate' @20 'Positive P V'
        @35 'Negative P V' @50 'Likelihood LR+';
PUT #8  @5 Pr @20 PV1 @35 PV2 @50 LR1;
PUT #10 @5 'Likelihood LR-' @20 'Accuracy'
        @35 'Youden Index' @50 'Odd Product';
PUT #12 @5 LR2 @20 Pir @35 YI @50 OP;
CARDS;
31   4
 3   30
;
Run;
Ods html close;
```

【程序说明】　数据步，建立名为 TJFX2A 的数据集，通过 INPUT 语句产生 4 个变量去读取 4 个原始的频数。

若分析资料的目的为前述的后两个，则所需的 SAS 程序(程序名为 TJFX1_2B.SAS)如下：

```
DATA tjfx2B;                          ODS HTML;
    DO A = 1 TO 2;                    PROC FREQ;
        DO B = 1 TO 2;                    WEIGHT F;
            INPUT F @@ ;                  TABLES A* B/AGREE;
            OUTPUT;                       TEST KAPPA;
        END;                          RUN;
    END;                              ODS HTML CLOSE;
CARDS;
31    4
 3   30
;
RUN;
```

【程序说明】　数据步，建立名为 tjfx2B 的数据集，通过变量 A、B、F 分别读入行号、列号、四格表中每个格子中的实际频数。过程步，调用 FREQ 过程，指定频数变量 F，用 TABLES A * B 语句表示编制二维列联表；AGREE 选项是配对四格表输出 McNemar χ^2 统计量的关键选项；TEST KAPPA 语句用于对 Kappa 系数进行假设检验。

1.2.5　主要分析结果及解释

(1) TJFX2A. SAS 的输出结果如下：

Sensitivity	Specificity	Mistake Diag	Omission Diag
敏感度	特异度	误诊率	漏诊率
0.9118	0.8824	0.1176	0.0882

Prevalence Rate	Positive P V	Negative P V	Likelihood LR +
患病率	阳性预测值	阴性预测值	阳性试验似然比
0.5	0.8857	0.9091	7.75

Likelihood LR −	Accuracy	Youden Index	Odd Product
阴性试验似然比	准确度	Youden 指数	比数积
0.1	0.8971	0.7941	77.5

(2) TJFX2B. SAS 的输出结果如下：

McNemar 检验

统计量（S）	0.1429
自由度	1
Pr > S	0.7055

以上是 McNemar χ^2 检验的输出结果，此处使用的是未进行校正的计算公式，$S = 0.1429$，$P = 0.7055$。

简单 Kappa 系数

Kappa	0.7941
渐近标准误差	0.0737

| 95% 置信下限 | 0.6497 |
| 95% 置信上限 | 0.9385 |

以上给出了 Kappa 值及其渐近标准误、95% 置信区间的上限和下限。

H0 检验：Kappa = 0	
H0 下的渐近标准误差	0.1212
Z	6.5513
单侧 Pr > Z	< 0.0001
双侧 Pr > |Z|	< 0.0001

H0 检验：Kappa = 0	
H0 下的渐近标准误差	0.1212
Z	6.5513
单侧 Pr > Z	< 0.0001
双侧 Pr > |Z|	< 0.0001

以上是对原假设"Kappa = 0"的假设检验结果，$Z = 6.5513$，$P < 0.0001$。

经 McNemar χ^2 检验，得出试验方法与金标准的测定结果不一致部分的差异没有统计学意义（$\chi_c^2 = 0.1429$，$P = 0.7055$），说明两种检测方法所得结果中不一致部分差异很小。经 Kappa 检验，两种检测方法所得结果的观测一致率与期望一致率之间的差异有统计学意义，说明两种检测方法所得的结果具有一致性。由于 Kappa 系数的具体取值为 0.7941，其 95% 置信区间为（0.6497，0.9385），可以认为 Kappa 值尚属于中等大小，说明两种检测方法的一致性在统计学上有一定意义，但其实际价值是否很高，需要根据专业知识对预期的 Kappa 值进行界定。

1.3　一种试验方法与金标准比较的诊断试验配对设计四格表资料统计分析与 ROC 曲线分析

【例 1-3】　假定有一组资料，见表 1-2。用金标准方法确诊患有 RMSF 疾病的患者有 21 例，未患 RMSF 疾病的其他患者 24 例。由临床专业知识可知，血钠水平的高低可能与是否患有 RMSF 疾病有较强的关联性。不仅如此，还得知患了 RMSF 疾病，其血钠水平有降低的趋势。现在的分析目的是：希望找到血钠水平的合适诊断点（Cut-off Point），据此作出的诊断（即判断受试者是否患了 RMSF 疾病）结果，以金标准诊断的结果作为参照，具有同时使诊断的灵敏度和特异度都达到相对高的数值，由它们共同决定的 Youden 指数达到最大值。为实现前述分析目的，第一步需要利用宏程序绘制 ROC（Receiver Operation Characteristic，受试者工作特征）或（Relative Operating Characteristic，相对工作特征）曲线（它是结合不同诊断点下所得到的灵敏度和特异度对整个诊断系统进行综合评价的一种方法）并计算 ROC 曲线下的面积；第二步就是从 ROC 曲线左上角找到最高点，此点的纵坐标数值就是灵敏度，横坐标数值就是 1 − 特异度，此最高点就是基于血钠水平诊断 RMSF 疾病的诊断点。

【分析与解答】　表 1-2 可以被视为一个"单因素两水平设计一元定量资料"，通常，采用单因素两水平设计一元定量资料 t 检验或秩和检验，就可得出两组中血钠的平均值或平均秩之间的差别是否有统计学意义，但这个分析结果对寻找诊断点毫无价值！实现前述分析目的的统计分析方法有两个：采用 ROC 曲线分析法；采用判别分析法。

表 1-2　45 例患者的血钠水平

金标准 诊断结果	血钠水平（mmol/L）
RMSF 病例	124　125　126　126　127　128　128　128　128　129　129　131 132　133　133　135　135　135　136　138　139
非 RMSF 病例	129　131　131　134　134　135　136　136　136　137　137　138 138　139　139　139　139　140　140　141　142　142　142　143

（1）采用 ROC 曲线分析法的思路及其 SAS 实现

将两组血钠值由小到大排序，从最小的数值开始，依次用每个血钠值为假定的诊断点，小于等于此假定诊断点的受试者被判定为"RMSF 患者"，否则就被判定为"非 RMSF 患者"，于是就能获得一张类似于表 1-1 的四格表。例如，分别以最小值 124、大约的中位数 134 和最大值 143 为假定的诊断点，就能获得对应的四格表资料，分别见表 1-3 ～ 表 1-5。

表 1-3　以血钠值 124 为假定诊断点得出试验方法与金标准对 RMSF 疾病的诊断结果

试验方法 诊断结果	例数		
	金标准诊断结果：阳性	阴性	合计
阳性	1	0	1
阴性	20	24	44
合计	21	24	45

表 1-4　以血钠值 134 为假定诊断点得出试验方法与金标准对 RMSF 疾病的诊断结果

试验方法 诊断结果	例数		
	金标准诊断结果：阳性	阴性	合计
阳性	15	5	20
阴性	6	19	25
合计	21	24	45

表 1-5　以血钠值 143 为假定诊断点得出试验方法与金标准对 RMSF 疾病的诊断结果

试验方法 诊断结果	例数		
	金标准诊断结果：阳性	阴性	合计
阳性	21	24	45
阴性	0	0	0
合计	21	24	45

在表 1-2 中，不同的血钠数值共有 19 个，故可以列出 19 张四格表，其中的 3 张见表 1-3 ～表 1-5。用 ROC 曲线分析法分析此资料时，所需的 SAS 程序（程序名为 TJFX1_3A. SAS）如下：

```
data TJFX1_3A;
input rmsf n;
do i =1 to n;
input na @@ ;
output;
end;
datalines;
1  21
124  125  126  126  127  128  128
```

```
128  128  129  129  131  132  133
133  135  135  135  136  138  139
0  24
129  131  131  134  134  135  136  136
136  137  137  138  138  139  139  139
139  140  140  141  142  142  142  143
;
run;
% include "D:\TJFX\rocplot.sas";
ods html;
ods graphics on;
proc logistic data = TJFX1_3A descending;
    model rmsf (event = "1") = na /
        outroc = roc1 roceps = 0;
        output out = outp p = phat;
run;
% rocplot (outroc = roc1, out = outp, p = phat, id = na);
proc print data = roc1;
run;
proc print data = outp;
run;
ods graphics off;
ods html close;
```

　　SAS 官方网站提供了"绘制 ROC 曲线"（http：//support. sas. com/kb/25/addl/fusion25018_4_rocplot. sas. txt）和"用非参数方法比较 ROC 曲线下面积"（http：//support. sas. com/kb/25/addl/fusion_25017_6_roc. sas. txt）的两个宏程序，前者主要介绍如何快速绘制出比 SAS 说明文档中更加美观实用的 ROC 曲线，后者主要介绍如何检验 ROC 曲线下面积与 0.5 的差异有无统计学意义。假定这两个程序 ROC. SAS 和 ROCPLOT. SAS 分别保存在 C 盘的 ROC 文件夹中。

　　% include 宏命令可以将程序 ROCPLOT. SAS 调入本 SAS 程序；在本 SAS 程序中，将 rmsf 选项中的"1"视为患有疾病，并将绘制 ROC 曲线所需的数据输出到 roc1 数据集中，将每个观测值年龄的预测概率数据输出到 outp 数据集中，并将预测概率命名为 phat；对 ROCPLOT 宏程序，outroc 指定的数据集要与 proc logistic 的 outroc 数据集相同；out 指定的数据集要与 proc logistic 的 output 中的 out 数据集相同；p 指定的预测概率的名称要与 output 中 p 所命名的名称相同；id 标记 ROC 曲线上的原始数值。

　　主要输出结果如下：

Response Profile		
Ordered Value	rmsf	Total Frequency
1	1	21
2	0	24

Probability modeled is rmsf = 1.

　　以上是第一部分主要输出结果：rmsf = 1 与 rmsf = 0 分别代表患 RMSF 疾病与非患此病的人数为 21 人和 24 人，且以 rmsf = 1 为拟考察的事件，即采用结果变量为二值变量的一重 logistic 回归模型来拟合此资料，血钠水平是一个定量的影响因素。

Testing Global Null Hypothesis：BETA = 0			
Test	Chi-Square	DF	Pr > ChiSq
Likelihood Ratio	22.0820	1	< 0.0001
Score	18.6921	1	< 0.0001
Wald	12.4799	1	0.0004

以上是第二部分主要输出结果：假定血钠水平这个自变量前的回归系数为 0，三种假设检验算法得到的 χ^2 值不尽相同，但对应的 P 值都小于 0.0005，说明血钠水平这个自变量对诊断是否患有 RMSF 疾病具有统计学意义，即具有一定的诊断价值。

Analysis of Maximum Likelihood Estimates					
Parameter	DF	Estimate	Standard Error	Wald Chi-Square	Pr > ChiSq
Intercept	1	48.5423	13.8023	12.3692	0.0004
na	1	− 0.3625	0.1026	12.4799	0.0004

以上是第三部分主要输出结果：表明截距（48.5423）和斜率（− 0.3625）分别与 0 比较，差别都有统计学意义，由此结果可以写出一重 logistic 曲线回归方程如下：

$$P(\text{rmsf} = 1) = \frac{e^{48.5423 - 0.3625na}}{1 + e^{48.5423 - 0.3625na}}$$

Odds Ratio Estimates			
Effect	Point Estimate	95% Wald Confidence Limits	
na	0.696	0.569	0.851

以上是第四部分主要输出结果：优势比 OR = 0.696，其 95% 置信区间为 [0.569, 0.851]。此值是这样计算出来的：OR = $e^{-0.3625}$ = 0.695934 ≈ 0.696，其含义是血钠值每上升 1 个基本单位，患 RMSF 疾病的风险是原先的 0.696，即风险降低了。若取此数值的倒数 $\frac{1}{0.695934}$ = 1.437，即血钠值每下降 1 个基本单位，患 RMSF 疾病的风险是原先的 1.437 倍，即风险升高了。

Association of Predicted Probabilities and Observed Responses			
Percent Concordant	85.9	Somers' D	0.750
Percent Discordant	10.9	Gamma	0.775
Percent Tied	3.2	Tau-a	0.382
Pairs	504	c	0.875

以上是第五部分主要输出结果：c = 0.875 就是基于血钠值来诊断是否患 RMSF 疾病所对应的 ROC 曲线下的面积。

图 1-1 是第六部分主要输出结果：将 ROC 曲线图形绘制出来，其纵坐标为灵敏度（Sensitivity）、横坐标为 1 − 特异度（1 − Specificity）。显然，从此图的左上角很难确定何处为"最高点"。

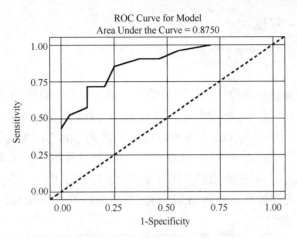

图 1-1　分析例 1-3 的资料所得到的 ROC 曲线，曲线下面积为 0.875

Obs	_PROB_	_POS_	_NEG_	_FALPOS_	_FALNEG_	_SENSIT_	_1MSPEC_
1	0.97317	1	24	0	20	0.04762	0.00000
2	0.96189	2	24	0	19	0.09524	0.00000
3	0.94613	4	24	0	17	0.19048	0.00000
4	0.92438	5	24	0	16	0.23810	0.00000
5	0.89481	9	24	0	12	0.42857	0.00000
6	0.85549	11	23	1	10	0.52381	0.04167
7	0.74141	12	21	3	9	0.57143	0.12500
8	0.66615	13	21	3	8	0.61905	0.12500
9	0.58135	15	21	3	6	0.71429	0.12500
10	0.49145	15	19	5	6	0.71429	0.20833
11	0.40210	18	18	6	3	0.85714	0.25000
12	0.31881	19	15	9	2	0.90476	0.37500
13	0.24569	19	13	11	2	0.90476	0.45833
14	0.18479	20	11	13	1	0.95238	0.54167
15	0.13625	21	7	17	0	1.00000	0.70833
16	0.09892	21	5	19	0	1.00000	0.79167
17	0.07098	21	4	20	0	1.00000	0.83333
18	0.05048	21	1	23	0	1.00000	0.95833
19	0.03568	21	0	24	0	1.00000	1.00000

以上是第七部分主要输出结果：是由 logistic 过程中 model 语句中的选项"outroc ="生成的数据集 roc1。

第 1 列"Obs"为编号，共有 19 个编号，即原始的血钠值中共有 19 个不同的数值，其中，最小值为 124，最大值为 143。

第 2 列"_PROB_"为概率。它是什么事件发生的概率呢？是用左边对应编号的那个血钠值作为假定的诊断点进行 RMSF 疾病诊断，判断为患此病的概率（例如，Obs = 1 时，na = 124，将其代入前面求出的一重 logistic 曲线回归方程，得

$$P(\text{rmsf} = 1 \mid \text{na} = 124) = \frac{e^{48.5423-0.3625\times124}}{1 + e^{48.5423-0.3625\times124}} = \frac{e^{3.5923}}{1 + e^{3.5923}} = \frac{36.317510}{37.317510} = 0.973203$$

与结果中的输出结果 0.97317 之间的偏差是由于手工计算时每一步保留的小数位数较少产生的累计误差所致。

第 3~6 列分别代表诊断试验给出的阳性例数、阴性例数、假阳性例数和假阴性例数，与 Obs = 1 对应的 4 个数 1、24、0、20 就是表 1-3 中的 4 个数；与 Obs = 10 对应的 4 个数 15、19、5、6 就是表 1-4 中的 4 个数；与 Obs = 19 对应的 4 个数 21、0、24、0 就是表 1-5 中的 4 个数。

第 7 列 "_SENSIT_" 与第 8 列 "_1MSPEC_" 分别代表"灵敏度"与"1-特异度"，若分别以每行上的这两个数为纵坐标与横坐标数值，就可在直角坐标系中绘出一个点（即假定的诊断点），依次将上述的 19 个假定的诊断点绘制出来，再用折线将这些点中相邻的两点连接起来，就得到了图 1-1 中的"ROC 曲线"。

Obs	rmsf	n	i	na	_LEVEL_	phat
1	1	21	1	124	1	0.97317
2	1	21	2	125	1	0.96189
3	1	21	3	126	1	0.94613
4	1	21	4	126	1	0.94613
5	1	21	5	127	1	0.92438
6	1	21	6	128	1	0.89481
7	1	21	7	128	1	0.89481
8	1	21	8	128	1	0.89481
9	1	21	9	128	1	0.89481
10	1	21	10	129	1	0.85549
11	1	21	11	129	1	0.85549
12	1	21	12	131	1	0.74141
13	1	21	13	132	1	0.66615
14	1	21	14	133	1	0.58135
15	1	21	15	133	1	0.58135
16	1	21	16	135	1	0.40210
17	1	21	17	135	1	0.40210
18	1	21	18	135	1	0.40210
19	1	21	19	136	1	0.31881
20	1	21	20	138	1	0.18479
21	1	21	21	139	1	0.13625
22	0	24	1	129	1	0.85549
23	0	24	2	131	1	0.74141
24	0	24	3	131	1	0.74141
25	0	24	4	134	1	0.49145
26	0	24	5	134	1	0.49145
27	0	24	6	135	1	0.40210
28	0	24	7	136	1	0.31881
29	0	24	8	136	1	0.31881
30	0	24	9	136	1	0.31881
31	0	24	10	137	1	0.24569
32	0	24	11	137	1	0.24569

续表

Obs	rmsf	n	i	na	_LEVEL_	phat
33	0	24	12	138	1	0.18479
34	0	24	13	138	1	0.18479
35	0	24	14	139	1	0.13625
36	0	24	15	139	1	0.13625
37	0	24	16	139	1	0.13625
38	0	24	17	139	1	0.13625
39	0	24	18	140	1	0.09892
40	0	24	19	140	1	0.09892
41	0	24	20	141	1	0.07098
42	0	24	21	142	1	0.05048
43	0	24	22	142	1	0.05048
44	0	24	23	142	1	0.05048
45	0	24	24	143	1	0.03568

以上是第八部分主要输出结果：是由每个个体的血钠值代入前述求得的一重 logistic 回归方程计算出来患 RMSF 疾病的概率。最后一列与第七部分的第 2 列是一样的，区别在于第七部分只呈现了 19 个不同的血钠值，而第八部分呈现了所有受试者的血钠值，因为有些受试者的血钠值相同，总共有 45 例。

Youden 指数 = 灵敏度 + 特异度 − 1 = 灵敏度 − (1 − 特异度)，将上述最后两列同一行的两数相减，就得到各行上的 Youden 指数值，取其最大值对应那行的血钠数值就是全部假定的诊断点中可以被视为真正诊断点的数值。本例中，不同的血钠值由小到大排序后，第 11 个值对应的 Youden 指数 = 0.60714 最大，该值对应的灵敏度 = 0.85714，发病概率为 0.40210（在第七部分中，其变量名为"_PROB_"；在第八部分中，其变量名为"phat"）。

问题是第 11 个不同的血钠值在原始数据中究竟是多少呢？在第八部分中不难发现，与 phat = 0.40210 对应的有 4 行，它们的血钠值 na = 135。

利用如下的 SAS 程序（程序名为 TJFX1_3B.SAS），可以求出最大 Youden 指数：

```
data tjfx1_3B;
    input sensitivity one_spec;
    youden = sensitivity - one_spec;
cards;
（第七部分最后两列全部数据）
0.047620.00000
0.095240.00000
（此处将中间数据省略了，实际使用时，必须用全部数据）
1.000000.95833
1.000001.00000
;
run;
ods html;
proc univariate data = tjfx1_3B;
    var youden;
run;
ods html close;
```

主要输出结果：

Youden 极值观测			
最小值		最大值	
值	观测	值	观测
0.00000	19	0.49405	8
0.04167	18	0.50596	10
0.04762	1	0.52976	12
0.09524	2	0.58929	9
0.16667	17	0.60714	11

从这部分结果中最后两个数值可知，最大的 Youden 指数 $=0.60714$，它位于第七部分中第 11 个观测值。

【例 1-4】　沿用例 1-3 的资料，检验求得的样本 ROC 曲线下的面积 $A=0.875$ 与 0.5 之间的差别是否具有统计学意义。

【分析与解答】　设实现题中要求的 SAS 程序(程序名为 TJFX1_4. SAS)如下：

```
data TJFX1_4;
input rmsf n;
do i =1 to n;
input na @@ ;
output;
end;
datalines;
1  21
124  125  126  126  127  128  128
128  128  129  129  131  132  133
133  135  135  135  136  138  139
0  24
129  131  131  134  134  135  136  136
136  137  137  138  138  139  139  139
139  140  140  141  142  142  142  143
;
run;
% include "D:\TJFX\roc.sas";
ods html file = "D:\TJFX\TJFX1_1.htm" style = statdoc;
proc logistic data =TJFX4 descending;
model rmsf(event ="1") = na / outroc = roc1_Method1 roceps =0;
output out = outp_Method1 p =phat_Method1;
run;
proc logistic data =TJFX4 descending;
model rmsf(event ="1") = / outroc = roc1_Method2 roceps =0;
output out = outp_Method2 p =phat_Method2;
run;
% roc (data = outp_Method1 outp_Method2, var = phat_Method1 phat_Method2, response
=rmsf);
symbol1 i =join v =circle c =blue line =1;
symbol2 i =join v =dot c =green line =2;
ods html close;
data roc1_Method1;
set roc1_Method1;
index = "Method1";
run;
```

```
data roc1_Method2;
set roc1_Method2;
index = "Method2";
run;
data joint;
set roc1_Method1 roc1_Method2;
run;
axis1 order = (0 to 1 by .1);
axis2 order = (0 to 1 by .1) label = (angle = 90);
filename grafout "D:\TJFX\TJFX1_1.gif";
goptions device = gif
        gsfname = grafout
        gsfmode = replace
        ftext = ;
proc gplot data = joint;
label index = "Index";
    plot _sensit_ * _1mspec_ = index  /haxis = axis1 vaxis = axis2;
run;
quit;
```

【程序说明】　两个 logistic 过程步的 model 语句等号右边是有明显区别的：第 1 个写有
"na"，表示用血钠值为定量自变量；而第 2 个为空格，表示无定量自变量，等价于只有截距
项，其对应的 ROC 曲线下的面积为 0.5。

【主要输出结果】　与前面例 1-3 中输出结果第 1 部分到第 5 部分完全相同的内容从略。

Analysis of Maximum Likelihood Estimates					
Parameter	DF	Estimate	Standard Error	Wald Chi-Square	Pr > ChiSq
Intercept	1	− 0.1335	0.2988	0.1997	0.6550

以上这部分结果表明：logistic 回归方程仅含截距时，其与 0 之间的差别无统计学意义，此
时对应的 ROC 曲线下的面积为 0.5。

ROC Curve Areas and 95% Confidence Intervals				
	ROC Area	Std Error	Confidence	Limits
phat_Method1	0.8750	0.0505	0.7760	0.9740
phat_Method2	0.5000	0.0000	0.5000	0.5000

以上部分中，第 1 行对应用血钠值为诊断指标求得的 ROC 曲线下的面积，第 2 行对应不
用血钠值为诊断指标（即仅用截距）求得的 ROC 曲线下的面积为 0.5；同时，还分别给出了它
们的 95% 置信区间。

Tests and 95% Confidence Intervals for Contrast Rows						
	Estimate	Std Error	Confidence	Limits	Chi-square	Pr > ChiSq
Row1	0.3750	0.0505	0.2760	0.4740	55.0926	< 0.0001

Contrast Test Results		
Chi-Square	DF	Pr > ChiSq
55.0926	1	< 0.0001

　　这两部分呈现的是两条 ROC 曲线下面积之差为 0.375，其标准误为 0.0505，其 95% 的置信区间为 $[0.2760, 0.4740]$，检验 ROC 曲线下的面积 0.875 与 0.5 之间的差别是否具有统计学意义采用了 χ^2 检验，得 $\chi^2 = 55.0926$、$df = 1$、$P < 0.0001$，说明采用血钠值对是否患 RMSF 疾病进行诊断具有统计学意义。

1.4　两种试验方法与金标准比较的诊断试验配对设计四格表资料统计分析与 ROC 曲线分析

　　【例1-5】　利用宏程序比较 ROC 曲线下面积。采用某种金标准，将 45 例患者中的 21 例确诊为 RMSF(病例组)，其余 24 例确诊为非 RMSF(对照组)，分别用两种方法测得血钠水平，如表 1-6 所示，问这两种方法诊断性能之间的差异有无统计学意义？

表 1-6　45 例患者的血钠水平

金标准	血钠水平(mmol/L)											
诊断结果	方法 1						方法 2					
RMSF 病例	124	125	126	126	127	128	122	124	125	125	126	126
	128	128	128	129	129	131	127	128	128	128	130	130
	132	133	133	135	135	135	133	133	134	134	134	134
	136	138	139				136	138	140			
非 RMSF 病例	129	131	131	134	134	135	124	128	130	133	133	133
	136	136	136	137	137	138	134	134	134	134	136	136
	138	139	139	139	139	140	137	138	138	140	140	141
	140	141	142	142	142	143	141	142	142	142	142	144

　　【分析与解答】　将每种检测方法所测得的每个血钠值为假定的诊断点，就能获得一条 ROC 曲线，于是，本例就有两条 ROC 曲线。假设各 ROC 曲线下的面积分别为 A 与 B，问题是如何检验 A 与 B 之间的差别是否具有统计学意义。设分析本例定性资料(强调"是否患 RMSF 疾病"为结果变量)的程序(程序名为 TJFX1_5.SAS)如下：

```
Data tjfx1_5;
  input  Method1 Method2 rmsf @@ ;
  cards;
124 122 1  125 124 1  126 125 1  126 125 1  127 126 1  128 126 1
128 127 1  128 128 1  128 128 1  129 128 1  129 130 1  131 130 1
132 133 1  133 133 1  133 134 1  135 134 1  135 134 1  135 134 1
136 136 1  138 138 1  139 140 1  129 124 0  131 128 0  131 130 0
134 133 0  134 133 0  135 133 0  136 134 0  136 134 0  136 134 0
137 134 0  137 136 0  138 136 0  138 137 0  139 138 0  139 138 0
139 140 0  139 140 0  140 141 0  140 141 0  141 142 0  142 142 0
142 142 0  142 142 0  143 144 0
;
run;
% include "D:\TJFX\roc.sas";
ods html file = "D:\TJFX\TJFX1_1.htm" style = statdoc;
proc logistic data = tjfx1_5;
modelrmsf(event = "1") = Method1 / outroc = roc1_Method1 roceps = 0;
```

```
output out = outp_Method1 p = phat_Method1;
run;
proc logistic data = tjfx1_5;
modelrmsf(event = "1") = Method2 / outroc = roc1_Method2 roceps = 0;
output out = outp_Method2 p = phat_Method2;
run;
% roc (data = outp_Method1 outp_Method2, var = phat_Method1 phat_Method2, re-
sponse = rmsf);
symbol1 i = join v = circle c = blue line = 1;
symbol2 i = join v = dot c = green line = 2;
ods html close;
data roc1_Method1;
set roc1_Method1;
index = "Method1";
run;
data roc1_Method2;
set roc1_Method2;
index = "Method2";
run;
data joint;
set roc1_Method1 roc1_Method2;
run;
axis1 order = (0 to 1 by .1);
axis2 order = (0 to 1 by .1) label = (angle = 90);

filename grafout "D:\TJFX\TJFX1_1.gif";
goptions device = gif
        gsfname = grafout
        gsfmode = replace
        ftext = ;
proc gplot data = joint;
label index = "Index";
  plot _sensit_ * _1mspec_ = index  /haxis = axis1 vaxis = axis2;
run;
quit;
```

【主要输出结果】　与例 1-3 输出结果相同的部分，即方法 1 的结果，从略；与方法 2 对应的输出结果如下。

Analysis of Maximum Likelihood Estimates					
Parameter	DF	Estimate	Standard Error	Wald Chi-Square	Pr > ChiSq
Intercept	1	32.1316	10.1853	9.9522	0.0016
Method2	1	−0.2418	0.0763	10.0405	0.0015

以上是第一部分主要输出结果。此结果表明，截距(32.1316)和斜率(−0.2418)分别与 0 比较，差别都有统计学意义，由此结果可以写出一重 logistic 曲线回归方程如下：

$$P(\text{rmsf} = 1) = \frac{e^{32.1316 - 0.2418na}}{1 + e^{32.1316 - 0.2418na}}$$

Odds Ratio Estimates			
Effect	Point Estimate	95% Wald Confidence Limits	
Method2	0.785	0.676	0.912

以上是第二部分主要输出结果：优势比 $OR = 0.785$，其 95% 置信区间为 $[0.676, 0.912]$。此值是这样计算出来的：$OR = e^{-0.2418} = 0.785213 \approx 0.785$，其含义是血钠值每上升 1 个基本单位，患 RMSF 疾病的风险是原先的 0.785，即风险降低了。若取此数值的倒数，则 $\dfrac{1}{0.785213} = 1.274$，即血钠值每下降 1 个基本单位，患 RMSF 疾病的风险是原先的 1.274 倍，即风险升高了。

Association of Predicted Probabilities and Observed Responses			
Percent Concordant	77.4	Somers' D	0.615
Percent Discordant	15.9	Gamma	0.660
Percent Tied	6.7	Tau-a	0.313
Pairs	504	c	0.808

以上是第三部分主要输出结果：$c = 0.808$ 就是基于血钠值来诊断是否患了 RMSF 疾病所对应的 ROC 曲线下的面积。

ROC Curve Areas and 95% Confidence Intervals				
	ROC Area	Std Error	Confidence	Limits
phat_Method1	0.8750	0.0505	0.7760	0.9740
phat_Method2	0.8075	0.0643	0.6815	0.9336

以上是第四部分主要输出结果：呈现方法 1 和方法 2 检测的血钠值分别作为假定的诊断点得到的两条 ROC 曲线下的面积 Area（0.8750 与 0.8075）、Area 的标准误（0.0505 与 0.0643）、Area 的 95% 置信区间的（下限，上限）分别为（0.7760，0.9740）与（0.6815，9336）。

Tests and 95% Confidence Intervals for Contrast Rows					
	Estimate	Std Error	Confidence	Limits	Chi-square	Pr > ChiSq
Row1	0.0675	0.0213	0.0257	0.1092	10.0307	0.0015

以上是第五部分主要输出结果：两条 ROC 曲线下的面积之差为 $0.0675 = 0.8750 - 0.8075$，差量的标准误为 0.0213，差量的 95% 置信区间为（0.0257，0.1092）。检验两条 ROC 曲线下面积之差是否具有统计学意义采用了 χ^2 检验，得 $\chi^2 = 10.0307$，$P = 0.0015$，说明两条 ROC 曲线下面积之差具有统计学意义。相对于方法 2 而言，若采用基于方法 1 检测的血钠值去寻找真正的诊断点（na = 135），准确度要高一些。

Contrast Test Results		
Chi-Square	DF	Pr > ChiSq
10.0307	1	0.0015

以上是第六部分主要输出结果：它已被包含在第五部分输出结果之中。

1.5 配对设计扩大形式的方表资料一致性和对称性
检验与 Kendall's Tau-b 秩相关分析

1.5.1 问题与数据

【例1-6】 用快速法和 ELISA 法对同一批样品进行抗体检测试验，结果见表1-7，问这两种检测方法所得结果是否一致？两种方法检测结果之间是否具有线性相关性？

表1-7 两种测定方法同时检测抗体得到的 73 个样品的检测结果

快速法检测结果	样品数				
ELISA 法：	−	+	+ +	+ + +	合计
−	15	0	2	3	20
+	2	19	1	2	24
+ +	1	3	17	0	21
+ + +	0	2	0	6	8
合计	18	24	20	11	73

1.5.2 对数据结构的分析

例1-6 资料的行变量和列变量性质相同且取值水平和含义也相同，它实际上是配对四格表资料的扩大，设计上属于配对设计扩大形式的方形列联表资料，列联表分类上属于双向有序且属性相同的 $R \times C$ 列联表。

1.5.3 分析目的与统计分析方法的选择

例1-6 的主要分析目的通常有以下两个：一是回答两种检测方法的结果是否一致，常用的统计分析方法是一致性检验，即 Kappa 检验；二是回答两种检测方法的检测结果之间是否具有线性相关性，需要使用 Kendall's Tau $-$ b 秩相关分析。当然，还有一个对称性检验，用 SAS 进行一致性检验的同时也做了对称性检验。

1.5.4 SAS 程序中重要内容的说明

为实现前述的两个分析目的，分析例1-6 资料所需的 SAS 程序(程序名为 TJFX1_6.SAS)如下：

```
DATA TJFX1_6;                          ods html;
    DO A =1 TO 4;                      PROC FREQ;
        DO B =1 TO 4;                  WEIGHT F;
            INPUT F @@ ;               TABLES A* B;
            OUTPUT;                    TEST KAPPA;
        END;                           RUN;
    END;                               PROC CORR KENDALL;
CARDS;                                 FREQ F;
15  0  2  3                            VAR A B;
 2 19  1  2                            RUN;
 1  3 17  0                            ods html close;
 0  2  0  6
;
RUN;
```

第一个过程步用于进行一致性检验：TEST 语句中的 KAPPA 可以用 AGREE 代替，输出结果比用 KAPPA 时多了对加权 KAPPA 进行假设检验的结果；若没有"TEST KAPPA;"语句，仅在"TABLES A * B;"语句后加上 AGREE 选项，即写成"TABLES A * B/AGREE;"，则仅输出关于简单和加权 KAPPA 统计量值、渐近标准误和 95% 置信区间的下限和上限，不对 KAPPA 系数进行假设检验；若将现在的 TEST 语句改成"TEST AGREE;"，可同时输出关于简单和加权 KAPPA 的统计量值、渐近标准误、95% 置信区间以及假设检验结果；若将 TEST 语句改成"TEST WTKAP;"，则可输出关于简单和加权 KAPPA 的统计量值、渐近标准误、95% 置信区间，仅给出对加权 KAPPA 检验的结果。

第二个过程步用于进行 Kendall's Tau-b 秩相关分析，调用 CORR 过程，加上选项"KENDALL"。

1.5.5　主要分析结果及解释

【说明】　此处省略了对称性检验的结果。

简单 Kappa 系数

Kappa	0.6994
渐近标准误差	0.0658
95% 置信下限	0.5704
95% 置信上限	0.8283

以上给出了简单 Kappa 统计量值及其 95% 置信区间。

H0 检验：Kappa = 0

H0 下的渐近标准误差	0.0699
Z	10.0044
单侧 Pr > Z	<0.0001
双侧 Pr > |Z|	<0.0001

以上部分是对原假设"Kappa =0"的假设检验结果，$Z = 10.0044$，$P < 0.0001$。

经 Kappa 检验(或称一致性检验)可知，两种检测方法检测结果的观测一致率与期望一致率之间的差别有统计学意义，说明两种方法检测结果具有一致性。但结合 Kappa 值的 95% 置信区间(0.5704，0.8283)，可以认为 Kappa 值尚不够大(最大值为 1)，说明两检测方法的一致性在实际意义方面尚不够大。

Kendall Tau b 相关系数，N = 73 当 H0：Rho = 0 时，Prob > |r|		
	A	B
A	1.00000	0.56680 <0.0001
B	0.56680 <0.0001	

以上是 Kendall's Tau-b 秩相关分析的结果：Tau-b =0.5668，$P < 0.0001$，说明两种检测方法检测的结果之间呈正向直线相关关系。

1.6　成组设计横断面研究四格表资料一般 χ^2 检验和 Fisher's 精确检验

1.6.1　问题与数据

【例1-7】　某研究随机抽取了某大学四年级学生 124 人，调查大学英语六级通过情况，结果见表1-8，问该大学男生和女生英语六级通过率有无差别？

表1-8　某大学四年级学生大学英语六级通过情况

性别	人数		
	英语六级通过情况：	通过	未通过	合计
男		41	32	73
女		43	8	51
合计		84	40	124

1.6.2　对数据结构的分析

例1-7的资料在设计上属于结果变量为二值变量的成组设计定性资料，在列联表分类上属于横断面研究设计四格表资料。

1.6.3　分析目的与统计分析方法的选择

例1-7的目的是比较两个性别组英语六级通过率是否相同，可采用一般 χ^2 检验或 Fisher's 精确检验来处理。

1.6.4　SAS 程序中重要内容的说明

分析例1-7的资料所需的 SAS 程序(程序名为 TJFX1_7. SAS)如下：

```
DATA TJFX1_7;                        ODS HTML;
    DO A =1 TO2;                     PROC FREQ;
        DO B =1 TO 2;                    WEIGHT F;
            INPUT F @@ ; OUTPUT;         TABLES A* B/CHISQ;
        END;                         RUN;
    END;                             ODS HTML CLOSE;
CARDS;
41 32
43 8
;
RUN;
```

该程序的关键选项是 TABLES 语句中的 CHISQ，目的是输出几种常用的 χ^2 检验统计量，列联表为四格表时，还可以输出 Fisher's 精确检验结果。

1.6.5　主要分析结果及解释

统计量	自由度	值	概率
卡方	1	10.8871	0.0010

似然比卡方	1	11.5432	0.0007
连续校正卡方	1	9.6370	0.0019
Mantel-Haenszel 卡方	1	10.7993	0.0010

以上给出了若干种 χ^2 检验统计量，通常查看一般 χ^2 检验结果即可，当总频数 $n > 40$ 但至少有一个理论频数 $1 < T \leqslant 5$ 时，可选用连续校正的 χ^2 检验结果。

Fisher's 精确检验

单元格（1，1）频数（F）	41
左侧 Pr < = F	7.396E − 04
右侧 Pr > = F	0.9998
表概率（P）	5.806E − 04
双侧 Pr < = P	9.474E − 04

以上是 Fisher's 精确检验结果，本例 $P = 9.474E-04$，结论与基于 χ^2 检验结果做出的结论一致。当总频数 $n < 40$ 或有理论频数 $T < 1$ 时（SAS 输出结果会有提示），必须选用 Fisher's 精确检验结果。

例 1-4 符合一般 χ^2 检验的使用条件，因此只需要查看一般 χ^2 检验结果即可。$\chi^2 = 10.8871$，$P = 0.001$，按照 0.05 的检验标准，拒绝原假设，接受备择假设，可以认为男、女生大学英语六级通过率不同，女生的通过率高于男生。

1.7　成组设计队列研究四格表资料一般 χ^2 检验和相对危险度 RR 计算及其 CMHχ^2 检验

1.7.1　问题与数据

【例 1-8】　某研究者随机选取了 565 名调查对象，其中血压偏高者 80 名，血压正常者 485 名，经过多年追踪观察得到如表 1-9 所示资料。试分析当初血压情况对调查对象后来是否患冠心病可能造成什么样的影响。

表 1-9　血压与冠心病关系队列研究结果

血压情况	例数		
	冠心病情况： 患病	未患病	合计
偏高	19	61	80
正常	20	465	485
合计	39	526	565

1.7.2　对数据结构的分析

例 1-8 的资料是成组设计队列研究四格表资料。队列研究设计通过对不同暴露水平的对象进行追踪观察，随访观察疾病发生情况，从而判断该因素与发病之间有无关联。

1.7.3　分析目的与统计分析方法的选择

例 1-8 的研究目的是比较两个血压组冠心病发病的概率是否相同，可以在一般 χ^2 检验的基础上，采用 Mantel-Haenszel χ^2 对 RR（相对危险度）进行检验。

1.7.4 SAS 程序中重要内容的说明

分析此资料所需的 SAS 程序(程序名为 TJFX1_8.SAS)如下:

```
DATA TJFX1_8;                        ODS HTML;
    DO A = 1 TO 2;                   PROC FREQ;
        DO B = 1 TO 2;                   WEIGHT F;
            INPUT F @@ ; OUTPUT;         TABLES A* B/CHISQ CMH RISKDIFF al-
        END;                         pha = 0.05;
    END;                             RUN;
CARDS;                               ODS HTML CLOSE;
19   61
20   465
;
RUN;
```

该程序在 CHISQ 后面加 CMH 选项,输出 Cochran-Mantel-Haenszel 统计量,列联表为 2×2 表时,它可以输出 OR 和 RR 估计值及置信区间。RISKDIFF 选项可以输出两个血压组代表的总体冠心病患病率之差的置信区间。"alpha = 0.05"指定求出 95% 置信区间。

1.7.5 主要分析结果及解释

统计量	自由度	值	概率
卡方	1	41.1629	<0.0001
似然比卡方	1	29.3491	<0.0001
连续校正卡方	1	38.1655	<0.0001
Mantel-Haenszel 卡方	1	41.0901	<0.0001

以上是 χ^2 检验的结果。其中,一般 χ^2 检验中,$\chi^2 = 41.1629$,$P < 0.0001$。

第 1 列风险估计

	风险	渐近标准误差	(渐近的)95% 置信限		(精确的)95% 置信限	
第 1 行	0.2375	0.0476	0.1442	0.3308	0.1495	0.3458
第 2 行	0.0412	0.0090	0.0235	0.0589	0.0254	0.0630
合计	0.0690	0.0107	0.0481	0.0899	0.0495	0.0932
差值	0.1963	0.0484	0.1013	0.2912		

差值为(行 1 – 行 2)

以上是血压偏高组、血压正常组、两组合计的冠心病患病率估计值及其 95% 置信区间,此外还包括两组患病率的差值及其 95% 置信区间。

Cochran-Mantel-Haenszel 统计量(基于表得分)

统计量	对立假设	自由度	值	概率
1	非零相关	1	41.0901	<0.0001
2	行均值得分差值	1	41.0901	<0.0001
3	一般关联	1	41.0901	<0.0001

以上是 3 种不同检验方法对 RR 值的检验结果，统计量均为 41.0901，$P < 0.0001$，可认为在总体上 RR 值与 1 之间的差异具有统计学意义。

普通相对风险的估计值(行 1/行 2)

研究类型	方法	值	95% 置信限	
案例对照	Mantel-Haenszel	7.2418	3.6605	14.3269
(优比)	Logit	7.2418	3.6605	14.3269
Cohort	Mantel-Haenszel	5.7594	3.2193	10.3034
(第 1 列风险)	Logit	5.7594	3.2193	10.3034
Cohort	Mantel-Haenszel	0.7953	0.7028	0.9000
(第 2 列风险)	Logit	0.7953	0.7028	0.9000

以上是 OR 和 RR 估计值及其置信区间。例 1-8 的资料属于队列研究资料，因此需要看"Cohort"对应的 RR 值，第 1 列(患冠心病)的危险度 RR = 5.7594，其 95% 置信区间为(3.2193，10.3034)。

根据一般 χ^2 检验结果，按照 0.05 的检验标准，拒绝原假设，接受备择假设，可以认为血压偏高者和血压正常者冠心病患病率不同；根据 RR 值及其置信区间，可以认为若干年后患冠心病的风险，血压偏高者是血压正常者的 3 ~ 10 倍。高血压组代表的总体比正常血压组代表的总体的冠心病患病率高 0.1963，其 95% 置信区间为(0.1013，0.2912)。

1.8 成组设计病例对照研究四格表资料一般 χ^2 检验和优势比 OR 计算及其 CMHχ^2 检验

1.8.1 问题与数据

【例 1-9】 在乳牙龋齿与喂养方式的关系研究中，研究者对 3 ~ 4 岁儿童进行了病例对照研究，分别选取患龋儿童 103 人和未患龋儿童 157 人，调查出生后 6 个月喂养方式是否相同，调查结果见表 1-10。

表 1-10 喂养方式与乳牙龋齿关系病例对照研究结果

喂养方式	例数		
乳牙龋齿:	患龋	未患龋	合计
母乳	37	81	118
人工或混合	66	76	142
合计	103	157	260

1.8.2 对数据结构的分析

例 1-9 的资料是成组设计病例对照研究四格表资料。病例对照设计是以确诊的患者作为病例，以不患该病但具有可比性的个体作为对照，搜集既往危险因素的暴露史，用统计学方法比较两组中危险因素的暴露比例，从而判定因素与疾病之间是否存在统计学关联。

1.8.3 分析目的与统计分析方法的选择

例 1-9 的研究目的是比较病例和对照组中危险因素的暴露比例是否相同，可以在一般 χ^2 检验的基础上，采用 Mantel-Haenszel χ^2 对 OR(优势比)进行检验。

1.8.4　SAS 程序中重要内容的说明

SAS 程序(程序名为 TJFX1_9.SAS)如下：

```
DATA TJFX1_9;                          ODS HTML;
    DO A = 1 TO 2;                     PROC FREQ;
        DO B = 1 TO 2;                     WEIGHT F;
            INPUT F @@ ; OUTPUT;           TABLES A* B/CHISQ CMH;
        END;                           RUN;
    END;                               ODS HTML CLOSE;
CARDS;
37 81
66 76
;
RUN;
```

该程序与例 1-8 基本相同，用 CMH 选项输出 Cochran-Mantel-Haenszel 统计量。

1.8.5　主要分析结果及解释

统计量	自由度	值	概率
卡方	1	6.1614	0.0131
似然比卡方	1	6.2172	0.0127
连续校正卡方	1	5.5454	0.0185
Mantel-Haenszel 卡方	1	6.1377	0.0132

以上是 χ^2 检验的结果。其中，一般 χ^2 检验中 $\chi^2 = 6.1614$，$P = 0.0131$。

Cochran-Mantel-Haenszel 统计量(基于表得分)

统计量	对立假设	自由度	值	概率
1	非零相关	1	6.1377	0.0132
2	行均值得分差值	1	6.1377	0.0132
3	一般关联	1	6.1377	0.0132

以上是三种不同检验方法对 OR 值的检验结果，统计量均为 6.1377，$P = 0.0132 < 0.05$，可认为在总体上 OR 值与 1 之间的差异具有统计学意义。

普通相对风险的估计值(行 1/行 2)

研究类型	方法	值	95% 置信限	
案例对照	Mantel-Haenszel	0.5260	0.3159	0.8759
(优比)	Logit	0.5260	0.3159	0.8759
Cohort	Mantel-Haenszel	0.6746	0.4899	0.9291
(第 1 列风险)	Logit	0.6746	0.4899	0.9291
Cohort	Mantel-Haenszel	1.2826	1.0544	1.5601
(第 2 列风险)	Logit	1.2826	1.0544	1.5601

以上是 OR 和 RR 估计值及其置信区间，例 1-9 的资料属于病例对照研究资料，因此需要看"案例对照"对应的 OR 值，结果显示：OR = 0.5260，其 95% 置信区间为(0.3159, 0.8759)。注意，此区间未包含 1。

根据一般 χ^2 检验结果，按照 0.05 的检验水准，拒绝原假设，接受备择假设，可以认为喂养方式不同则乳牙龋齿患病率不同；根据 OR 值及其置信区间，可以认为，母乳喂养与人工或混合喂养相比，对乳牙龋齿具有一定的保护作用。也就是说，人工喂养或混合喂养比母乳喂养易于导致乳牙龋齿。

1.9　成组设计定性资料三种特殊的比较——
非劣效性和等效性及优效性假设检验

1.9.1　成组设计定性资料非劣效性试验对应的假设检验

【例 1-10】　为提出一种相对简单的治疗某种真菌病的方案 A，采用与标准治疗方案 B 进行比较。随机选择 210 例符合要求的患者，随机均分为两组，分别接受 A、B 方案，评价细菌学清除率，资料见表 1-11。如果设定非劣效界值为 -0.12，试评价新的治疗方案 A 治疗该种真菌病的疗效是否非劣效于标准治疗方案 B。

表 1-11　两组患者的细菌学清除情况

治疗方案	清除	未清除
A	82	23
B	85	20

【分析与解答】　用 SAS 软件编程法进行分析，程序(程序名为 TJFX1_10. SAS)如下：

```
data tjfx1_10;                    ODS HTML;
do a =1 to 2;                     proc freq;
do b =1 to 2;                     tables a* b/riskdiff(noninf MARGIN =
input x @@ ;                      0.12);
output;                           weight x;
end;                              run;
end;                              ODS HTML CLOSE;
cards;
82 23
85 20
;
run;
```

【程序说明】　程序中的 noninf 表示进行非劣效性检验。另外，equiv 表示等效性检验，sup 表示优效性检验。MARGIN =0.12(题目中写成负数，代表方向)表示非劣效界值。

【输出结果及解释】

"a ＊ b"表的统计量
列 1 风险估计值

	风险	渐近标准误差	(渐近的)95% 置信限		(精确)95% 置信限	
第 1 行	0.7810	0.0404	0.7018	0.8601	0.6897	0.8558
第 2 行	0.8095	0.0383	0.7344	0.8846	0.7213	0.8796
合计	0.7952	0.0278	0.7407	0.8498	0.7343	0.8477
差值	−0.0286	0.0557	−0.1377	0.0805		

差值为(行 1 − 行 2)

比例（风险）差值的非劣效性分析

H0：P1 - P2 < = -边距　　　Ha：P1 - P2 > -边距

边距 = 0.12　　Wald 方法

比例差值	渐进标准误差（样本）	Z	Pr > Z	非劣效性极限值	90% 置信限	
-0.0286	0.0557	1.6427	0.0502	-0.1200	-0.1201	0.0630

可以从以上结果中的"列 1 风险估计值"看出，方案 A 的清除率为 0.78，方案 B 的清除率为 0.81。第二张表给出了非劣效性检验结果，$z = 1.6427$，$P = 0.0502 > 0.05$，因此不能拒绝 H_0。

统计学结论：$z = 1.6427$，$P = 0.0502 > 0.05$，按照 $\alpha = 0.05$，不能拒绝 H_0。

专业结论：可以认为新的治疗方案 A 治疗该种真菌病的疗效劣效于标准治疗方案 B。

1.9.2　成组设计定性资料等效性试验对应的假设检验

【例 1-11】　为评价新的第二代三唑类药物伏立康唑和两性霉素 B 脂质体抗真菌的疗效，在一次临床试验中，415 例患者分配至伏立康唑组，422 例患者分配至两性霉素 B 脂质体组，治疗后的有效例数分别为 108 例和 129 例，有效率分别为 26.02% 和 30.57%，资料见表 1-12。设定等效性界值为 10%，试判断两种药物是否等效。

表 1-12　两组患者的治疗结果

药物种类	有效	无效
伏立康唑	108	307
两性霉素 B 脂质体	129	293

【分析与解答】　用 SAS 软件编程法进行分析，程序（程序名为 TJFX1_11.SAS）如下：

```
data tjfx1_11;
do a =1 to 2;
do b =1 to 2;
input x@@ ;
output;
end;
end;
cards;
108 307
129 293
;
run;

ODS HTML;
proc freq;
tables a * b/riskdiff (equiv MARGIN =
0.10);
weight x;
run;
ODS HTML CLOSE;
```

【程序说明】　equiv 表示等效性检验；MARGIN =0.10 表示上下界值为 10%。若上下界值不等，则采用 MARGIN = (lower, upper) 的形式。

【输出结果及解释】

列 1 风险估计值

	风险	渐近标准误差	（渐近的）95% 置信限		（精确）95% 置信限	
第 1 行	0.2602	0.0215	0.2180	0.3025	0.2187	0.3053
第 2 行	0.3057	0.0224	0.2617	0.3496	0.2620	0.3521
合计	0.2832	0.0156	0.2526	0.3137	0.2528	0.3150
差值	-0.0454	0.0311	-0.1064	0.0155		

差值为（行 1 - 行 2）

比例（风险）差值的等效性分析

H0：P1 - P2 < = 下边距或 > = 上边距

Ha：下边距 < P1 - P2 < 上边距

下边距 = -0.1 上边距 = 0.1 Wald 方法

比例差值　　　　　渐进标准误差（样本）

-0.0454　　　　　　　0.0311

两个单侧检验（TOST）

检验　　　　Z　　　　　P 值

下边距　　1.7545 Pr > Z 0.0397

上边距　-4.6776 Pr < Z <0.0001

总体　　　　　　　　　　0.0397

等效性限制　　　　90% 置信限

-0.1000 0.1000 -0.0966 0.0057

从以上结果中的"列 1 风险估计值"可以看到，第一种药物的有效率为 26.0%，第二种药物的有效率为 30.6%。从两个单侧检验中选择大的，$P = 0.0397 < 0.025$。

统计结论：因为 $Z = 1.7545$，$P = 0.0397 > 0.025$，故接受 H_0。

专业结论：可以认为两种药物是不等效的。

1.9.3　成组设计定性资料优效性试验对应的假设检验

【例 1-12】　某项治疗慢性肾炎的临床试验中，旧药治疗的近控率为 30.53%，新药治疗的近控率为 65.26%。假设新药的近控率要超过旧药 20%，才认为有推广价值，资料见表 1-13，试评价该新药是否具有推广价值。

表 1-13　两种药物的治疗结果

药物种类	控制例数	未控制例数
新药	62	33
旧药	29	66

【分析与解答】　用 SAS 软件编程法进行分析，程序（程序名为 TJFX1_12.SAS）如下：

```
data tjfx1_12;                    ods html;
do a =1 to 2;                     proc freq;
do b =1 to 2;                     tables a * b/riskdiff (sup MARGIN =
input x @@ ;                      0.20);
output;                           weight x;
end;                              run;
end;                              ods html close;
cards;
62 33
29 66
;
```

【程序说明】　sup 表示优效性检验，MARGIN =0.20 表示优效性界值为 20%。

【输出结果及解释】

列 1 风险估计值

	风险	渐近标准误差	（渐近的）95% 置信限		（精确）95% 置信限	
第1行	0.6526	0.0489	0.5569	0.7484	0.5480	0.7474

第 2 行	0.3053	0.0472	0.2127	0.3979	0.2149	0.4082
合计	0.4789	0.0362	0.4079	0.5500	0.4061	0.5525
差值	0.3474	0.0680	0.2142	0.4806		

差值为(行 1 – 行 2)

比例(风险)差值的优效性分析

H0：P1 – P2 < = 边距　　Ha：P1 – P2 > 边距

边距 = 0.2　Wald 方法

比例差值	渐进标准误差(样本)	Z	Pr > Z	优效性极限值	90% 置信限	
0.3474	0.0680	2.1684	0.0151	0.2000	0.2356	0.4592

可以从以上结果中的"列 1 风险估计值"看出，新药的近控率为 0.65，旧药的近控率为 0.31。第二张表给出了优效性检验结果，$z = 2.1684$，$P = 0.0151 < 0.05$，因此应拒绝 H_0。

统计学结论：$z = 2.1684$，$P = 0.0151 < 0.05$，因此拒绝 H_0，接受 H_1。

专业结论：可以认为新药优效于旧药，故新药具有推广价值。

1.10　成组设计结果变量为多值有序变量的 $2 \times C$ 表资料的差异性分析与线性趋势检验

1.10.1　问题与数据

【例 1-13】　为了调查北京和天津两地的居住环境，随机抽取了两地居民各 120 人，分别调查他们对居住环境的满意程度，结果见表 1-14，试比较北京和天津两地居民对居住环境满意程度之间的差别是否具有统计学意义，北京居民各满意程度等级(由满意→一般→不满意)的构成比是否呈线性下降趋势。

表 1-14　北京、天津两地居民对居住环境满意程度的比较

城市	人数			
满意程度：	满意	一般	不满意	合计
北京	45	48	27	120
天津	29	65	26	120
合计	74	113	53	240

1.10.2　对数据结构的分析

例 1-13 的结果变量为多值有序变量，原因变量为二值变量，因此该资料是成组设计多值有序 $2 \times C$ 列联表资料。

1.10.3　分析目的与统计分析方法的选择

例 1-13 的第一个分析目的为两行上的"平均秩"之间的差别是否具有统计学意义，可采用秩和检验方法来处理；第二个分析目的为第一行上构成比是否呈线性下降或上升趋势，可采用基于多项分布的原理导出的线性趋势检验。

1.10.4　SAS 程序中重要内容的说明

为实现第一个分析目的, 分析例 1-13 资料所需的 SAS 程序(程序名为 TJFX1＿13. SAS)如下:

```
DATA TJFX1_13;                          ODS HTML;
    DO A =1 TO 2;                       PROC NPAR1WAY WILCOXON;
        DO B =1 TO 3;                       CLASS A;
            INPUT F @@ ; OUTPUT;            VAR B;
        END;                                FREQ F;
    END;                                RUN;
CARDS;                                  ODS HTML CLOSE;
45  48  27
29  65  26
;
RUN;
```

【程序说明】　数据步, 建立名为 TJFX1＿13 的数据集, 变量 A、B、F 分别表示行号、列号、每个基本格子上的实际频数;过程步, 调用单因素非参数检验过程 NPAR1WAY, WILCOXON 语句要求进行秩和检验:两组比较时进行 Wilcoxon 秩和检验及 Kruskal-Wallis 检验, 多组比较时进行 Kruskal-Wallis 检验;最后用 CLASS 指定分类变量, VAR 指定观测变量, FREQ 指定频数变量。

为实现第二个分析目的, 所需的 SAS 程序(程序名为 TJFX1＿14. SAS)如下:

```
data tjfx1_14;
% let n =240;
% let n1 =120;
input x y1 y;
w =y/&n;
num =x* (y1 - &n1* w);
cards;
1  45 74
2  48 113
3  27 53
;
run;
proc univariate data =tjfx1_14 noprint;
var num;
output out =aaa sum =sum_num;
run;
proc univariate data =tjfx1_14 noprint;
weight w;
var x;
output out =bbb css =css_x;
run;
data abc;
    merge aaa bbb;
    nwx =sqrt(&n1* css_x);
  z =sum_num/nwx;
  if Z > =0 then P =1 - PROBNORM(Z);
    else if Z <0 then P =PROBNORM(Z);
```

```
    file print;
       put #2  @ 10 'Z value'  @ 30 'P Value';
       put #4  @ 10 z    @ 30 p;
  run;
```

【程序说明】　n＝240 代表总频数；n1＝120 代表第一行的合计频数；x 代表满意程度的分级，没有明确的数量等级时，赋值 1、2、3。

1.10.5　主要分析结果及解释

差异性分析的结果如下：

Wilcoxon Two-Sample Test

Statistic　　　　　　　13753.5000

Normal Approximation

Z　　　　　　　　　－1.4193

One－Sided Pr ＜ Z

Two－Sided Pr ＞ |Z|　　　0.1558

以上是对两组居住环境满意程度进行 Wilcoxon 秩和检验的结果，$Z = -1.4193$，$P = 0.1558 > 0.05$，不拒绝原假设，根据现有资料，尚不能认为两地居民对居住环境的满意程度有明显差别。

线性趋势分析的结果如下：

Z value　　　　　　P Value

－0.948067254　　　0.1715476086

此结果表明，北京居民对居住环境的满意程度在三个等级上不呈线性下降趋势。

1.11　成组设计结果变量为多值名义变量的 $2 \times C$ 表资料统计分析

1.11.1　问题与数据

【例 1-14】　某研究调查汉族和回族 ABO 血型分布情况，分别随机抽取宁夏某大学汉族和回族学生各 500 人，所得结果见表 1-15，试比较汉族和回族在血型分布上的差别有无统计学意义。

表 1-15　汉族和回族 ABO 血型分布情况比较

民族	人数				
	ABO 血型：	A	B	O	AB	合计
汉族		135	146	159	60	500
回族		147	155	129	69	500
合计		282	301	288	129	1000

1.11.2　对数据结构的分析

例 1-14 的结果变量为多值名义变量，原因变量为二值变量，因此该资料是成组设计多值名义 $2 \times C$ 列联表资料。

1.11.3　分析目的与统计分析方法的选择

例 1-14 的分析目的是比较两个民族组 ABO 血型频数分布是否相同,可采用一般 χ^2 检验或 Fisher's 精确检验来处理。

1.11.4　SAS 程序中重要内容的说明

分析例 1-14 资料所需的 SAS 程序(程序名为 TJFX1_15. SAS)如下:

```
DATA TJFX1_15;                          ODS HTML;
    DO A = 1 TO 2;                      PROC FREQ;
        DO B = 1 TO 4;                      WEIGHT F;
            INPUT F @@ ; OUTPUT;            TABLES A* B/CHISQ;
        END;                                ExactFisher;
    END;                                RUN;
CARDS;                                  ODS HTML CLOSE;
135   146   159   60
147   155   129   69
;
RUN;
```

由于本例资料不是 2×2 表资料,故程序中需输入 Exact Fisher 要求系统输出 Fisher's 精确检验的结果。

1.11.5　主要分析结果及解释

统计量	自由度	值	概率
卡方	3	4.5326	0.2094
似然比卡方	3	4.5390	0.2088
Mantel-Haenszel 卡方	1	0.5662	0.4518

以上给出了若干种 χ^2 检验统计量,通常查看一般 χ^2 检验结果即可。

Fisher's 精确检验

表概率(P)	2.971E−05
Pr < = P	0.2105

以上是 Fisher's 精确检验的结果,当不满足一般 χ^2 检验前提条件时(SAS 输出结果会提示),需要查看 Fisher's 精确检验结果。

根据一般 χ^2 检验结果,$\chi^2 = 4.5326$,$P = 0.2094 > 0.05$,按照 0.05 的检验水准,不拒绝原假设,根据现有资料,尚不能认为汉族和回族学生中 ABO 血型分布有明显不同。

1.12　单因素多水平设计无序原因变量 $R \times 2$ 表资料统计分析

1.12.1　问题与数据

【例 1-15】　某研究为了比较三所大学大一新生中中共党员的比例,随机抽取部分学生进行比较,得到的数据见表 1-16,试分析三所大学新生中中共党员的比例差别有无统计学意义。

表 1-16　三所大学大一新生的政治面貌调查结果

大学	人数		
政治面貌:	党员	非党员	合计
A	53	73	126
B	38	132	170
C	16	82	98
合计	107	287	394

1.12.2　对数据结构的分析

例 1-15 属于原因变量为多值名义变量、结果变量为二值变量的单因素多水平设计定性资料。

1.12.3　分析目的与统计分析方法的选择

比较原因变量各水平的频数分布情况,可以用一般 χ^2 检验或 Fisher's 精确检验来处理。

1.12.4　SAS 程序中重要内容的说明

分析例 1-15 资料所需的 SAS 程序(程序名为 TJFX1_16. SAS)如下:

```
DATA TJFX1_16;                          ODS HTML;
    DO A =1 TO 3;                       PROC FREQ;
        DO B =1 TO 2;                       WEIGHT F;
            INPUT F @@ ; OUTPUT;            TABLES A* B/CHISQ;
        END;                               Exact Fisher;
    END;                                RUN;
CARDS;                                  ODS HTML CLOSE;
53  73
38  132
16  82
;
RUN;
```

1.12.5　主要分析结果及解释

统计量	自由度	值	概率
卡方	2	21.9473	<0.0001
似然比卡方	2	21.4673	<0.0001
Mantel- Haenszel 卡方	1	19.6257	<0.0001

以上给出了若干种 χ^2 检验统计量,通常查看一般 χ^2 检验结果即可。

Fisher 精确检验

表概率(P)	2.756E-07
Pr <= P	2.532E-05

以上是 Fisher's 精确检验结果,当不满足一般 χ^2 检验前提条件时(SAS 输出结果会提示),要看 Fisher's 精确检验结果。

本例资料可采用一般 χ^2 检验，得 $\chi^2 = 21.9473$，$P < 0.0001$，按照 0.05 的检验水准，拒绝原假设，接受备择假设，认为三所大学新生中的中共党员比例不完全相同。

1.13　单因素多水平设计有序原因变量 $R \times 2$ 表资料的差异性分析与 Cochran-Armitage 线性趋势检验

1.13.1　问题与数据

【例 1-16】　为了研究吸烟年限和龋齿的关系，某人搜集了表 1-17 所示资料，试对该资料进行统计分析。

表 1-17　吸烟年限和龋齿的关系研究结果

吸烟年限	例数		
龋齿：	患	未患	合计
≤1	3	24	27
1~5	9	28	37
5~10	12	23	35
≥10	7	11	18
合计	31	86	117

1.13.2　对数据结构的分析

例 1-16 属于原因变量为多值有序变量、结果变量为二值变量的单因素多水平设计定性资料。

1.13.3　分析目的与统计分析方法的选择

这种情况要根据不同研究目的选择相应的统计分析方法，如果要比较不同吸烟年限的龋齿患病率是否相同，可以用一般 χ^2 检验或 Fisher's 精确检验（具体方法前面已介绍，此处从略）；如果要检验龋齿患病率和吸烟年限两变量之间是否呈线性趋势，可以用线性趋势检验，即 Cochran-Armitage 线性趋势检验。

1.13.4　SAS 程序中重要内容的说明

例 1-16 如果要作线性趋势检验，SAS 程序（程序名为 TJFX1_17. SAS）如下：

```
DATA TJFX1_17;                        ODS HTML;
  DO A =1 TO 4;                       PROC FREQ;
    DO B =1 TO 2;                         WEIGHT F;
      INPUT F @@ ; OUTPUT;               TABLES A* B/TREND;
    END;                               RUN;
  END;                                 ODS HTML CLOSE;
CARDS;
3  24
9  28
12  23
7  11
;
RUN;
```

该程序中的选项 TREND 要求系统进行 Cochran-Armitage 趋势检验。

1.13.5　主要分析结果及解释

Cochran- Armitage 趋势检验

统计量（Z）	2.3714
单侧 Pr > Z	0.0089
双侧 Pr > |Z|	0.0177

以上是进行 Cochran-Armitage 线性趋势检验的结果，可以看出，$Z = 2.3714$，双侧检验 $P = 0.0177$。

根据 Cochran-Armitage 趋势检验的结果，拒绝原假设，接受备择假设，认为龋齿患病率与吸烟年限之间呈线性变化趋势，具体来说，患病率随着吸烟年限增加而呈线性上升趋势。

1.14　单因素多水平设计双向无序 $R \times C$ 表资料一般 χ^2 检验和 Fisher's 精确检验

1.14.1　问题与数据

【例 1-17】　某大学对计算机专业、金融专业、传媒专业各 50 名学生进行心理学测试，并判断每个学生属于哪种典型气质类型，所得结果见表 1-18，请进行合理的统计分析。

表 1-18　不同专业学生的四种气质类型分布

专业	人数				
气质类型:	多血质	胆汁质	抑郁质	黏液质	合计
计算机	16	13	7	14	50
金融	12	15	10	13	50
传媒	18	9	8	15	50
合计	46	37	25	42	150

1.14.2　对数据结构的分析

例 1-17 属于原因变量和结果变量均为多值名义变量的单因素多水平设计定性资料，从列联表分类上来看属于双向无序 $R \times C$ 列联表。

1.14.3　分析目的与统计分析方法的选择

比较原因变量各水平的频数分布情况，可以用一般 χ^2 检验或 Fisher's 精确检验来处理。

1.14.4　SAS 程序中重要内容的说明

分析例 1-17 资料所需的 SAS 程序（程序名为 TJFX1_18.SAS）如下：

```
DATA TJFX1_18;                    ODS HTML;
    DO A = 1 TO 3;                PROC FREQ;
        DO B = 1 TO 4;                WEIGHT F;
            INPUT F @@ ; OUTPUT;      TABLES A* B/CHISQ;
        END;                          Exact fisher;
    END;                          RUN;
```

```
    CARDS;                                    ODS HTML CLOSE;
    16   13    7    14
    12   15   10    13
    18    9    8    15
    ;
    RUN;
```

1.14.5　主要分析结果及解释

统计量	自由度	值	概率
卡方	6	3.4338	0.7528
似然比卡方	6	3.5162	0.7418
Mantel-Haenszel 卡方	1	0.0070	0.9333

以上给出了若干种 χ^2 检验统计量，通常查看一般 χ^2 检验结果即可。

Fisher 精确检验

表概率（P）　　　8.189E－06

Pr ＜ ＝ P　　　　0.7518

以上是 Fisher's 精确检验结果，当不满足一般 χ^2 检验前提条件时，要看 Fisher's 精确检验结果。

本例资料可采用一般 χ^2 检验，得 $\chi^2 = 3.4338$，$P = 0.7528 > 0.05$，按照 0.05 的检验标准，不拒绝原假设，根据现有资料，不能认为三个专业学生的气质类型构成比例不同。

1.15　单因素多水平设计有序结果变量 $R \times C$ 表资料的秩和检验

1.15.1　问题与数据

【例 1-18】　某研究对某市职业培训学校毕业生收入情况进行调查，得到表 1-19 所示数据，试比较不同专业职校毕业生的收入差别有无统计学意义。

表 1-19　不同专业职校毕业生的收入情况

专业	人数				
	月薪(元)： ≤1000	1000~2000	2000~3000	≥3000	合计
厨艺	6	34	31	13	84
汽修	15	24	23	7	69
财会	13	27	9	5	54
合计	34	85	63	25	207

1.15.2　对数据结构的分析

例 1-18 属于原因变量是多值名义变量、结果变量为多值有序变量的单因素多水平设计定性资料，从列联表分类上来看属于结果变量为有序变量的单向有序 $R \times C$ 列联表。

1.15.3　分析目的与统计分析方法的选择

结果变量为多值有序变量，可采用秩和检验方法来处理。

1.15.4　SAS 程序中重要内容的说明

分析例 1-18 资料所需的 SAS 程序(程序名为 TJFX1_19.SAS)如下：

```
DATA TJFX1_19;                          ODS HTML;
    DO A =1 TO 3;                        PROC NPAR1WAY WILCOXON;
        DO B =1 TO 4;                        CLASS A;
            INPUT F @@ ; OUTPUT;             VAR B;
        END;                                 FREQ F;
    END;                                RUN;
CARDS;                                  ODS HTML CLOSE;
6  34  31  13
15  24  23  7
13  27  9   5
;
RUN;
```

由于本例是多组比较,故该程序执行 Kruskal-Wallis 检验。

1.15.5　主要分析结果及解释

Kruskal-Wallis Test

Chi-Square	11.0690
DF	2
Pr > Chi-Square	0.0039

以上是对三组进行 Kruskal-Wallis 秩和检验的结果,$\chi^2 = 11.0690$,$P = 0.0039 < 0.05$,拒绝原假设,接受备择假设,可以认为三个不同专业的职校毕业生收入有差别。相对来说,厨艺专业的毕业生收入较高,财会专业的毕业生收入较低,要想得出比较肯定的判断结果,应对三个平均秩进行两两比较,读者可参考本书有关章节。

1.16　单因素多水平设计双向有序 $R \times C$ 表资料的四种不同分析目的的统计分析

1.16.1　问题与数据

【例 1-19】　某矿工医院探讨矽肺不同期次患者的肺门密度变化,将 492 例患者资料整理成表 1-20,试分析矽肺患者肺门密度的增加与期次有无关系。

表 1-20　矽肺期次与肺门密度级别的关系

矽肺期次	例数			
	肺门密度: Ⅰ	Ⅱ	Ⅲ	合计
Ⅰ	43	188	14	245
Ⅱ	1	96	72	169
Ⅲ	6	17	55	78
合计	50	301	141	492

1.16.2 对数据结构的分析

例1-19属于原因变量和结果变量均是多值有序变量，但确切地说，应属于属性不同的单因素多水平设计定性资料，因此从列联表分类上来看属于双向有序且属性不同的 $R \times C$ 列联表。

1.16.3 分析目的与统计分析方法的选择

例1-16的分析目的一，如果要考察各行上频数分布是否相同，可以选择一般 χ^2 检验或Fisher's 精确检验；分析目的二，如果要比较不同期次矽肺患者的肺门密度级别之间的差别是否有统计学意义，可以采用秩和检验；分析目的三，如果要研究矽肺期次与肺门密度两变量之间是否有相关性，可以采用Spearman秩相关分析来处理；分析目的四，如果要检验矽肺期次与肺门密度两变量之间是否呈线性趋势，可以用线性趋势检验，但遗憾的是，迄今为止，尚无科学严谨的方法实现此类定性资料的线性趋势检验。

1.16.4 SAS 程序中重要内容的说明

此处采用Spearman秩相关分析来分析例1-16的资料，所需的SAS程序（程序名为TJFX1_20.SAS）如下：

```
DATA TJFX1_20;                           ODS HTML;
    DO A = 1 TO 3;                       PROC CORR SPEARMAN;
        DO B = 1 TO 3;                       VAR A B;
            INPUT F @@ ; OUTPUT;             FREQ F;
        END;                             RUN;
    END;                                 ODS HTML CLOSE;
CARDS;
43  188  14
1   96   72
6   17   55
;
RUN;
```

程序中调用相关过程CORR，用SPEARMAN选项指定进行Spearman秩相关分析。

1.16.5 主要分析结果及解释

Spearman 相关系数，N = 492 当 H0：

Rho = 0 时，Prob > |r|

	A	B
A	1.00000	0.53215
		<0.0001
B	0.53215	1.00000
	<0.0001	

以上是Spearman秩相关分析的结果，$r_s = 0.53215$，$P < 0.0001$，说明两个有序变量之间的总体相关系数不等于0。

根据 Spearman 秩相关分析的结果, 拒绝原假设, 认为两个有序变量之间的总体相关系数不等于 0, 矽肺期次与肺门密度之间存在线性相关关系。结合资料可以看出, 肺门密度有随矽肺期次增高而增加的趋势。

1.17 单因素多水平设计双向变量任意性质的 $R \times C$ 表资料关联性 Shannon 信息量分析和对应分析

1.17.1 Shannon 信息量分析

1. 问题与数据

【例 1-20】 动物栖息环境的多样性是动物生存进化的条件, 要想对动物资源进行保护和开发, 就必须进行种群在各种环境下密度的调查, 以便获得种群在各种环境下的信息。表 1-21 是秦岭西部山区林麝种群的调查资料, 试对不同海拔及不同植被类型动物种群的分布情况进行分析。

表 1-21 林麝种群数量统计表

海拔 (m)	林麝种群数量			
植被类型:	原生林	次生乔木林	次生灌木林	合计
500 ~ 1000	69	38	26	133
1000 ~ 1500	104	79	42	225
1500 ~ 2000	216	165	115	496
2000 ~ 2500	128	54	28	210
合计	517	336	211	1064

2. 对数据结构的分析

显然, 这是一个双向有序且属性不同的 4×3 列联表。

3. 分析目的与统计分析方法的选择

在通常情况下, 分析此类列联表资料可以有四个不同的分析目的, 对应着四套统计分析方法。

(1) 目的一: 考察各行上频数分布规律是否相同, 可采用 χ^2 检验或 Fisher's 精确检验。

(2) 目的二: 将"植被类型"视为结果变量, 考察各行上的"平均秩"之间的差别是否具有统计学意义, 可采用秩和检验。

(3) 目的三: 研究两有序变量之间是否存在直线相关性, 可采用 Spearman 秩相关分析。

(4) 目的四: 若两有序变量之间存在直线相关性, 希望进一步考察两有序变量之间是否具有严格意义下的线性关系, 应采用线性趋势检验, 但迄今为止, 尚无非常合适的统计处理方法。

前三个统计分析目的对应的统计分析方法在本章不同的小节中都有相应的具体做法, 此处从略。下面仅介绍第五种统计分析目的及其对应的统计分析方法, 即研究二维列联表资料中横向与纵向两个变量不同水平之间的关联性, 采用 Shannon 信息量分析法。

4. SAS 程序中重要内容的说明

分析例 1-20 资料所需的 SAS 程序 (程序名为 TJFX1_21. SAS) 如下:

```
% let nr =4;                        data a4 (keep = a row_entropy);
% let nc =3;                           set a3;
data a1;                               by a b;
  do a =1 to &nr;                      if first.a then row_entropy =0;
  do b =1 to &nc;                      row_entropy + row;
    input f @@ ;output;                if last.a;
  end;                             run;
  end;                             proc sort data = a3;
cards;                                by b a ;
69  38  26                         run;
104  79  42                        data a5 (keep =b col_entropy);
216  165  115                         set a3;
128  54  28                           by b a ;
;  run;                               if first.b then col_entropy =0;
proc freq data = a1;                  col_entropy + col;
    tables a * b/out = a2 (drop = count   if last.b;
percent) outpct noprint;           run;
    weight f;                      % macro print (dataset, title);
run;                                  proc print data = &dataset noobs;
data a3(drop =pct_row pct_col);          title &title;
    set a2;                             run;
    row = - (pct_row * log (pct_row/   % mend;
100)/100);                         % print (a4, "行变量的信息熵");
    col = - (pct_col * log (pct_col/   % print (a5, "列变量的信息熵");
100)/100);
run;
proc sort data = a3;
    by a b;
run;
```

【主要输出结果及解释】

a	row_entropy
1	1.01748
2	1.03750
3	1.06704
4	0.91965

以上结果是行变量 a 的不同水平对应的信息熵 row_entropy 的结果, 对熵值进行比较可得 a3 > a2 > a1 > a4。

b	col_entropy
1	1.30164
2	1.22991
3	1.17811

以上是列变量 b 的不同水平对应的信息熵 col_entropy 的结果, 对熵值进行比较可得 b1 > b2 > b3。

统计与专业结论: 由以上 Shannon 信息量分析的结果可知, 在不同海拔上, 林麝种群密度在不同植被类型中的分布均匀程度以 1500~2000 m 最好，1000~1500 m 和 500~1000 m 次之，2000~2500 m 最差，说明海拔 1500~2000 m 最适合林麝栖息。在不同植被类型中，林麝种群密度在不同海拔的分布均匀程度以原生林最好，次生乔木林次之，次生灌木林最差，说明原生林是林麝最理想的栖息地。

1.17.2　定性资料对应分析

【例 1-21】　沿用例 1-20 的资料，分析目的仍然是考察两有序变量之间是否存在关联性，试采用定性资料的对应分析予以实现。

分析此资料所需的 SAS 程序(程序名为 TJFX1_22. SAS)如下：

```
data tjfx;
input height $10. a b c;
cards;
500 -1000   69   38   26
1000 -1500  104  79   42
1500 -2000  216  165  115
2000 -2500  128  54   28
;
run;

ods graphics on;
proc corresp;
var a b c;
id height;
run;
ods graphics off;
```

【主要输出结果及解释】

Row Coordinates		
	Dim1	Dim2
500 – 1000	− 0.0585	0.0413
1000 – 1500	0.0340	− 0.0680
1500 – 2000	0.1071	0.0186
2000 – 2500	− 0.2522	0.0028

以上是对行变量(即海拔)产生的两个新变量 Dim1 和 Dim2 对应的坐标值，在直角坐标系(Dim1，Dim2)中，四种不同海拔(从低到高)对应的"点"分别落在第 2 象限、第 4 象限、第 1 象限、第 2 象限内。

Column Coordinates		
	Dim1	Dim2
a	− 0.1371	0.0078
b	0.0984	− 0.0472
c	0.1793	0.0560

以上是对列变量(即植被类型)产生的两个新变量 Dim1 和 Dim2 对应的坐标值，在直角坐标系(Dim1，Dim2)中，三种不同植被类型(从原森林到次生灌木林)对应的"点"分别落在第 2 象限、第 4 象限和第 1 象限内。

由图 1-2 可直观看出，原森林(a)与海拔(2000~2500 m)落在相邻的位置上，说明在海拔 2000~2500 m 的原森林(a)中，林麝种群密度比较高；在海拔 1000~1500 m 和 1500~2000 m 的次生乔木林(b)中，林麝种群密度比较高；而在海拔 1500~2000 m 的次生灌木林(c)中，林麝种群密度比较高。

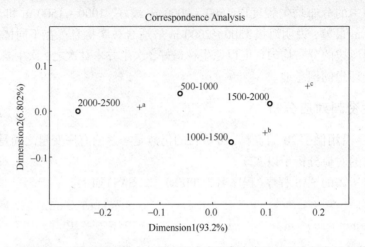

图 1-2　分别来自二维列联表横向与纵向两个变量各自产生的两个新变量的散布图

1.18　单因素多水平设计 $R×C$ 表资料任何两个水平组之间的两两比较

【例 1-22】　沿用例 1-20 的资料, 如果希望求任何两种海拔的频数构成或平均秩之间的差别是否具有统计学意义时, 应当如何做呢?

【分析与解答】　关键要看统计分析的目的是什么。若为了回答任何两行上的频数构成情况是否具有统计学意义, 则需要选用一般 χ^2 检验或 Fisher's 精确检验; 若为了回答任何两行上的有序结果平均秩之间的差别是否具有统计学意义, 则需要选用秩和检验。但无论采用哪一类, 都应该对假设检验的显著性水平进行校正。校正的方法很多, 但通常可用如下方法:

$$\alpha' = \frac{\alpha}{K} \tag{1-1}$$

式中, α 为通常的显著性水平, 常取为 0.05; 而 K 为可能采取的两两比较的总次数, 即

$$K = C_m^2 = \frac{m(m-1)}{2} \tag{1-2}$$

式中, m 为横向变量水平数(通常就是组数)。

采用上述方法来控制做完全部比较所犯假阳性错误的概率仍小于等于原先的显著性水平 α, 此法被称为 Bonferroni 校正法。

1.19　数据库形式表达资料的统计分析

需要进行统计分析的资料通常是由一些变量和它们的观测值组成的, 计算机常用的数据结构往往是数据库形式表达的资料。这时, 数据矩阵中的列表示变量(定性或定量)的名称和具体观测值, 行表示一个被观测对象在各变量上的具体表现(即观测值)。这种数据库结构便于进行数据录入, 但是不太容易选择合适的统计分析方法, 因为不同的分析目的会利用到资料中不同的行和列信息, 从而需要选用不同的统计分析方法。尤其是判定设计类型时显得不够直观, 更不能直接看出定性变量不同水平组合下有多少频数。

【例 1-23】　胃癌手术后预后因素分析数据库资料见表 1-22 和表 1-23, 试结合不同的分析目的选择合适的统计分析方法。

表1-22 变量含义说明

变 量	含 义	说 明
x1	例号	ID 号
x2	胃癌位置	1 胃底；2 胃体；3 胃窦
x3	胃癌大小	0~5 级
x4	大体类型	1 溃疡；2 肿块；3 浸润
x5	组织学类型	1 腺癌；2 黏液癌；3 未分化癌；4 混合型
x6	深度	1~6 级
x7	淋巴结转移	0~3 级
x8	手术方式	1 Ⅰ式；2 Ⅱ式；3 近胃；4 全切除
x9	血色素	g/L
x10	白细胞	个/mm³
x11	手术时年龄	岁
x12	性别	1 男性；0 女性
x13	是否化疗	1 化疗；0 未化疗
x14	手术后三年情况	1 死亡；2 存活

表1-23 胃癌手术后预后因素分析

x1	x2	x3	x4	x5	x6	x7	x8	x9	x10	x11	x12	x13	x14
1	3	2	1	1	2	0	1	13.1	4408	35	1	1	2
2	3	1	1	1	2	0	2	13.4	5726	25	1	1	2
3	3	2	1	2	2	0	1	13.7	5979	65	1	1	2
4	3	3	1	1	6	3	2	8.5	6026	25	0	1	2
...	...	...	...	...	...	...	...	...	...	...	...	...	...
97	3	1	3	1	6	1	2	8	4141	55	0	0	1
98	3	2	1	1	6	0	2	10.4	9100	55	1	0	1

该资料中的变量有定量和定性两种变量，定性变量中有二值变量、多值名义变量和多值有序变量三种情况。根据研究的需要，从定性变量中选择一个自变量(原因变量)和一个因变量(结果变量)，这时就可以组成一个标准的单因素设计二维列联表。处理这种资料的 SAS 程序与前面介绍的稍有不同，程序(程序名为 TJFX1_23. SAS)如下：

```
DATA TJFX1_23;                          /* 数据步建立数据集* /
    input x1 - x14;
cards;
1 3 2 1 1 2 0 1 13.1 4408 35 1 1 2
......
98 3 2 1 1 6 0 2 10.4 9100 55 1 0 1
;
proc freq;                              /* 进行卡方检验和 Fisher's 精确检验* /
    table x12* x14/ chisq fisher;
run;
proc npar1way wilcoxon;                 /* 进行秩和检验* /
    class x4;                           /* x4 为原因变量，x7 为结果变量* /
    var x7;
run;
proc freq;                              /* 进行线性趋势检验* /
    table x7* x13/trend;
run;
proc corr spearman;                     /* 进行 Spearman 秩相关分析* /
    var x3 x7;
run;
```

【程序说明】　第一个过程步可对由 x12 与 x14 两个定性变量形成的二维列联表资料进行一般卡方检验和 Fisher's 精确检验；第二个过程步(npar1way)可对定性变量 x4 全部水平下 x7(多值有序变量)的平均秩进行差异性检验；第三个过程步可对由 x7(多值有序变量)与 x13(二值结果变量)形成的 $R \times 2$ 表资料进行线性趋势检验；第四个过程步(corr)可对由 x3 与 x7 两个有序变量形成的双向有序且属性不同的二维列联表资料进行 Spearman 秩相关分析。

1.20　本章中几类不同统计分析原理概述

1.20.1　单组设计一元定性资料假设检验的原理

1. 假设检验的一般步骤

第一步，先给出检验的假设，并规定检验标准 α 的值。

$H_0: P = P_0$，$H_1: P \neq P_0$，$\alpha = 0.05$。

H_0 代表原假设或零假设或无效假设，H_1 代表备择假设，它们是互为对立的假设；检验的标准 α 也称显著性水平，它就是拒绝 H_0 时犯错误的概率。在 $H_0: P = P_0$ 中，P 代表样本所抽自的总体率，而 P_0 则是与之比较的特定总体率。$\alpha = 0.05$ 代表将以概率值为 0.05 作为拒绝 H_0 的最高界限值，也即当所关心的事件发生的概率小于等于 0.05 时，都将拒绝 H_0，从而接受 H_1。

第二步，给出检验统计量的计算公式，计算检验统计量的数值。通过查表(由检验统计量所对应的分布规律推算而得)或计算得出相应 P 值。如果研究目的是推断 P 是否等于 P_0，则用双侧检验；如果在专业上认为 $P < P_0$(或 $P > P_0$)的情况不可能出现，则取单侧 P 值；若不能确定，一般取双侧 P 值。

第三步，根据拒绝还是接受 $H_0: P = P_0$ 的结果，先给出统计学结论，再结合专业知识给出专业结论。

2. 检验统计量的计算

$$令 Z = (\hat{P} - P_0)/se \qquad se = \sqrt{P_0(1 - P_0)/n} \tag{1-3}$$

由中心极限定理可知，Z 的极限分布为正态分布 $N(0, 1)$。因此，可应用基于正态分布原理导出的方法检验率的差异是否具有统计意义。计算时可先依据总体率求出率的标准误，再计算样本率 $\hat{P}$ 与总体率 P_0 相差为标准误的多少倍，此值称为 Z 值。

对离散分布进行连续分布校正处理时，需要一个连续校正项 $1/(2n)$。当 $\hat{P} - P_0 > 0$ 时，统计量为 $Z - 1/(2n)$；当 $\hat{P} - P_0 < 0$ 时，统计量为 $Z + 1/(2n)$。

3. 精确的假设检验

若样本量不够大，渐近的假设检验所得 P 值与精确 P 值相差较多，则结果不可靠。也就是说，渐近的假设检验将不再适用。这时应计算精确 P 值。已知二项分布 $b(n, P_0)$，阳性事件发生 x 次的概率是

$$P(X = x \mid P_0) = \binom{n}{x} P_0^x (1 - P_0)^{n-x} \qquad x = 0, 1, 2, \cdots, n \tag{1-4}$$

那么，左侧概率就是阳性事件发生次数小于等于 n_1 的概率之和，即

$$P(X \leq n_1) = \sum_{x=0}^{n_1} \binom{n}{x} P_0^x (1 - P_0)^{n-x} \tag{1-5}$$

右侧概率是指阳性事件发生次数大于等于 n_1 的概率之和，即

$$P(X \geq n_1) = \sum_{x=n_1}^{n} \binom{n}{x} P_0^x (1 - P_0)^{n-x} \tag{1-6}$$

单侧概率是左侧概率和右侧概率的最小值，即 $P_1 = \min[\text{Prob}(X \leq n_1 \mid P_0), \text{Prob}(X \geq n_1 \mid P_0)]$。双侧 P 值 $P_2 = 2P_1$。

在 SAS 程序中，默认时系统给出渐近的假设检验结果。当使用语句"exact binomial；"时，系统同时给出渐近的假设检验结果和精确检验结果。

1.20.2　配对设计 2×2 表资料的一致性检验计算原理

假设检验的步骤如下：

第一步，给出检验假设，并规定检验水准 α 的值。

H_0：总体 Kappa 系数 $=0$（两种方法或者两位医生的检查结果不一致）；

H_1：总体 Kappa 系数 $\neq 0$（两种方法或者两位医生的检查结果一致）；

$\alpha = 0.05$。

第二步，给出检验统计量的公式。

Kappa 系数的计算公式为

$$K = \frac{P_a - P_e}{1 - P_e} \tag{1-7}$$

式中，P_a 是观察一致率，$P_a = \dfrac{a+d}{n}$ $\tag{1-8}$

P_e 是期望一致率，$P_e = \dfrac{a+b}{n} \times \dfrac{a+c}{n} + \dfrac{c+d}{n} \times \dfrac{b+d}{n}$ $\tag{1-9}$

K 的标准误 S_k 可由下式计算：

$$S_k = \sqrt{\frac{P_a(1 - P_a)}{N(1 - P_e)^2}} \tag{1-10}$$

于是，可以使用近似的 Z 检验

$$Z = K/S_k \sim N(0, 1) \tag{1-11}$$

或者可以估计 K 的 95% 置信区间为

$$K \pm 1.96 S_k \tag{1-12}$$

第三步，计算检验统计量的数值，按照检验水准查 Z 值表，获得统计量 Z 的值和（或）分布尾端的概率，或者可以求出总体 Kappa 系数的 95% 置信区间。

第四步，根据拒绝还是接受 H_0 的结果，得出统计学结论，再结合专业知识给出专业结论。

【说明】　配对设计扩大形式方表资料的一致性检验计算原理与上面介绍的内容非常接近，此处从略。

1.20.3　配对设计扩大形式方表资料的对称性检验计算原理

Bowker's test 法，假设检验步骤如下：

第一步，给出检验假设，并规定检验水准 α 的值。

H_0：$P_{ij} = P_{ji}$；H_1：$P_{ij} \neq P_{ji}$；$\alpha = 0.05$。

第二步，给出检验统计量的公式

$$Q_B = \frac{\sum_i \sum_j (n_{ij} - n_{ji})^2}{n_{ij} + n_{ji}} \quad i < j \tag{1-13}$$

第三步，计算检验统计量的数值，按照检验水准查 χ^2 界值表，获得统计量 χ^2 值和（或）分布尾端的概率。

对稍大一些的样本而言，Q_B 逼近 χ^2 分布，自由度为 $R(R-1)/2$，即

$$Q_B \sim \chi^2[R(R-1)/2] \tag{1-14}$$

第四步，根据拒绝还是接受 H_0 的结果，得出统计学结论，再结合专业知识给出专业结论。

1.20.4　分析各种成组设计定性资料的计算原理

1. 横断面研究设计的 2×2 表资料计算原理

所谓横断面研究设计的 2×2 表资料，就在某个时间断面（时点或很短时间内）进行的调查或试验研究时，对一组受试对象同时按两个定性变量来划分，每个定性变量都只有两个水平，其目的是了解某个时间点上的现状，在医学中通常用于对疾病或健康状况的分布特征的描述、对防治措施的效果的评价、对疾病与某些因素相互联系的探讨等。

通常，两行代表可疑的两种"原因"，而两列代表所关心的两种"结果"。"原因"与"结果"几乎同时被观测（有时，并不能确定它们之间的因果关系）；有时"原因"与"结果"之间有一定的时间间隔，但一般间隔时间较短，可忽略不计。此种列联表资料表达的标准型见表 1-24。

表 1-24　同时观测 n 个受试者两个属性的分组结果

属性 A	例数		
	属性 B：B_1	B_2	合计
A_1	a	b	$a+b$
A_2	c	d	$c+d$
合计	$a+c$	$b+d$	n

分析两种属性之间是否独立的一般 χ^2 检验（也称 Pearson χ^2 检验）公式如下：

$$\chi^2 = \frac{n(ad-bc)^2}{(a+b)(c+d)(a+c)(b+d)} \tag{1-15}$$

此检验统计量服从自由度 $\nu = 1$ 的 χ^2 分布。此时，与 $\alpha = 0.05$ 和 $\alpha = 0.01$ 对应的两个临界值分别为 $\chi^2_{(1)0.05} = 3.841$ 和 $\chi^2_{(1)0.01} = 6.635$。

值得注意的是，在处理四格表资料时，无论检验统计量 χ^2 的公式采用何种形式，其自由度均为 1，且前述的两个临界值不变，以下不再赘述。

运用此公式时，资料应具备的前提条件是：$n \geq 40$，无小于 5 的理论频数。理论频数的计算方法为

$$T_a = \frac{(a+b)(a+c)}{n}, \; T_b = \frac{(a+b)(b+d)}{n}, \; T_c = \frac{(c+d)(a+c)}{n}, \; T_a、\cdots、T_d \text{ 分别代表}$$

与观察频数 a、b、c、d 对应的理论频数。

当表格中 $n \geq 40$，但至少有一个理论频数为 $1 < T \leq 5$ 时，需改用下面的校正公式：

$$\chi^2_C = \frac{n(|ad-bc| - 0.5n)^2}{(a+b)(c+d)(a+c)(b+d)} \tag{1-16}$$

当表格中 $n < 40$ 或至少有 1 个理论频数为 $T \leqslant 1$ 时，需改用 Fisher's 精确检验法，直接计算出概率。因计算(基于超几何分布构造出计算概率的公式)比较烦琐，公式从略。当然，在上述各种情况下，直接选用 Fisher's 的精确检验法则更好。

2. 队列研究设计的 2×2 表资料的计算原理

所谓队列研究设计的 2×2 表资料，就是依据专业知识，通过对不同暴露水平的对象进行追踪观察，确定其疾病发生情况，从而分析暴露因素与疾病发生之间的因果关系，它是由因溯果的分析性研究设计，是论证疾病的原因的一个重要研究方法。

通常，对某一事件的一组受试对象依据专业知识，按某个原因变量的两个水平(暴露、未暴露)划分成两组，对两组受试对象进行长时间的"追踪观察"；然后，再依据定性的结果变量的两个水平(发病、未发病)将各组受试对象进一步划分成两部分。通常，放在横向的两行代表可疑的两个"原因"，而放在纵向的两列代表所关心的两个"结果"；先观察到"原因"，后观察到"结果"，其间隔较长(往往需要一年甚至几年时间)。

此种列联表资料的标准形见表 1-25。

对于表 1-25 所示资料可按如下步骤进行计算：第一步，将其按照横断面研究设计的 2×2 表资料进行处理，计算 χ^2 值，看其两行上的频数分布是否有统计学意义，若得到 $P < 0.05$ 的结果，就进行第二步，否则停止计算；第二步，按照公式计算

表 1-25　n 个受试者队列研究的结果

属性 A	例数		
	属性 B：发病	未发病	合计
暴露	a	b	a + b
未暴露	c	d	c + d
合计	a + c	b + d	n

相对危险度 RR(即 Relative Risk，简称 RR)；第三步，运用 MHχ^2 检验，检验总体 RR 与 1 之间的差别是否具有统计学意义。

RR 可按下式计算：

RR = 暴露者发病的概率/未暴露者发病的概率，即

$$RR = \frac{a/(a+b)}{c/(c+d)} = \frac{a(c+d)}{c(a+b)} \tag{1-17}$$

RR 是可疑危险因素处于暴露水平时的发病率为其处于非暴露水平时的发病率的一个倍数，它反映的是暴露因素对发病影响的方向与大小，在 RR > 1 的情况下，RR 越大说明暴露水平对发病的促进作用越大；在 RR < 1 的情况下，RR 越小说明暴露水平对发病的保护作用越大；RR 越接近于 1，说明暴露水平对发病的作用越不明显。RR 是样本统计量，存在抽样误差，要想知道总体中的 RR 是否为 1，就需要对其进行假设检验。所需要的检验统计量为 Mantel-Haenszelχ^2，一般记为 χ^2_{MH}，有

$$\chi^2_{MH} = \frac{(n-1)(ad-bc)^2}{(a+b)(c+d)(a+c)(b+d)} \tag{1-18}$$

3. 病例对照研究设计的 2×2 表资料的计算原理

病例对照研究是指要了解暴露于某种因素的特定水平对疾病的发生有无影响及其影响程度时，针对某因素从部分病人发病之后开始调查，将病人设为病例组，并选择相应的非病人设为对照组，分别调查这两组人暴露于可疑致病因素的情况。如果将病例与对照进行个体配对，就是配对病例对照研究资料；如果未进行配对，就是成组病例对照研究。在成组病例对照研究中，两组的样本含量可以不相等。

成组病例对照研究资料表达的标准型见表 1-26。

对表 1-26 所示资料采用优势比(Odds Ratio, OR)来描述疾病与暴露因素关联程度。其计算公式如下:

$$OR = \frac{ad}{bc} \qquad (1-19)$$

计算步骤如下:

表 1-26 成组病例-对照研究 2×2 表

暴露与否	例数		
	病例	对照	合计
暴露	a	b	a+b
非暴露	c	d	c+d
合计	a+c	b+d	n

第一步,先将其按照横断面研究设计的 2×2 表资料进行处理,计算 χ^2 值,看两行上的频数分布是否有统计学意义,若得到 $P < 0.05$ 的结果,就进行第二步,否则停止计算;第二步,按照公式计算优势比;第三步,运用 MH χ^2 检验,检验总体 OR 与 1 之间的差别是否具有统计学意义。

OR 实际上是两个比值(odd_1、odd_2)之比,其中,odd_1(称为优势)为病例组接触可疑危险因素暴露水平的比例 $[a/(a+c)]$ 与病例组未接触可疑危险因素暴露水平的比例 $[c/(a+c)]$ 的比值,$odd_1 = [a/(a+c)]/[c/(a+c)] = a/c$;而 odd_2(称为优势)为对照组接触可疑危险因素暴露水平的比例 $[b/(b+d)]$ 与对照组未接触可以危险因素暴露水平的比例 $[d/(b+d)]$ 的比值,即 $odd_2 = [b/(b+d)]/[d/(b+d)] = b/d$。于是,就有 $OR = odd_1/odd_2 = (a/c)/(b/d) = ad/bc$。

OR 越大,说明疾病与暴露因素的关联程度越大。OR 是样本统计量,存在抽样误差,要想知道总体中的 OR 是否为 1,就需要对其进行假设检验。所需要的检验统计量为 Mantel-Haenszel χ^2,一般记为 χ^2_{MH}。

4. 2×C 列联表资料线性趋势检验的计算原理

如果某资料仅涉及 1 个原因变量和 1 个结果变量,且原因变量仅有 2 个水平,结果变量却有 $C(C \geqslant 3)$ 个水平,这样的资料用列联表来表示就称为 2×C 列联表资料。在 2×C 列联表资料中,如果结果变量为多值名义变量,则可按双向无序的 $R \times C$ 表资料进行分析,采用一般 χ^2 检验或 Fisher's 精确检验,所能达到的分析目的是两行上的频数分布是否相同;如果结果变量为多值有序变量,则可按结果变量为有序变量的单向有序的 $R \times C$ 表资料进行分析,采取秩和检验或 Ridit 分析等方法,来回答两组受试者在有序结果的平均秩上的差别是否具有统计学意义,此时,也可以对其进行线性趋势检验。结果变量为多值有序变量 2×C 列联表的标准型见表 1-27。

表 1-27 结果变量为有序变量的 2×C 列联表资料的标准型

因素 A	例数				
指标 B:	B_1	B_2	...	B_C	合计
A_1	n_{11}	...	...	n_{1C}	n_{1+}
A_2	n_{21}	...	...	n_{2C}	n_{2+}
合计	n_{+1}	...	...	n_{+C}	n

注:因素 A 是二值原因变量,指标 B 为多值有序的结果变量,通常由定量指标分段形成。

为了便于说明,设结果变量共有 k 个水平,其取值分别用 x_1、x_2、$\cdots$、x_k 表示;第一行中各列所对应的频数分别为 y_{11}、y_{12}、$\cdots$、y_{1k},第二行中各列所对应的频数分别为 y_{21}、y_{22}、$\cdots$、y_{2k}。在 2×C 列联表中,一共有 $2k$ 个格子,对于 n 个观察对象中的每个个体而言,它只可能出现在 $2k$ 个格子中的某个格子里,此时向量 $(y_{11}, y_{21}, \cdots, y_{1k}, y_{2k})$ 服从多项分布。而在行合计固定的条件下，第一行的频数向量$(y_{11}, y_{12}, \cdots, y_{1k})$也服从多项分布。若对总体而言，对应的概率为$(P_1, P_2, \cdots, P_k)$；若对样本而言，对应的频率为$(p_1, p_2, \cdots, p_k)$，其中$p_1, p_2, \cdots, p_k$为第一行中各列在行合计$n_{1+}$中所占的比例，而且有$p_1 + p_2 + \cdots + p_k = 1$。假定第一行为想要重点考察的对象，那么对$2 \times C$列联表资料进行线性趋势检验的原假设和备择假设分别如下：

$H_0: P_1 = P_2 = \cdots = P_k = 1/k$；

$H_{1a}: P_1 \leqslant P_2 \leqslant \cdots \leqslant P_k$或$H_{1b}: P_1 \geqslant P_2 \geqslant \cdots \geqslant P_k$。

需要特别指出的是，由以上假设可以看出，该检验为单侧检验，研究者可以根据专业知识确定检验的方向，也就是选择两个备择假设H_{1a}或H_{1b}其中之一。

该方法由 Lee 提出，后来此研究者又进行了推广和发展。将第一行中第i列在行合计n_{1+}中所占的比例p_i表示为如下函数：

$$p_i = f(w_i, \pi_i)$$

式中，$w_i = (y_{1i} + y_{2i})/n$，表示第$i$列的合计在总例数中所占的比例，也可以看作是权重，且有$\sum_{i=1}^{k} w_i = 1$。π_i是与w_i相对应的趋势值，$f(\cdot)$为关于π_i的严格单调增加的正函数，这个函数关系可以是$p_i = w_i \pi_i$，趋势值π_i由下式计算：

$$\pi_i = \delta_i / \sum_{i=1}^{k} w_i \delta_i = p_i / w_i \qquad (1\text{-}20)$$

式中，δ_i是当结果变量取值为x_i时的条件概率，也就是第一行第i个格子中的频数在对应列合计里所占的比例，即$\delta_i = y_{1i}/(y_{1i} + y_{2i})$。

在以上定义的基础上，可以根据趋势值π_i定义趋势检验，原假设和备择假设可以被分别表示如下：

$H_0: \pi_1 = \pi_2 = \cdots = \pi_k$；

$H_{1a}: \pi_1 < \pi_2 < \cdots < \pi_k$或$H_{1b}: \pi_1 > \pi_2 > \cdots > \pi_k$。

Lee 所提出的线性趋势检验统计量（注：文献中公式有误，此处已作了更正）为

$$z_{\text{linear}} = \frac{\sum_{i=1}^{k} x_i (y_{1i} - n_{1+} w_i)}{\sqrt{n_{1+} \left[\sum_{i=1}^{k} w_i (x_i - \bar{x})^2 \right]}} \qquad (1\text{-}21)$$

式中，$\bar{x} = \sum_{i=1}^{k} w_i x_i$。如果用下标序号$i$代替公式中的$x_i$（通常为各组段上的组中值），相当于秩和检验中的编秩，则该统计量称为单调趋势统计量z_{monotone}。这些统计量都渐近服从标准正态分布。

在这个检验中，由于总体上结果变量各个水平的构成并不相同，也就是各列的合计在总例数中所占的比例不同，所以要以条件概率δ_i为基础，根据π_i进行趋势检验，这与对多项概率p_i进行线性趋势检验是等价的。

1.20.5　分析单因素多水平设计定性资料的计算原理

1. 分析双向无序的$R \times C$列联表资料的计算原理

所谓双向无序的$R \times C$列联表资料，是指在二维列联表中，两个定性变量都是名义变量，且这两个名义变量分别有R个与C个可能取值，由此排列成的$R \times C$列联表被称为双向无序的$R \times C$列联表。其资料表达形式见表 1-28。

表 1-28 双向无序的 $R \times C$ 表资料

A 因素	例数					
	B 因素:	B_1	B_2	…	B_C	合计
A_1		n_{11}	n_{12}	…	n_{1C}	$n_{1.}$
A_2		n_{21}	n_{22}	…	n_{2C}	$n_{2.}$
⋮		⋮	⋮	⋮	⋮	⋮
A_R		n_{R1}	n_{R2}	…	n_{RC}	$n_{R.}$
合计		$n_{.1}$	$n_{.2}$	…	$n_{.C}$	N

其中，A 因素与 B 因素各有 R 与 C 个可能取值，且它们都是名义变量，如血型中可取 A、B、AB、O 几个水平，季节中可取春、夏、秋、冬几个水平。可用一般 χ^2 检验或 Fisher's 精确检验（当表中小于 5 的理论频数的格子数超过了总格子数的 1/5 时用此法）处理此类资料。

公式为

$$\chi^2 = \sum_{i=1}^{k} \frac{(A_i - T_i)^2}{T_i} \qquad \upsilon = (R-1)(C-1) \tag{1-22}$$

注意，$R \times C$ 列联表的 χ^2 检验的条件是理论频数不宜太小，如果太小则有可能产生偏性。Cochran（1954 年）将理论频数太小的界定为：有 1/5 以上的格子的理论频数小于 5，或至少有一个格子的理论频数小于 1。Roscoe 和 Byars（1971 年）认为，当确定 α =0.05 时，若平均理论频数，即 $n/(RC)$ 小于 6；或当确定 α =0.01 时，平均理论频数小于 10 才属理论频数太小。

如果理论频数太小，可采取以下几种方法进行处理。

一是增大样本含量，以达到增大理论频数的目的，此为首选方法。

二是删除理论频数太小的格子所对应的行或列，这样会不可避免地损失信息及样本的随机性。

三是合并相邻的行或列，此法仅在行变量或列变量有确定顺序的情形下才可以采用。

2. 分析结果变量有序的单向有序 $R \times C$ 列联表资料的计算原理

所谓结果变量为有序变量的单向有序 $R \times C$ 列联表是指表中仅结果变量的取值是有序的，而原因变量是无序的，如某资料中，原因是"治疗与对照"、结果是"治愈、显效、好转、无效"或某指标的取值为"－、＋、＋＋、＋＋＋"等。

结果变量为单向有序的 $R \times C$ 列联表的统计分析方法可选用秩和检验、Ridit 分析以及有序变量的 logistic 回归分析。

秩和检验的基本思想是把像疗效这样的有序指标的各分组标志看作一个特定的取值区间，不同病种的患者之合计值便形成了该区间的宽度。第一个区间的起点从 1 开始，前一个区间的终点加 1 便是后一个区间的起点，依次类推。把在这些区间内所取的值称为秩（本质上是顺序号），落于同一个区间内的不同病种的患者的秩无法准确地区分开，只能都用该区间的平均秩代替，最后求出各病种组的秩和。

显然，当疗效按"显效→无效"顺序排列时，秩和越小越好，反之亦然。当然，秩和只是间接的统计量，需要相应的检验统计量，方可作出统计推断。

先计算检验统计量 H，见式（1-23），再计算校正值 H_C，见式（1-24）。H_C 近似服从 $df = C - 1$ 的 χ^2 分布，这里的 C 为试验分组的组数。

$$H = \frac{12}{n(n+1)} \sum \frac{R_j^2}{n_j} - 3(n+1) \tag{1-23}$$

$$H_C = \frac{H}{1 - \left[\sum (t_i^3 - t_i)\right] / (n^3 - n)} \tag{1-24}$$

式中，n_j，R_j 分别为第 j 个试验组的样本含量及秩和（$j = 1, 2, \cdots, C$）；n 为总样本含量；t_i 为有序指标的第 i 个取值的合计频数（即重复的秩数，$i = 1, 2, \cdots, R$）。

Ridit 分析的基本思想是：先确定 1 个标准组作为特定总体，求得各等级（即有序变量的各水平）的参照值 R，用各试验分组的各等级的频数与各 R 值加权平均，进而求得各试验分组的平均参照值。可以证明：标准组 R 的均数 $\bar{R} = 0.5$，若 H_0（对比组系来自标准总体的随机样本）成立，则对比组总体值的 $(1 - \alpha) \times 100\%$ 置信区间包括 0.5 的概率为 $(1 - \alpha)$；否则，将根据检验标准 α 拒绝 H_0，认为对比总体与标准总体之间的差别有统计学意义。

确定标准组的方法通常有以下两种：其一，用试验分组中样本含量最大的组作为标准组；其二，当试验分组的各组样本含量接近时，按指标分组的各水平组分别对各试验组频数进行合并，用合并后的结果（即各等级下的合计频数）作为标准组。

3. 分析双向有序且属性不同的 $R \times C$ 列联表资料的计算原理

双向有序且属性不同的 $R \times C$ 列联表，其两个有序变量，但它们的属性不同。在对该种类型列联表资料进行统计分析时，根据不同的分析目的，有不同的分析方法。一般来说，有以下四种可能的分析目的。

第一种，希望考察各行上的频数分布是否相同，此时，将此资料视为双向无序的 $R \times C$ 列联表资料，可根据资料具备的前提条件，选用一般 χ^2 检验或 Fisher's 精确检验。若 $P < 0.05$，千万不要认为两有序变量之间有相关关系，而只能认为各行上的频数分布不同。

其计算原理前文已给介绍，此处从略。

第二种，只关心各组结果变量取值之间的差别是否有统计学意义，此时，原因变量的有序性就变得无关紧要了，可将此时的"双向有序 $R \times C$ 列联表资料"视为"结果变量为有序变量的单向有序 $R \times C$ 列联表资料"，可以选用的统计分析方法有秩和检验、Ridit 分析和有序变量的 logistic 回归分析。

其计算原理前文已经介绍，此处从略。

第三种，希望考察原因变量与结果变量之间是否存在相关关系，此时，需要选用处理定性资料的相关分析方法，通常采用 Spearman 秩相关分析。

计算原理如下：

Spearman 秩相关是一种非参数的度量相关性的分析方法，它对数据进行秩变换，然后计算直线相关系数，用 r_S 表示。它适用于两变量不全服从正态分布而不宜进行 Pearson 相关分析；原始数据为双向有序且属性不同的 $R \times C$ 列联表数据。

Spearman 秩相关公式如下：

$$r_S = \frac{\sum\limits_i \left[(R_i - \bar{R})(S_i - \bar{S})\right]}{\sqrt{\sum\limits_i (R_i - \bar{R})^2 \sum\limits_i (S_i - \bar{S})^2}} \tag{1-25}$$

式中，R_i 为 x_i 的秩；S_i 为 y_i 的秩；$\bar{R}$ 为 R_i 的均值；$\bar{S}$ 为 S_i 的均值。

若两变量内部重秩不多的话，式（1-25）可简化为

$$r_S = 1 - \frac{6 \sum d^2}{n(n^2 - 1)} \tag{1-26}$$

若两变量内部重秩较多的话,式(1-25)需校正为

$$r'_{S} = \frac{(n^3 - n)/6 - (T_x + T_y) - \sum d^2}{\sqrt{(n^3 - n)/6 - 2T_x} \sqrt{(n^3 - n)/6 - 2T_y}} \tag{1-27}$$

$$T_x (或 T_y) = \sum (t^3 - t)/12 \tag{1-28}$$

式中,t 为 x_i 或 y_i 的重秩个数;d 为 x_i 与 y_i 对应秩次之差。

Spearman 秩相关系数的假设检验如下:

$$t = \frac{r_S}{\sqrt{\dfrac{1 - r_S^2}{n - 2}}}, \ v = n - 2 \tag{1-29}$$

第四种,若两个有序变量之间存在的相关关系有统计学意义,研究者希望进一步了解这两个有序变量之间的变化关系是呈直线关系还是呈某种曲线关系,则宜选用线性趋势检验。计算原理如下所述。

对双向有序属性不同的 $R \times C$ 列联表而言,其线性趋势检验方法有以下两种。

(1)Z 检验:

$$Z \approx \sqrt{n} r_S \sim N(0, 1) \tag{1-30}$$

该法计算较为简单,但只能得出两有序变量之间的线性趋势是否具有统计学意义,无法进一步回答两变量是否一直呈上升或下降趋势。

(2)χ^2 检验:利用回归分析的思想产生与线性回归有关的 χ^2 分量和偏离线性回归的分量。该法在理论上尚存在一些问题,故不做详细介绍。

4. 分析原因变量有序的 $R \times 2$ 列联表资料的计算原理

$R \times 2$ 列联表资料是指 R 行 2 列的列联表资料,具体是指原因变量有 R 个取值的变量,而结果变量为二值变量的列联表。$R \times 2$ 列联表资料的统计分析根据原因变量的性质可以选用不同的方法,如果原因变量为多值名义变量,则可按双向无序的 $R \times C$ 列联表资料进行分析,采用一般 χ^2 检验或 Fisher's 精确检验。如果原因变量为多值有序变量,则要看分析的目的,如果要分析原因变量间的频数分布是否相同,则可用一般 χ^2 检验或 Fisher's 精确检验;如果要分析第一列(或第二列)上的频率变化是否呈线性趋势,则要选用线性趋势检验,其标准型见表 1-29。

表 1-29 　$R \times 2$ 列联表资料的标准型

因素 A	例数			
	指标 B:	B_1	B_2	合计
A_1		n_{11}	n_{12}	n_{1+}
A_2		…	…	…
…		…	…	…
A_R		n_{R1}	n_{R2}	n_{R+}
合计		n_{+1}	n_{+2}	n

注:因素 A 是原因变量,指标 B 为二值结果变量;n_{1+} 和 n_{+1} 分别表示第一行例数的合计与第一列例数的合计,其他符号的含义类似。

$R \times 2$ 列联表资料线性趋势检验也称 Cochran-Armitage 趋势检验，其目的就是说明某一事件的发生率是否随着原因变量不同水平的变化而呈现线性变化趋势。它常常被用于分析剂量 – 反应关系研究，如动物的致癌性试验。检验的原假设和备择假设分别为

H_0：两个变量之间不存在线性趋势；

H_1：两个变量之间存在线性趋势。

该法利用加权回归的思想，将由 $R \times 2$ 列联表计算得到的总的 χ^2 值分解为线性回归分量 χ_R^2 和偏离线性回归的分量 χ_B^2，若线性回归分量有统计学意义，偏离线性回归分量无统计学意义时，说明两个变量之间不仅相关，而且存在直线关系；如果两个分量都有统计学意义，说明原因变量与结果变量有关，但不是简单的直线关系。具体计算时，先对有序变量，也就是原因变量的各等级打分，依次记为 x_1、x_2、$\cdots$、x_R，共有 R 个不同的取值，则平均分为

$$\bar{x} = \frac{\sum_{i=1}^{R} n_{i+} x_i}{n} \tag{1-31}$$

式中，n_{i+} 为第 i 行的例数合计；x_i 为第 i 行的打分值。这里各个符号的表示是按照表 1-28 来规定的，将原因变量放在横标目的位置，结果变量放在纵标目，以下各式相同。此时，回归系数及回归系数的方差可由以下两式计算：

$$b = \frac{\sum_{i=1}^{R} n_{i1} (x_i - \bar{x})}{\sum_{i=1}^{R} n_{i+} (x_i - \bar{x})^2} \tag{1-32}$$

$$V_b = \frac{P(1 - P)}{\sum_{i=1}^{R} n_{i+} (x_i - \bar{x})^2} \tag{1-33}$$

式中，n_{i1} 是表 1-29 中第一列上第 i 个格子里的频数；$P = n_{+1}/n$，也就是表 1-29 中第一列所对应的结果发生的频率。由式（1-32）和式（1-33）可以得到线性趋势检验的统计量 χ_R^2，它服从渐近的 χ^2 分布，自由度 $\nu = 1$，具体见下式：

$$\chi_R^2 = \frac{b^2}{V_b} \tag{1-34}$$

用总的 χ^2 值减去 χ_R^2，就可以得到偏离线性回归的分量 χ_B^2，它的自由度为总的自由度减 1。

在线性趋势检验中，除了计算 χ_R^2 统计量外，还可以计算 z 统计量，SAS 软件的 FREQ 过程提供该统计量

$$z = \frac{\sum_{i=1}^{R} n_{i1} (x_i - \bar{x})}{\sqrt{P(1 - P) \sum_{i=1}^{R} n_{i+} (x_i - \bar{x})^2}} \tag{1-35}$$

z 服从渐近的标准正态分布，z^2 与上述提到的 χ_R^2 统计量等价，即 $z^2 = \chi_R^2$。

上述检验都属于渐近的方法，建立在大样本的基础之上，当样本含量不太大时，最终的结果有时是不可靠的，此时可以采用精确检验，具体的计算方法这里不再赘述，感兴趣的读者可以参考相关文献。

说明：因篇幅所限，其他情况的计算原理就不详细赘述了。

1.21 本 章 小 结

本章对单因素设计定性资料(即通常所说的各种二维列联表资料)的统计分析方法和 SAS 实现技术作了全面介绍,还对 ROC 曲线分析作了详细介绍和以数据库形式呈现的、结果变量为定性变量的资料,如何用 SAS 实现统计分析作了扼要介绍;最后,还对有关的统计分析方法的计算原理作了较为细致介绍。

参 考 文 献

[1] 胡良平.SAS 统计分析教程[M].北京:电子工业出版社,2010:136-159.

[2] 胡良平.医学统计学—运用三型理论分析定量与定性资料[M].北京:人民军医出版社,2009:233-324.

第2章 高维列联表资料的常规统计分析

当观测结果是定性资料时，人们习惯将资料整理成列联表形式，如 2×2 列联表资料、$R \times C$ 列联表资料和高维列联表资料等。所谓高维列联表，也就是表中涉及的定性变量的个数 $k \geqslant 3$。对于高维列联表资料，根据结果变量的性质可将高维列联表分为三类：一是结果变量为二值变量的高维列联表；二是结果变量为多值有序变量的高维列联表；三是结果变量为多值名义变量的高维列联表。本章将详细介绍高维列联表资料的常规统计分析方法及其 SAS 软件实现。

2.1 问题与数据

【例2-1】 为调查眼科门诊患者的用药依从性及其影响因素，并提出相应对策，提高眼科门诊药房的药学服务水平，在 5 家医院的眼科门诊患者中，随机发放 610 份调查问卷，进行汇总，数据见表 2-1，试分析不同告知者之间患者的依从率有无差别。

表 2-1 不同告知者、不同告知程度间患者的依从情况

告知者	告知程度	调查人数	依从人数	不依从人数	依从率(%)
	详细告知	264	240	24	90.91
医生	告知	262	202	60	77.10
	没告知	47	31	16	65.96
	详细告知	207	188	19	90.82
药师	告知	298	238	60	79.86
	没告知	68	47	21	69.12

【例2-2】 有 7 项关于阿司匹林预防心肌梗死后死亡的随机对照实验研究，结果见表 2-2，试对该资料进行 meta 分析。

表 2-2 阿司匹林预防心肌梗死后死亡的 7 项随机对照实验研究结果

研究编号	观察人数(死亡人数)		研究编号	观察人数(死亡人数)	
	阿司匹林组	安慰剂组		阿司匹林组	安慰剂组
S1	615(49)	624(67)	S5	810(85)	406(52)
S2	758(44)	771(64)	S6	2267(246)	2257(219)
S3	832(102)	850(126)	S7	8578(1570)	8600(1720)
S4	317(32)	309(38)			

【例2-3】 调查某中医院一日内医生开出的针对甲、乙两种疾病的处方情况，结果见表 2-3，试分析不同疾病、不同性别的患者所用药物种类频数构成有无差别。

【例2-4】 某研究为评价某近视人群的视力水平，描述此近视人群特征，对近视度数进行调查，数据见表 2-4，试分析此近视人群性别间、不同年龄段的视力水平有无差别。

表2-3　不同疾病、不同性别与药物种类条件下受试者的频率的关系

疾病类型	患者性别	例数			
		药物种类：	中药	西药	复方药
甲	男		52	7	2
	女		34	8	1
乙	男		23	19	4
	女		18	11	3

表2-4　某近视人群近视度数调查结果

性别	年龄段	例数			
		近视度数：	<3.00 D	3.00~6.00 D	>6.00 D
男	30~39		10	26	10
	40~49		8	22	5
	≥50		5	13	2
女	30~39		20	6	18
	40~49		22	10	15
	≥50		36	1	1

2.2　对数据结构的分析

对于例2-1的资料，涉及3个定性变量，即"告知者"、"告知程度"和"是否依从"，结果变量"是否依从"是一个二值结果变量，数据以列联表的形式呈现，故该资料属于结果变量为二值变量的高维列联表资料。

例2-2中各项原始研究所对应的试验设计类型均为单因素两水平设计（或成组设计），而且属于结果变量为二值变量的前瞻性研究，因此，在流行病学上又将此类研究称为队列研究，将所得到的资料称为队列研究设计四格表资料。表2-2中的每一行都是一个2×2的四格表资料，故该表实际可整理为结果变量为二值变量的高维列联表的形式。

例2-3中含有三个定性变量，分别为"疾病类型"、"患者性别"、"药物种类"，结果变量为"药物种类"（多值名义变量），因此该表称作结果变量为多值名义变量的三维列联表。

例2-4中含有三个变量，分别为"性别"、"年龄段"、"近视度数"，结果变量为"近视度数"（多值有序变量），因此该表称作结果变量为多值有序变量的高维列联表。

2.3　统计分析目的与分析方法选择

对例2-1而言，通常可选CMH校正的χ^2检验（也称加权χ^2检验）、对数线性模型和多重logistic回归模型分析。CMHχ^2检验可以控制一个或多个对定性结果变量影响相对次要的因素（或变量）而重点考察一个研究者最关心的影响因素（即变量）对定性结果变量的影响情况。若希望用较简便的统计分析方法评价不同告知者的患者依从效果，并尽量消除"告知程度"对结果的影响，可使用CMH校正的χ^2检验。

例2-2中各项研究所对应的试验设计类型均为队列研究设计，故此表资料本质上为7个队列研究设计的四格表（或2×2表）资料，可对该资料进行meta分析（当然，也可进行CMH校正的χ^2检验，只是后者没有像meta分析那样给出更多详细的分析而已）。

对于例 2-3 中的结果变量为多值名义变量的高维列联表资料，分析目的是考察不同疾病、不同性别的患者所用药物种类频数构成有无差别，分析时通常可选用 CMH 校正的 χ^2 检验、扩展的多重 logistic 回归分析或对数线性模型，这里采用 CMH 校正的 χ^2 检验进行分析。

对于例 2-4 中的结果变量为多值有序变量的高维列联表资料，分析时通常可选用 CMH 校正的秩和检验分析或有序变量的多重累计 logistic 回归模型分析。

2.4　用 SAS 软件对实例进行分析

2.4.1　用 SAS 软件对例 2-1 的资料进行加权 χ^2 检验

表 2-1 看似是该研究问题的"标准型"，但实质上还是欠完善的。这是因为告知程度在研究中是要作为一个"分层因素"的，研究的目的就是要尽量排除该分层因素对结果产生的影响，故将该资料整理成适合用加权 χ^2 检验的统计表，见表 2-5。

表 2-5　不同告知者、不同告知程度间患者的依从情况

告知程度	告知者	例数	
		依从	不依从
详细告知	医生	240	24
	药师	188	19
告知	医生	202	60
	药师	238	60
没告知	医生	31	16
	药师	47	21

对例 2-1 进行加权 χ^2 检验，SAS 程序（程序名为 TJFX2_1A.SAS）如下：

```
data tjfx2_1A;
do k =1 to 3;
input a b c d;
n =a +b +c +d; e =a +b; f =c +d;
g =a +c; h =b +d;
d1 =(a* d -b* c)/n;i =c +d;
d2 =e* f/n;   pd =e* f* g* h; v1 =pd/n* * 3;k2 =pd/(n-1)/n* * 2;
j =a* f;k =c* e;
l =j/n;m =k/n;output; end;
cards;
240  24  188  19
202  60  238  60
31   16  47   21
;
run;
ods html;
proc means noprint;
var d1 d2 v1 k2 l m;
output out =aaa sum =d1 d2 v1   k2 l m; run;
data a; set aaa;
v2 =d2* * 2; md =d1/d2; v =v1/v2; k1 =d1* * 2;
```

```
wchisq = ROUND(md* * 2/v, 0.001); wp = 2 - PROBCHI(wchisq, 1);
rr = round(l/m, 0.001);  mhchisq = ROUND(k1/k2, 0.001);
mhp = 2 - PROBCHI(mhchisq, 1);
file print;
put #3  @ 5 'W - chisq = ' wchisq  @ 35 'W - p = ' wp
#6  @ 5  'RR = ' rr @ 15 'MH - chisq = ' mhchisq @ 35 'MH - p = ' mhp; run;
ods html close;
```

【程序说明】 该程序的主体是通过对公式进行编程来计算加权 χ^2 和 MH χ^2 统计量及 RR 值。

【输出结果及解释】

W - chisq = 0.548	W - p = 0.4591360465	
RR = 0.98	MH - chisq = 0.547	MH - p = 0.45954609

统计结论：W – chisq 为加权 χ^2 值，W – p 为对应的 P 值，即加权 $\chi^2 = 0.548$，$P = 0.4591$，说明消除了告知程度对结果的影响后，医生与药师对应的患者的依从率之间的差别无统计学意义；相对危险度为 RR = 0.98，说明医生对应的患者的依从率是药师对应的患者的依从率的 0.98，即医生对应的患者的依从率略低于药师对应的患者的依从率。在总体上，RR 是否等于 1？回答此问题的检验方法以前被称为 MH χ^2 检验，后来被称为 CMH 校正的 χ^2 检验，在本例中，MH $\chi^2 = 0.547$，$P = 0.4595$，说明在总体上，RR 几乎等于 1。

专业结论：消除告知程度的影响后，告知者之间患者依从率的差别没有统计学意义。医生组的患者依从率为 $P_e = a/(a + b)$，药师组的患者依从率为 $P_0 = c/(c + d)$，则 RR $= P_e/P_0 = 0.98$，此值与 1 之间的差别无统计学意义，说明告知者分别是医生与药师对应的患者的依从率基本相同。

2.4.2 用 SAS 软件对例 2-1 资料进行 CMH 校正的 χ^2 检验

对例 2-1 进行 CMH 校正的 χ^2 检验，SAS 程序（程序名为 TJFX2_1B. SAS）如下：

```
data tjfx2_1B;
    do cd = 1 to 3;
        do yy = 1 to 2;
            do yc = 1 to 2;
                input f @@ ;
                output;
            end;
        end;
    end;
cards;
240  24  188  19
202  60  238  60
31  16  47  21
;
run;
ods html;
proc freq;
    weight f;
    tables cd * yy * yc / cmh score =
rank;
run;
ods html close;
```

【程序说明】 cd、yy 和 yc 分别代表"告知程度"、"告知者"和"依从与否"；cmh 要求进行 CMH 校正的 x^2 检验；score = rank 要求对定性的结果变量的每档按其所在档次中的平均秩赋值，而不是按表得分(该程序中，yc = 1 to 2 就是给依从赋值为 1 分，给不依从赋值为 2 分)赋值。

【输出结果及解释】

Cochran- Mantel- Haenszel 统计量(基于秩得分)				
统计量	对立假设	自由度	值	概率
1	非零相关	1	0.5152	0.4729
2	行均值得分差值	1	0.5104	0.4750
3	一般关联	1	0.5466	0.4597

以上结果中，应看最后一行，H_0：行变量(告知者)与列变量(依从与否)之间互相独立，H_1：行变量(告知者)与列变量(依从与否)之间存在一般关联。$x^2_{CMH} = 0.547$，$P = 0.4597$(注意，此结果实际上就是前面第 1 段 SAS 程序输出的"MH – chisq = 0.547，MH – p = 0.4595"，它实际上是检验总体 RR 是否为 1，而不是检验行变量与列变量是否独立，SAS 软件试图用此一个检验取代"H_0：行变量与列变量相互独立"和"H_0：RR = 1"两个检验，虽然有点欠妥，但这两个检验的结果十分接近)。

普通相对风险的估计值(行 1/行 2)				
研究类型	方法	值	95% 置信限	
案例对照	Mantel- Haenszel	0.8887	0.6499	1.2152
(优比)	Logit	0.8886	0.6500	1.2148
Cohort	Mantel- Haenszel	0.9804	0.9300	1.0335
(第 1 列风险)	Logit	0.9888	0.9431	1.0367
Cohort	Mantel- Haenszel	1.0980	0.8575	1.4059
(第 2 列风险)	Logit	1.1014	0.8611	1.4089

以上结果中，按告知程度进行了分层，每层都是一个四格表资料，因为先由告知者发出"指令"，后由患者作出反应(即是否依从)，故可视为"队列(Cohort)研究设计"。与其对应的有 4 行，前两行(标注"第 1 列风险")的含义是：以第 1 列为研究者关心的结果(即"依从")来计算两行(医生与药师)上的相对危险度 RR 的估计值(即医生对应的患者的依从率除以药师对应的患者的依从率)，此时，又有 Mantel- Haenszel 算法与 Logit 算法两种算法计算的相对危险度 RR 的估计值及其 95% 置信区间。通常，取 Mantel- Haenszel 算法给出的结果，即 RR = 0.98，其 95% 置信区间为(0.9300，1.0335)。

对优比的齐性的 Breslow- Day 检验	
卡方	0.2135
自由度	2
Pr > 卡方	0.8988

以上结果中，显示了按告知程度分层后，各层算出的 RR 值是否相等的检验结果，即采用 Breslow- Day 检验，得到 $x^2_{B-D} = 0.2135$，$df = 2$，$P = 0.8988$，说明三层中的 RR 接近相等，即相对危险度(标注的是优势比，此表述适用于病例对照研究设计的场合)满足齐性要求，这是

可否进行前面的 CMH 校正的 χ^2 检验的前提条件。严格地说，只有在 Breslow – Day 检验得出 $P > 0.05$ 的条件下，前面的 CMH 校正的 χ^2 检验的结果才是可用的。

统计结论：由上述结果可以看出在控制了 b 因素（即"告知程度"）后，反映一般关联性高低的卡方值为 0.5466，$P = 0.4597 > 0.05$，表明告知者之间患者依从率的差别没有统计学意义。

专业结论：可以认为不同告知者所对应的患者依从率接近相等。

值得注意的是：在前面的两小节中，一共用两段 SAS 程序实现了计算。2.4.2 小节的 SAS 程序中使用了 FREQ 过程和 CMH 选项，给出的结果与 2.4.1 小节 SAS 程序的结果略有不同，即"W – chisq = 0.548，W – p = 0.4591"在 2.4.2 小节的 SAS 程序的输出结果中是没有的，它就是所谓的"加权 $\chi^2_{加}$ 检验及其结果"，目的是检验"H_0：行变量与列变量相互独立"这个零假设。

2.4.3　用 SAS 软件对例 2-2 的资料进行 meta 分析

对例 2-2 进行 meta 分析，SAS 程序（程序名为 TJFX2_2. SAS）如下：

```
options ls =74 ps =max center nodate;
data tjfx2_2;
input study_id ni1 n_ai ni2 n_ci @@ ;
n_bi =ni1 -n_ai;n_di =ni2 -n_ci;
n_ai +0.25;n_bi +0.25;n_ci +0.25;n_di +0.25;
rr =(n_ai/(n_ai +n_bi))/(n_ci/(n_ci +n_di));
yi =log(rr);
wi =(1/n_ai -1/(n_ai +n_bi) +1/n_ci -1/(n_ci +n_di))* * (-1);
ni =n_ai +n_bi +n_ci +n_di;
number_of_study =7;
cards;
1    615    49    624    67
2    758    44    771    64
3    832    102   850    126
4    317    32    309    38
5    810    85    406    52
6    2267   246   2257   219
7    8578   1570  8600   1720
;
run;
data b;set tjfx2_2;
wi2 =wi* * 2;wiyi =wi* yi;wiyi2 =wi* yi* * 2;
sum_of_wi_temp +wi;sum_of_wi2_temp +wi2;
sum_of_wiyi_temp +wiyi;
sum_of_wiyi2_temp +wiyi2;
id =_n_;
if _n_ =number_of_study then do;
sum_of_wi =sum_of_wi_temp;
sum_of_wi2 =sum_of_wi2_temp;
sum_of_wiyi =sum_of_wiyi_temp;
sum_of_wiyi2 =sum_of_wiyi2_temp;
yw_bar =sum_of_wiyi/sum_of_wi;
square_of_s_y_bar =1/sum_of_wi;
q =sum_of_wiyi2 -yw_bar* * 2* sum_of_wi;
df =number_of_study -1;
p =1 -probchi(q, df);
i2 =(q -(number_of_study -1))/q* 100;
```

```
if i2 <0 then i2 =0;
frrc =exp(yw_bar);
frrlow =exp(yw_bar -1.96* square_of_s_y_bar* * 0.5);
frrup =exp(yw_bar +1.96* square_of_s_y_bar* * 0.5);w_bar =sum_of_wi/number_of_
study;
square_of_s_w = (sum_of_wi2 - number_of_study* w_bar* * 2)/(number_of_study
-1);
u = (number_of_study -1)* (w_bar - square_of_s_w/(number_of_study* w_bar));
square_of_tao_hat = (q - (number_of_study -1))/u;
if square_of_tao_hat <0 then square_of_tao_hat =0;end;
run;
proc sort;by descending id;
data c;set b;
square_of_tao_hat_for_all + square_of_tao_hat;
wi_bar =1/(1/wi + square_of_tao_hat_for_all);
run;
proc sort;by id;
data d;set c;
sum_of_wi_bar_temp +wi_bar;
sum_of_wi_baryi_temp +wi_bar* yi;
if _n_ =number_of_study then do;
sum_of_wi_bar =sum_of_wi_bar_temp;
sum_of_wi_baryi =sum_of_wi_baryi_temp;
v_hat_y_bar_hat =1/sum_of_wi_bar;
y_bar_hat =sum_of_wi_baryi/sum_of_wi_bar;
rrc =exp(y_bar_hat);
rrlow =exp(y_bar_hat -1.96* v_hat_y_bar_hat* * 0.5);
rrup =exp(y_bar_hat +1.96* v_hat_y_bar_hat* * 0.5);end;
run;
proc sort;by descending id;
data e;set d;where id =number_of_study;run;
ods html;
proc print;
var number_of_study q df p i2 frrc frrlow frrup rrc rrlow rrup;
run;
ods html close;
```

【程序说明】　该程序中分别用 ni1、ni2 表示各研究中试验组和对照组的样本含量；用 Ni 表示各研究的样本含量；分别用 n_ai、n_bi、n_ci、n_di 表示各研究对应四格表 4 个格子上的频数；用 yi 表示相对危险度 RR 的对数值；用 wi 表示采用固定效应模型时的权重；用 wi2 表示 wi 的平方；用 wiyi 表示 wi 与 yi 的乘积；用 wiyi2 表示 wi 与 yi 的平方的乘积；用 number_of_ study 表示纳入研究的数量；用 Sum_of_wi_temp、Sum_of_wi2_temp、Sum_of_widi_temp 和 Sum_ of_widi2_temp 分别表示 wi、wi2、widi 和 widi2 累积的中间结果，用 Sum_of_wi、Sum_of_wi2、Sum_of_widi 和 Sum_of_widi2 分别表示 wi、wi2、widi 和 widi2 的累积的最终结果；用 yw_bar 和 y_bar_hat 分别表示采用固定效应模型和随机效应模型时的合并效应；用 w_bar、Square_of_s_ w、Square_of_tao_hat 和 wi_bar 分别表示 $\bar{w}$、s_w^2、$\hat{\tau}^2$ 和 $\bar{w}_i$；用 DF 表示自由度；用 Q 和 P 分别表示异质性检验的 χ^2 值和 P 值；I2 为异质性检验的另一个统计量；用 Sum_of_wi_bar_temp 和 Sum_of_wi_baryi_temp 分别表示 wi_bar 和 wi_baryi 累积的中间结果，用 Sum_of_wi_bar 和 Sum_ of_wi_baryi 分别表示 wi_bar 和 wi_baryi 累积的最终结果；用 V_hat_y_bar_hat 表示 $\hat{V}(y)$；用 FRRC 和 RRC 分别表示采用固定效应模型和随机效应模型时的合并效应 RR；用 FRRLOW、

FRRUP 及 RRLOW、RRUP 分别表示采用固定效应模型和随机效应模型时合并效应 RR 的 95% CI 的下限和上限。

【输出结果及解释】

number_of_study	Q	DF	P	I^2	FRRC
7	9.92947	6	0.12765	39.5738	0.91448

FRRLOW	FRRUP	RRC	RRLOW	RRUP
0.86653	0.96509	0.89326	0.80093	0.99624

异质性检验的结果为 $Q = \chi^2 = 9.92947$，$df = 7 - 1 = 6$，$P = 0.12765 > 0.05$，$I^2 = 39.5738\%$ $< 50\%$，因此认为各研究同质性较好，采用固定效应模型进行综合分析是合适的。结果表明：平均效应尺度（RR）约为 0.91，其 95% 置信区间为 $0.87 \sim 0.97$。由于置信区间位于 1 的左侧，所以试验组与对照组的死亡危险率之间的差别具有统计学意义，7 项研究的综合结果显示，使用阿司匹林预防心肌梗死后死亡具有一定的效果。使用阿司匹林预防后，可以使死亡的危险降低约 9 个百分点。

2.4.4 用 SAS 软件对例 2-3 的资料进行 CMHχ^2 检验

对例 2-3 进行 CMH 校正的 χ^2 检验，SAS 程序（程序名为 TJFX2_3.SAS）如下：

```
data tjfx2_3;                          ods html;
    do a = 1 to 2;                     proc freq;
    do b = 1 to 2;                         weight f;
    do c = 1 to 3;                         tables b* a* c/cmh;
input f @@ ;                           run;
output;                                ods html close;
end; end; end;
cards;
52  7  2
34  8  1
23 19  4
18 11  3
;
run;
```

【程序说明】 a 表示疾病类型，a = 1 表示甲，a = 2 表示乙；b 表示患者性别，b = 1 表示男性，b = 2 表示女性；c 表示药物种类，c = 1 表示中药，c = 2 表示西药，c = 3 表示复方药。调用 freq 过程进行 CMH 卡方检验，tables 语句中，将调整因素放置前面，对于该程序，即控制住变量 b，考察变量 a 与 c 之间的关系。

【输出结果及解释】

FREQ 过程

a * c 的汇总统计量

b 的控制

Cochran-Mantel-Haenszel 统计量（基于表得分）

统计量	对立假设	自由度	值	概率
1	非零相关	1	17.0349	< 0.0001

2	行均值得分差值	1	17.0349	<0.0001
3	一般关联	2	19.0157	<0.0001

统计结论：由上述结果可知，在控制了 b 因素（即"患者性别"）后，一般关联值为 $\chi^2_{CMH} =$ 19.0157，$P<0.0001$，表明不同疾病患者所用的药物种类频数构成之间的差别有统计学意义。

专业结论：可以认为患甲病的患者所用的药物种类频数构成与患乙病的患者所用的药物种类频数构成是不同的。

2.4.5　用 SAS 软件对例 2-4 的资料进行 CMH 校正的秩和检验

对例 2-4 进行 CMH 校正的秩和检验，SAS 程序（程序名为 TJFX2_4.SAS）如下。

```
data tjfx2_4;                          ods html;
do a =1 to 2;                          proc freq;
do b =1 to 3;                              weight f;
do c =1 to 3;                              tables a* b* c/nopercent
    input f @@ ;                           nocol chisq scores =rank cmh2;
    output;                            run;
end; end; end;                         ods html close;
cards;
10  26  10   8  22  5
5   13  2   20  6  18
22  10  15  36  1   1
;
run;
```

【程序说明】　a 代表性别，$a=1$、2 分别代表男性、女性；b 代表年龄段，$b=1$ 代表 30 ~ 39，$b=2$ 代表 40 ~ 49，$b=3$ 代表 ≥50；c 代表近视度数，$c=1$、2、3 分别代表 <3.00 D、3.00 ~ 6.00 D、>6.00 D。

freq 过程步中 tables 语句后的 nopercent 用来不显示各频数在总合计中的构成比，nocol 用来不显示各频数在列合计中的构成比。若读者认为不需要在结果中输出各频数在行合计中的构成比，在 tables a * b * c/后加 norow 即可。

将 freq 过程步中 tables 语句后的 cmh2 换成 all，可在最后的结果中输出三个统计量，分别为非零相关、行平均得分差异、一般联系；若换成 cmh1，则在最后的结果中只输出第一个统计量，而 cmh2 本身则可输出前两个统计量。

如果结果变量的级别不是等间隔的，则可以选用修正的 Ridit 法计算，可写成以下 tables 语句：

tables a* b* c/nopercent nocol chisq scores =modridit cmh2;

【输出结果及解释】

FREQ 过程

频数		b * c 的表 1			
行百分比		控制：a =1			
b		c			合计
	1	2	3		
1	10	26	10		46
	21.74	56.52	21.74		

— 61 —

2	8	22	5	35
	22.86	62.86	14.29	
3	5	13	2	20
	25.00	65.00	10.00	
合计	23	61	17	101

b ＊ c 的表 1 统计量

a ＝1 的控制

统计量	自由度	值	概率
卡方	4	1.6324	0.8030
似然比卡方	4	1.6785	0.7946
MH 卡方(秩得分)	1	0.8383	0.3599
Phi 系数		0.1271	
列联系数		0.1261	
Cramer V 统计量		0.0899	

WARNING：22% 的单元格的期望计数比 5 小。

卡方可能不是有效检验。

频数		b ＊ c 的表 2		
行百分比		控制：a ＝2		
b		c		合计
	1	2	3	
1	20	6	18	44
	45.45	13.64	40.91	
2	22	10	15	47
	46.81	21.28	31.91	
3	36	1	1	38
	94.74	2.63	2.63	
合计	78	17	34	129

b ＊ c 的表 2 统计量

a ＝2 的控制

统计量	自由度	值	概率
卡方	4	28.2260	＜0.0001
似然比卡方	4	33.3804	＜0.0001
MH 卡方(秩得分)	1	19.8550	＜0.0001
Phi 系数		0.4678	
列联系数		0.4237	
Cramer V 统计量		0.3308	

b ＊ c 的汇总统计量

a 的控制

Cochran- Mantel- Haenszel 统计量(基于秩得分)

统计量	对立假设	自由度	值	概率
1	非零相关	1	19.0141	< 0.0001
2	行均值得分差值	2	22.1518	< 0.0001

SAS 输出结果中首先给出的是每层的列联表及层内各种统计量的结果。列联表中，各格子内列出了频数及其在行合计中的构成比。各层中给出的统计分析结果没有太大的实际意义，读者可不予参考。

最后输出对"性别"校正了的"不同年龄段"近视人群视力水平比较的 Wilcoxon 秩和检验结果，查看统计量行平均得分差异 $\chi^2_{\text{CMH}} = 22.1518$，$P < 0.0001$。差异有统计学意义，在统计上有理由认为不同年龄段近视人群的视力水平不相同。

2.5 高维列联表资料常规统计分析基本概念

所谓高维列联表，就是表中的定性变量的个数大于等于 3。其中，通常应该有一个定性的结果变量。众所周知，定性结果变量有三种不同的表现，即二值的、多值有序的和多值名义的。在研究目的是希望在控制其他定性原因变量的前提下，考察研究者关心的那个定性变量不同水平组的结果变量的某种率（对二值结果变量而言）或频数构成情况（对多值名义结果变量而言）或平均秩（对多值有序结果变量而言）之间的差别是否具有统计学意义，就属于常规的统计分析或差异性检验问题。

上面提及的"控制其他定性原因变量"是什么含义呢？实际上，就是将那些拟被控制的原因变量的全部水平组合视为一个具有很多水平（其水平数等于全部拟被控制的定性原因变量的水平数之乘积）的"复合型定性原因变量"，并以其各水平为"分层"的条件，对研究者关心的那个原因变量对一个定性的结果变量的影响进行"部分"分析，再将其结果进行合并计算，得出一个最终的结果。这就是所谓的 CMH 校正的 χ^2 检验或 CMH 校正的秩和检验。而前文提及的加权 χ^2 检验，本质上就是 CMH 校正的 χ^2 检验。当然，它们之间略有区别，就是前者有三项计算结果（①独立性检验；② RR 或 OR；③检验 RR 或 OR 是否等于 1），而后者只有后两项计算结果。

2.6 高维列联表资料常规统计分析原理概述

2.6.1 加权 χ^2 检验

加权 χ^2 检验主要用于分析 $q \times 2 \times 2$ 形式的三维列联表资料。根据研究的目的，若不想用复杂的对数线性模型或 logistic 回归模型来分析三维列联表资料，且资料又不适合采用简单合并方式处理，就可采用加权 χ^2 检验。该检验方法无法回答被合并掉的那个原因变量对结果变量的影响作用有多大，只是评价另一个原因变量对结果变量的影响时将其对结果变量的影响扣除掉。

将第 h 层四格表所对应的观察频数 n_{h11}、n_{h12}、n_{h21}、n_{h22} 分别记为 a、b、c、d，合计频数 n_h 记为 n，则加权 χ^2 检验公式如下：

$$\chi^2_{加权} = \frac{\left\{\sum\left[(ad-bc)/n\right]_h \Big/ \sum\left[(a+b)(c+d)/n\right]_h\right\}^2}{\sum\left[(a+b)(c+d)(a+c)(b+d)/n^3\right]_h \Big/ \left\{\sum\left[(a+b)(c+d)/n\right]_h\right\}^2} \tag{2-1}$$

该统计量服从自由度为 1 的卡方分布。合并的 OR 值和/或 RR 值计算公式为

$$OR = \sum(ad/n)_h \Big/ \sum(bc/n)_h \tag{2-2}$$

$$RR = \sum\left[a(c+d)/n\right]_h \Big/ \sum\left[(a+b)c/n\right]_h \tag{2-3}$$

对 OR 值和 RR 值进行统计学检验的计算公式为

$$\chi^2_{MH} = \left\{\sum\left[(ad-bc)/n\right]_h\right\}^2 \Big/ \sum\left[(a+b)(c+d)(a+c)(b+d)/(n-1)/n^2\right]_h \tag{2-4}$$

该统计量服从自由度为 1 的卡方分布。

2.6.2 CMH 统计分析

CMH 统计分析是在 MH 统计分析方法的基础上发展并提出来的, 现在统称为扩展的 MH 卡方统计量, 也统称之为 MH 检验。用于分层分析(即控制分层因素后)对 2×2、$R\times2$、$2\times R$、$R\times C$ 列联表资料的统计处理。换言之, CMH 检验可以控制一个或多个原因变量, 考察被保留的一个原因变量 X 与结果变量 Y 之间的关联或 X 处于不同水平条件下 Y 的平均秩之间的差别是否具有统计学意义。根据 $R\times C$ 列联表网格中行变量与列变量的属性不同, 在 SAS 中, CMH 输出结果给出了三种检验统计量。

第一种: 非零相关统计量。适用于被考察的原因变量 X 和结果变量 Y 都是有序变量的情况, 可以获得类似秩相关分析的检验结果, 但没有给出秩相关系数, 也未体现出相关的方向。该统计量服从自由度为 1 的卡方分布。条件如不满足则计算该统计量没有意义。

第二种: 行平均分差异统计量。适用于仅结果变量为有序变量的情况。计算该统计量, 可以获得 CMH 校正的秩和检验结果。

第三种: 一般关联统计量。适用于原因变量 X 与结果变量 Y 均为无序变量或原因变量 X 是有序变量而结果变量 Y 为无序变量的情况。

(1)当结果变量为二值变量时, 用 CMH 检验得出的以上三个统计量数值相等, CMH 校正的 χ^2 统计量即为第三种统计量。

第 h 层频数 n_{h11} 对应的的理论频数 m_h 及方差 v_h 为

$$m_h = \frac{n_{h1\cdot}n_{h2\cdot}}{n_h}, \quad v_h = \frac{n_{h1\cdot}n_{h2\cdot}n_{h\cdot1}n_{h\cdot2}}{n_h^2(n_h+1)}$$

CMH 校正的 χ^2 统计量的计算公式为

$$\chi^2_{CMH} = \frac{\left(\sum_h n_{h11} - \sum_h m_h\right)^2}{\sum_h v_h} \tag{2-5}$$

该统计量服从自由度为 1 的卡方分布。

(2)当结果变量为多值有序变量时, 根据原因变量为多值有序变量或名义变量, 分别选择其中的非零相关统计量或行平均得分统计量。

在计算非零相关统计量时, 列的评分阵 C_h 是 $1\times C$ 阵, 行的评分阵 R_h 是 $1\times R$ 阵, 行与列的评分由 FREQ 过程中的 SCORES 选项指定。非零相关统计量的自由度为 1, 它也被称为

Mantel-Haenszel 统计量。当行变量或列变量不是有序变量时，该统计量是没有意义的。非零相关统计量对应的备择假设为：至少在一层中，原因变量和结果变量之间存在线性相关。

在计算行平均得分统计量时，列的评分阵 C_h 是 $1 \times C$ 阵，由 SCORES 选项指定；行的评分阵 R_h 是 $(R-1) \times R$ 阵，由 FREQ 过程内部产生，即

$$R_h = (I_{R-1}, -J_{R-1}) \tag{2-6}$$

式中，I_{R-1} 是秩为 $R-1$ 的单位阵；J_{R-1} 是元素均为 1 的 $(R-1) \times 1$ 的列向量。

行平均得分统计量的自由度为 $R-1$，它所对应的备择假设为：至少在一层中，R 行之间的平均得分是不同的，也就是按原因变量分为 R 个组之后，不同组别之间关于结果变量的平均得分存在差异。

（3）当结果变量为多值名义变量时，选用一般关联统计量，也就是 FREQ 过程 CMH 检验输出结果中的第三项，其自由度 $\nu = (R-1)(C-1)$。在计算该统计量时，行的评分阵 R_h 与计算行平均得分统计量的行评分矩阵相同，即 $R_h = (I_{R-1}, -J_{R-1})$；列的评分阵 C_h 可以被类似地定义为

$$C_h = (I_{C-1}, -J_{C-1}) \tag{2-7}$$

式中，I_{C-1} 是秩为 $C-1$ 的单位阵；J_{C-1} 是元素均为 1 的 $(C-1) \times 1$ 的列向量。在一般关联统计量中，行的评分阵 R_h 与列的评分阵 C_h 都是由 FREQ 过程内部产生的。

一般关联统计量不要求原因变量或结果变量是有序的。无论原因变量是多值有序变量还是名义变量，只要结果变量是多值名义的，都可以采用该统计量。与之相对应的原假设和备择假设分别如下。

H_0：每层中原因变量和结果变量之间不存在关联。

H_1：至少有一层，原因变量和结果变量之间存在某种关联。

当仅有一层时，该 CMH 统计量与 Pearsonχ^2 统计量的关系为

$$\chi^2_{CMH} = [(n-1)/n]\chi^2 \tag{2-8}$$

式中，n 为总例数；当有多层时，该统计量为层修正的 Pearsonχ^2 统计量。当然，相似的校正也能够通过对各层 Pearsonχ^2 统计量求和而得到，但是这种校正方法需要每层的样本含量都要足够大，而 CMH 统计量仅仅需要总的样本含量比较大。

需要说明的是，当各层的各比较组间的趋势方向一致时，CMH 方法比较有效；当各层的各比较组间的趋势方向不一致时，CMH 方法则不容易检出差别，此时应单独考察各层或采用其他方法。

2.6.3　meta 分析

单个队列研究设计四格表资料见表 2-6。

多个队列研究设计四格表资料见表 2-7。

表 2-6　队列研究设计四格表资料

暴露与否	例　数	
	发病与否：发病	未发病
暴露	a_i	b_i
不暴露	c_i	d_i

表 2-7　k 个队列研究设计四格表资料

研究编号	观测人数（发生某事件的人数）	
	阿司匹林组	安慰剂组
1	$n_{11}(n_{a1})$	$n_{12}(n_{c1})$
…	…	…
k	$n_{k1}(n_{ak})$	$n_{k2}(n_{ck})$

队列研究属于观察性研究，其效应指标有危险比或相对危险度（Risk Ratio or Relative Risk，RR）及危险差（Risk Difference，RD）。对多个符合入选条件的队列研究设计四格表资料进行 meta 分析的基本原理如下。

1. 处理效应及权重

假设已获得 k 项符合入选条件的研究，编号 $i = 1, 2, \ldots, k$。每项研究均有 1 个暴露组（记为 T）和 1 个对照组（即不暴露组，记为 C）。

有时候，队列研究设计四格表中的某个（些）频数为 0，从而给计算带来困难。为了避免这种情况的发生，通常的做法是对 4 个频数中的每一个都加上一个很小的值，如 0.005 或 0.0025。

可用表 2-6 中的 4 个频数来估计暴露组和对照组受试者发生研究者所关心的某事件的发生率，公式如下：

$$\hat{p}_{Ti} = a_i / (a_i + b_i) \tag{2-9}$$

$$\hat{p}_{Ci} = c_i / (c_i + d_i) \tag{2-10}$$

基于这些发生率，可以进一步计算效应指标 RR_i 及 RD_i 的值，即

$$\hat{RR} = p_{Ti} / p_{Ci} \tag{2-11}$$

$$\hat{RD} = p_{Ti} - p_{Ci} \tag{2-12}$$

进行统计分析时，通常对 RR_i 作对数变换，将变换后的变量作为处理效应。这是因为对于小样本研究，作对数变换后的变量的分布与正态分布更为接近。对 RR_i 作对数变换后的变量，其所对应的总体方差的估计值为

$$\hat{V}[\ln(\hat{RR}_i)] = \frac{1}{a_i} - \frac{1}{a_i + b_i} + \frac{1}{c_i} - \frac{1}{c_i + d_i} \tag{2-13}$$

RD_i 所对应的总体方差的估计值为

$$\hat{V}(\hat{RD}) = \frac{p_{Ti}(1 - p_{Ti})}{a_i + b_i} + \frac{p_{Ci}(1 - p_{Ci})}{c_i + d_i} \tag{2-14}$$

若用 y_i 来统一表示 $\ln(RR_i)$ 或 RD_i 中的任何一个，用 $\hat{y}_i$ 表示 y_i 的估计值，则 y_i 基于正态分布的置信区间为

$$\hat{y}_i \pm z_{1-\alpha/2} \sqrt{\hat{V}(\hat{y}_i)} \tag{2-15}$$

当效应指标为 RR_i 时，式（2-15）的置信区间为作对数变换后的新变量的置信区间，可通过再变换得到原始变量的置信区间。

各项研究效应指标的权重定义如下：

$$v_i = \hat{V}(\hat{y}_i) \tag{2-16}$$

$$w_i = 1/v_i \tag{2-17}$$

2. 假设检验

人们已经提出了几种用于检验所感兴趣的不同假设的检验方法。

整体零假设的检验，检验假设为 $H_0 : y_i = 0$，$i = 1, 2, \cdots, k$，即所有的处理效应均为零。

对于该假设，有两种统计学检验方法，一种叫作不定向检验，其对立假设为"至少有 1 项研究的处理效应 $y_i \neq 0$"，通过比较统计量

$$X_{ND} = \sum_{i=1}^{k} w_i i^2 \tag{2-18}$$

与自由度为 k 的 χ^2 分布的临界值 χ_k^2 的大小来实现。

另一种叫作定向检验，其对立假设为"各项研究的处理效应均为相同的非零值 y，即 $y_i = y \neq 0$"，通过比较统计量

$$X_D = \left(\sum_{i=1}^{k} w_i \hat{y}_i \right)^2 / \sum_{i=1}^{k} w_i \tag{2-19}$$

与自由度为 1 的 χ^2 分布的临界值 χ_1^2 的大小来实现。

当整体零假设被拒绝后，下一步就是检验所有各项研究的处理效应是否相等，也就是检验各项研究的处理效应是否同质。检验零假设为 $H_0 : y_i = y$，$i = 1, 2, \cdots, k$，对立假设为"至少有 1 项研究的效应与其他研究不同，即各项研究的效应是不同质的"。

对异质性的检验采用 Cochran's Q 检验，统计量为

$$Q = \sum_{i=1}^{k} w_i (\hat{y}_i - \hat{y})^2 \tag{2-20}$$

式中，

$$\hat{y} = \left(\sum_{i=1}^{k} w_i \hat{y}_i \right) / \sum_{i=1}^{k} w_i \tag{2-21}$$

该检验通过比较检验统计量 Q 与自由度为 $k - 1$ 的 χ^2 分布的临界值 χ_{k-1}^2 的大小来实现。

关于 meta 分析中研究间异质性的度量，Julian P. T. Higgins 等提出了一个新的更好的统计量 I^2，由下式计算得到：

$$I^2 = \frac{Q - (k - 1)}{Q} \times 100\% \tag{2-22}$$

式中，Q 为前面的异质性检验 χ^2 检验统计量；k 为入选研究的个数。

统计量 I^2 度量了各研究间由抽样误差以外的因素引起的异质性占总的异质性的比例。根据 Julian P. T. Higgins 等所描述的计算方法，当计算出的 I^2 为负值时，取 $I^2 = 0$，因此，I^2 的取值为 0 ~ 100% 之间。当 $I^2 > 50\%$ 时，即认为各研究间是异质的。

完成异质性检验后，进一步的工作就是选择正确的模型来构造合并效应的置信区间。

不管是通过统计检验还是从别的方面考虑，如果认为各研究的效应是相等的（同质的），则可以选择固定效应模型来构造合并效应的置信区间；反之，如果各研究的效应是异质的，则应选择随机效应模型构造合并效应的置信区间。

当选择固定效应模型时，按照下式计算 y 的可信区间：

$$\hat{y} \pm z_{1-\alpha/2} \sqrt{\hat{V}(\hat{y})} \tag{2-23}$$

式中，$z_{1-\alpha/2}$ 为标准正态分布的 $(1 - \alpha/2) \times 100\%$ 百分位点，且

$$\hat{y} = \left(\sum_{i=1}^{k} w_i \hat{y}_i \right) / \left(\sum_{i=1}^{k} w_i \right) \tag{2-24}$$

$$\hat{V}(\hat{y}) = \left(\sum_{i=1}^{k} w_i \right)^{-1} \tag{2-25}$$

当选择随机效应模型时，按照下式计算 y 的置信区间：

$$\hat{\bar{y}} \pm z_{1-\alpha/2} \sqrt{\hat{V}(\hat{\bar{y}})} \tag{2-26}$$

式中，$z_{1-\alpha/2}$ 为标准正态分布的 $(1 - \alpha/2) \times 100\%$ 百分位点，且

$$\hat{\bar{y}} = \left(\sum_{i=1}^{k} \bar{w}_i \hat{y}_i \right) / \sum_{i=1}^{k} \bar{w}_i \tag{2-27}$$

$$\hat{V}(\hat{\bar{y}}) = \left(\sum_{i=1}^{k} \bar{w}_i \right)^{-1} \tag{2-28}$$

$$\bar{w}_i = \left(\frac{1}{w_i} + \hat{\tau}^2 \right)^{-1} \tag{2-29}$$

$$\hat{\tau}^2 = \begin{cases} \dfrac{Q - (k-1)}{U} & Q > k-1 \\ 0 & Q \leqslant k-1 \end{cases} \tag{2-30}$$

式中的 Q 由式(2-20)计算。

$$U = (k-1)\left(\bar{w} - \frac{s_w^2}{k\bar{w}} \right) \tag{2-31}$$

$$s_w^2 = \frac{1}{k-1}\left(\sum_{i=1}^{k} w_i^2 - k\bar{w}^2 \right) \tag{2-32}$$

$$\bar{w} = \frac{1}{k}\left(\sum_{i=1}^{k} w_i \right) \tag{2-33}$$

式中的 w_i 由式(2-17)计算。

2.7 本章小结

通常,列联表可分为 2×2 表(4类)、$R \times C$ 表(5类)、高维列联表(3类)和具有重复测量因素的列联表。本章结合实例介绍了高维列联表资料(结果变量为二值、多值有序和多值名义)的常规统计分析方法、SAS 程序、结果解释和基本原理。分析定性资料时,首先应正确判断资料所对应的列联表类型;其次根据不同的分析目的,并结合统计分析方法的应用条件,选择合适的分析方法。

参 考 文 献

[1] 胡良平. 医学统计学——运用三型理论分析定量与定性资料[M]. 北京:人民军医出版社, 2009:325-393.

[2] 胡良平. 心血管病科研设计与统计分析[M]. 北京:人民军医出版社, 2010:133-137.

[3] 胡良平. 面向问题的统计学——(2)多因素设计与线性模型分析[M]. 北京:人民卫生出版社, 2012:547-566.

[4] 方积乾. 医学统计学与电脑实验[M].3 版. 上海:上海科学技术出版社, 2006:459-468.

[5] 方积乾. 生物医学研究的统计方法[M]. 北京:高等教育出版社, 2007:502-527.

[6] Julian P T Higgins, Simon G Thompson, Jonathan J Deeks, et al. Measuring inconsistency in Meta- analyses [M]. BMJ, 2003(327):557-560.

[7] Xiao-Hua Zhou, Nancy A Obuchowski, Donna K McClish. 诊断医学统计学[M]. 宇传华,译. 北京:人民卫生出版社, 2005:2-293.

[8] SAS Institute Inc. SAS/STAT 9. 2 User's Guide. 2008:1675-1829.

[9] 胡良平. SAS 统计分析教程[M]. 北京:电子工业出版社, 2010:160-182.

第3章　对数线性模型

对数线性模型是指一族模型，主要用于离散型数据的分析。对于复杂高维列联表的分析，采用交叉乘积比分析高维交互作用，模型通过交互效应项反映各变量间的关系及其效应大小。本章将详细介绍何为对数线性模型，及如何用 SAS 实现结果变量为二值变量和多值名义变量资料的对数线性模型分析。

3.1　问题与数据

【例3-1】　为研究影响缺血性中风病预后的有关影响因素，某研究者调查了 796 名缺血性中风病患者情况的资料，包括患者性别、起病形式、发病距就诊时间及患者预后情况(不好、好)四个变量，变量名分别简记为 A、B、C、Y。各因素的变量表示及赋值见表 3-1，具体数据见表 3-2。

表 3-1　缺血性中风病可能的影响因素及赋值

因　　素	变 量 名	赋 值 说 明
性别	A	男性 =0，女性 =1
起病形式	B	渐进加重 =0，即刻达到高峰 =1
发病距就诊时间	C	<3h =1，3~6h =2，>6h =3
预后	Y	不好 =0，好 =1

表 3-2　796 例缺血性中风病患者情况与预后的关系

性别(A)	起病形式 (B)	发病距就诊时间 (C)	例数 预后(Y)：	不好	好
0	0	1		12	25
		2		25	19
		3		85	183
	1	1		15	29
		2		11	30
		3		30	63
1	0	1		8	11
		2		7	12
		3		44	85
	1	1		11	16
		2		15	9
		3		18	33

【例3-2】　调查某中医院一日内医生开出的针对甲、乙两种疾病的处方情况，结果见表 3-3，试分析不同疾病、不同性别的患者所用药物种类条件下患者的频数构成有无差别。

表 3-3　不同疾病、不同性别与药物种类条件下患者的频数

疾病类型	患者性别	例数		
		药物种类: 中药	西药	复方药
甲	男	52	7	2
	女	34	8	1
乙	男	23	19	4
	女	18	11	3

3.2　对数据结构的分析

例 3-1 的资料涉及三个原因变量,即"性别"、"起病形式"和"发病距就诊时间",结果变量"预后"是一个二值结果变量,数据以列联表的形式呈现,故该资料属于结果变量为二值变量的高维列联表资料。

例 3-2 的资料共涉及三个定性变量,分别为两个定性的原因变量(疾病类型和患者性别)与一个定性的结果变量(药物种类)。药物种类的取值有三个水平,属于多值名义变量,数据以列联表的形式呈现,故该资料属于结果变量为多值名义变量的高维列联表资料。

3.3　统计分析目的与分析方法选择

对例 3-1 而言,该资料若进行差异性分析,可以采用 CMHχ^2 检验;若是进行证实性研究,可以患者预后(Y)为结果变量,性别、起病形式和发病距就诊时间为自变量,拟合 logistic 模型;若是探索性研究,除可分析性别、起病形式、发病距就诊时间对缺血性中风病患者预后的影响外,还要考察各个自变量间的关系以及各自变量是否对患者预后有联合作用,则可采用对数线性模型分析。

对于例 3-2 中的结果变量为多值名义变量的高维列联表资料,分析目的是考察不同疾病、不同性别的患者所用药物种类频数构成有无差别,分析时通常可选用 CMHχ^2 检验、扩展的多重 logistic 回归分析或对数线性模型,这里采用对数线性模型进行分析。

3.4　用 SAS 软件对实例进行解析

3.4.1　用 SAS 软件对例 3-1 的资料进行对数线性模型分析

对例 3-1 进行对数线性模型分析,SAS 程序(程序名为 TJFX3_1. SAS)如下:

```
data tjfx3_1;            /* 1* /        proc catmod data = tjfx3_1;   /* 2* /
  do A =1 to 2;                           weight f;
  do B =1 to 2;                           model A* B* C* Y = _response_;
  do C =1 to 3;                           loglin A |B |C |Y;
  do Y =1 to 2;                         run;
  input f@@ ;
  output;
  end;end;end;end;
cards;
```

```
12  25  25  19  85  183
15  29  11  30  30  63
8   11  7   12  44  85
11  16  15  9   18  33
;
run;
```

【程序说明】 第 1 步，建立数据集 tjfx3_1，变量 f 表示频数。第 2 步，调用 CATMOD 过程，采用饱和模型进行对数线性模型分析(饱和模型是指对数线性模型中独立参数的个数等于列联表的网格数，即模型中包含所有因素的主效应和各级交互效应)，"model A * B * C * Y = _response_;"语句中等号左端的 A * B * C * Y 指明要分析的变量，等号右端的_response_表示拟合对数线性模型；"loglin A|B|C|Y;"语句中的 A|B|C|Y 表示拟合所有的主效应与交互效应，即饱和模型，该语句等同于"loglin A B C Y A * B A * C A * Y B * C B * Y C * Y A * B * C A * B * Y A * C * Y B * C * Y A * B * C * Y"。

【输出结果及解释】

Maximum Likelihood Analysis of Variance

Source	DF	Chi-Square	Pr > ChiSq
A	1	38.45	<0.0001
B	1	5.49	0.0192
A * B	1	1.46	0.2277
C	2	222.58	<0.0001
A * C	2	0.29	0.8645
B * C	2	42.90	<0.0001
A * B * C	2	0.41	0.8139
Y	1	22.51	<0.0001
A * Y	1	1.93	0.1647
B * Y	1	0.01	0.9111
A * B * Y	1	3.53	0.0603
C * Y	2	5.10	0.0781
A * C * Y	2	0.42	0.8088
B * C * Y	2	0.12	0.9439
A * B * C * Y	2	7.20	0.0274
Likelihood Ratio	0	.	.

以上是方差分析表，使用最大似然法进行分析。这里四个因素之间的三阶交互作用 A * B * C * Y 经检验有统计学意义($P < 0.05$)，三个因素之间的二阶交互作用没有统计学意义的，一阶交互作用中仅 B * C 有统计学意义。由于建立的是饱和模型，已经没有剩余的自由度分配给似然比检验，所以并没有关于模型拟合情况的似然比检验的结果。

Analysis of Maximum Likelihood Estimates

Parameter		Estimate	Standard Error	Chi-Square	Pr > ChiSq
A	1	0.3058	0.0493	38.45	<0.0001
B	1	0.1155	0.0493	5.49	0.0192
A * B	1 1	0.0595	0.0493	1.46	0.2277
C	1	−0.4273	0.0743	33.04	<0.0001

	2	-0.4433	0.0753	34.69	<0.0001
$A*C$	1 1	-0.0394	0.0743	0.28	0.5958
	1 2	0.0224	0.0753	0.09	0.7656
$B*C$	1 1	-0.2486	0.0743	11.19	0.0008
	1 2	-0.1293	0.0753	2.95	0.0858
$A*B*C$	1 1 1	-0.0193	0.0743	0.07	0.7951
	1 1 2	0.0453	0.0753	0.36	0.5470
Y	1	-0.2340	0.0493	22.51	<0.0001
$A*Y$	1 1	-0.0685	0.0493	1.93	0.1647
$B*Y$	1 1	0.00551	0.0493	0.01	0.9111
$A*B*Y$	1 1 1	0.0927	0.0493	3.53	0.0603
$C*Y$	1 1	-0.0268	0.0743	0.13	0.7188
	2 1	0.1394	0.0753	3.43	0.0640
$A*C*Y$	1 1 1	-0.0190	0.0743	0.07	0.7986
	1 2 1	-0.0190	0.0753	0.06	0.8002
$B*C*Y$	1 1 1	-0.00782	0.0743	0.01	0.9162
	1 2 1	0.0230	0.0753	0.09	0.7601
$A*B*C*Y$	1 1 1 1	-0.1090	0.0743	2.15	0.1424
	1 1 2 1	0.1983	0.0753	6.94	0.0084

以上给出了模型中参数的估计值以及对其进行假设检验的结果。这部分结果与方差分析表的结果类似，对于二阶交互作用对应参数的检验基本都是没有统计学意义的。参数估计值默认将每个效应的最后一类作为参照类，其他各个水平通过与参照类相比来分析效应大小。结果显示，$A*B*C*Y$ 经检验有统计学意义（$P<0.05$），说明不同性别、不同起病形式、不同发病距就诊时间下缺血性中风病患者的预后存在差别。

3.4.2 用 SAS 软件对例 3-2 的资料进行对数线性模型分析

对例 3-2 进行对数线性模型分析，SAS 程序（程序名为 TJFX3_2.SAS）如下：

```
datatjfx3_2;          /* 1* /
  do a =1 to 2;
  do b =1 to 2;
  do c =1 to 3;
  input f @@ ;
  output;
  end; end; end;
cards;
52   7   2
34   8   1
23  19   4
18  11   3
;
```

```
proc catmod data =tjfx3_2; /* 2* /
weight f;
model a* b* c = _response_;
loglin a |b |c;
run;

proc catmod data =tjfx3_2;  /* 3* /
weight f;
model a* b* c = _response_;
loglin a |b |c @ 2;
run;

proc catmod data =tjfx3_2; /* 4* /
weight f;
model a* b* c = _response_;
loglin a b c a* c;
run;
```

【程序说明】 第1步，建立数据集 tjfx3_2，a 表示疾病类型，a=1 表示甲病，a=2 表示乙

病；b 表示患者性别，b = 1 表示男性，b = 2 表示女性；c 表示药物种类，c = 1 表示中药，c = 2 表示西药，c = 3 表示复方药。第 2 步，调用 CATMOD 过程，采用饱和模型进行对数线性模型分析，"model a * b * c = _response_;"语句中等号左端的 a * b * c 指明要分析的变量，等号右端的_response_表示拟合对数线性模型；"loglin a | b | c;"语句中的 a | b | c 表示拟合所有的主效应与交互效应，即饱和模型，该语句等同于"loglin a b c a * b a * c b * c a * b * c"。第 3 步，调用 CATMOD 过程，采用一阶交互效应模型进行对数线性模型分析，该模型包括主效应和所有的一阶交互效应，"loglin a | b | c @2;"语句表示拟合一阶交互效应模型。第 4 步，调用 CAT-MOD 过程，拟合最优模型，语句"loglin a b c a * c;"中包含了主效应和 a * c 一阶交互效应。

【输出结果及解释】

（1）饱和模型。

Maximum Likelihood Analysis of Variance

Source	DF	Chi-Square	Pr > ChiSq
a	1	1.04	0.3079
b	1	1.61	0.2041
a * b	1	0.00	0.9535
c	2	69.50	< 0.0001
a * c	2	16.59	0.0002
b * c	2	0.18	0.9123
a * b * c	2	1.42	0.4926
Likelihood Ratio	0	.	.

以上是方差分析表，使用最大似然法进行分析。这里三个因素之间的二阶交互作用 a * b * c 经检验没有统计学意义（$P > 0.05$），一阶交互作用中仅 a * c 有统计学意义（$P < 0.05$）。由于建立的是饱和模型，已经没有剩余的自由度分配给似然比检验，所以并没有关于模型拟合情况的似然比检验的结果。

Analysis of Maximum Likelihood Estimates

Parameter		Estimate	Standard Error	Chi-Square	Pr > ChiSq
a	1	−0.1381	0.1354	1.04	0.3079
b	1	0.1720	0.1354	1.61	0.2041
a * b	1 1	−0.00790	0.1354	0.00	0.9535
c	1	1.2051	0.1464	67.80	< 0.0001
	2	0.1712	0.1641	1.09	0.2968
a * c	1 1	0.5010	0.1464	11.72	0.0006
	1 2	−0.1912	0.1641	1.36	0.2439
b * c	1 1	−0.00449	0.1464	0.00	0.9755
	1 2	−0.0687	0.1641	0.18	0.6752
a * b * c	1 1 1	0.0528	0.1464	0.13	0.7180
	1 1 2	−0.1621	0.1641	0.98	0.3231

以上给出了模型中参数的估计值以及对其进行假设检验的结果。这部分结果与方差分析表的结果类似。参数估计值默认将每个效应的最后一类作为参照类，其他各个水平通过与参

照类相比来分析效应大小。例如，疾病类型与药物种类的交互效应（a＊c）在两个变量取值都为1时的参数估计值为0.5010（$P=0.0006$），与0的差别有统计学意义，表示甲病组（a＝1）与乙病组（a＝2）相比，使用中药的倾向性存在差别，甲病患者比乙病患者更倾向于使用中药。

（2）一阶交互效应模型。

Maximum Likelihood Analysis of Variance

Source	DF	Chi-Square	Pr > ChiSq
a	1	1.01	0.3139
b	1	2.15	0.1429
a＊b	1	0.01	0.9348
c	2	70.36	<0.0001
a＊c	2	18.03	0.0001
b＊c	2	0.03	0.9834
Likelihood Ratio	2	1.42	0.4905

一阶交互效应模型也仅列出方差分析表，结果提示，疾病类型是患者所用药物种类的影响因素。似然比检验的结果为 $\chi^2=1.42$，$P=0.4905$。同时，相对于 logistic 回归分析而言，还可以获得自变量之间关联性的信息。

（3）最优模型的筛选。

Maximum Likelihood Analysis of Variance

Source	DF	Chi-Square	Pr > ChiSq
a	1	1.04	0.3067
b	1	5.57	0.0183
c	2	72.86	<0.0001
a＊c	2	18.02	0.0001
Likelihood Ratio	5	1.46	0.9176

由于在一阶交互效应模型拟合过程中，a＊b项和b＊c项无统计学意义，将其剔除出模型。最终的模型包括的一阶交互作用仅有a＊c，方差分析的结果表明a＊c项的作用是有统计学意义的。似然比检验的结果 $\chi^2=1.46$，$P=0.9176>0.05$，说明模型对资料的拟合较好，可以认为该模型是成立的。

Analysis of Maximum Likelihood Estimates

Parameter			Estimate	Standard Error	Chi-Square	Pr > ChiSq
a	1		−0.1333	0.1304	1.04	0.3067
b	1		0.1777	0.0753	5.57	0.0183
c	1		1.1970	0.1414	71.62	<0.0001
	2		0.1677	0.1592	1.11	0.2922
a＊c	1	1	0.5037	0.1414	12.68	0.0004
	1	2	−0.2133	0.1592	1.80	0.1803

在参数估计的结果中，疾病类型和患者性别有两个水平，所以参数估计部分对应一个结果；药物种类有三个水平，因此参数估计的结果有两个；疾病类型和药物种类两个因素交互作

用项的参数估计结果也有两个。这部分结果与方差分析的结果是一致的。

专业结论：由于疾病类型和药物种类的交互作用项有统计学意义，同时结合实际资料可知，在甲病和乙病患者中，三种药物使用的构成比不同，在甲病患者中，使用中药所占的比例要明显高于乙病患者。

3.5　对数线性模型基本概念

对数线性模型（log-linear model）是分析高维列联表（multi-dimensional contingency table）的有效方法，它的提出晚于 logistic 回归模型，最先由 Yule、Bartlett 利用 Yule（1900 年）定义的交叉乘积比分析三维交互作用，然后由 Kullback（1968 年）引入方差分析的思想发展而来。

对数线性模型根据线性模型和方差分析的思想，先把高维列联表中期望频数的自然对数表示为各变量的主效应和变量间的交互效应的线性函数，之后运用类似方差分析的思想分析各主效应和交互效应的大小。对数线性模型的结果变量和自变量都是分类变量，它主要研究多个分类变量间的统计独立和依赖性，可以系统地评价变量间的关联性并且可以估计多个变量间相互效应的大小。

3.6　对数线性模型原理概述

3.6.1　基本模型

对数线性模型分为饱和模型（saturated model），即包含所有交互效应的模型，以及非饱和模型（unsaturated model）。由于期望频数（expected frequency）μ 的取值范围为 $[0, +\infty]$，可对其进行对数变换 $f(\mu) = \ln\mu$，使它的取值范围为 $[-\infty, +\infty]$。以三维列联表为例，设三个分类变量分别为 A、B、C，其包含所有交互效应的饱和模型为

$$\ln\mu_{ijk} = \lambda + \lambda_i^A + \lambda_j^B + \lambda_k^C + \lambda_{ij}^{AB} + \lambda_{ik}^{AC} + \lambda_{jk}^{BC} + \lambda_{ijk}^{ABC} \tag{3-1}$$

式中，μ_{ijk} 表示变量 A、B、C 分别在 i、j、k 水平上时的期望频数；λ 表示参数；上标（A、B、C 等）表示主效应或交互效应；下标（i, j, k）表示水平。λ 为常数项，λ_i^A、λ_j^B、λ_k^C 是三个主效应；λ_{ij}^{AB}、λ_{ik}^{AC}、λ_{jk}^{BC} 是二维交互效应（一阶交互效应），分别表示变量 A 与 B、A 与 C、B 与 C 两两之间的关联性；λ_{ijk}^{ABC} 是三维交互效应（二阶交互效应），表示 A、B、C 三者之间的关联性。

3.6.2　参数估计

构造完模型后需对其中的参数进行估计，许多统计软件可以很方便地估计模型的参数。最常用的方法是最大似然估计和加权最小二乘估计（weighted-least-squares estimates），采用迭代法（如 Newton-Raphson 方法）进行计算。

3.6.3　最优模型的选择

同线性模型一样，对数线性模型在实际应用中也存在最优模型的选择问题。随着列联表维数的增加，不饱和模型的数量急剧增加，如四维列联表就有上百个不饱和对数线性模型，所以应遵循一定的原则和筛选方法快速地从大量模型中找出最优的模型。通常采用类似逐步回归方法中的前进法（forward）或后退法（backword）进行最优模型的选择，为了避免忽略有统计

学意义的高阶交互效应,建议采用后退法。得到的模型不会因为加入某一效应项而提高拟合效果,但是删除任何效应项都会降低拟合效果。最优模型应当包含尽可能少的参数(选择最简单的模型),每个参数有显著的统计学意义,模型能较好地拟合数据,解释能力强。

3.6.4　模型评价

通常,对数线性模型通过比较观测频数与理论频数来估计拟合优度。在三维列联表资料中,似然比(likelihood ratio)统计量为

$$G^2 = 2 \sum n_{ijk} \ln \left(\frac{n_{ijk}}{\hat{\mu}_{ijk}} \right) \tag{3-2}$$

Pearson 统计量为

$$\chi^2 = \sum \frac{(n_{ijk} - \hat{\mu}_{ijk})^2}{\hat{\mu}_{ijk}} \tag{3-3}$$

式中,n_{ijk} 表示变量 A、B、C 分别在 i、j、k 水平上时的观测频数;$\hat{\mu}_{ijk}$ 表示 H_0(给定的对数线性模型成立)为真时,列联表各单元格频数的总体均数 μ_{ijk} 的估计。G^2 和 Pearson χ^2 均服从 χ^2 分布,G^2 统计量是模型的偏差,值越大说明拟合越差。自由度等于单元格(Cell)个数减去模型中非冗余参数的个数,模型越复杂值越小,饱和模型自由度等于 0。

3.7　本章小结

对数线性模型设计的资料常以高维列联表的形式呈现,当然,也可以是原始的数据库形式,当同时分析各变量的主效应及变量间的交互效应时,对数线性模型便显示出其巨大的潜力。本章给出了对数线性模型分析所用数据结构、对数据结构的分析,概括介绍了与对数线性模型分析有关的一些基本概念和有关内容,阐述了对数线性模型分析的基本原理,通过实例详细介绍了用 SAS 软件实现对数线性模型分析的具体方法和结果解释。

参 考 文 献

[1] 胡良平.SAS 统计分析教程[M].北京:电子工业出版社,2010:183-191,340-343.

[2] 胡良平.医学统计学——运用三型理论分析定量与定性资料[M].北京:人民军医出版社,2009:334-392.

[3] 张家放.医用多元统计方法[M].武汉:华中科技大学出版社,2002:165-182.

[4] 胡良平.口腔医学科研设计与统计分析[M].北京:人民军医出版社,2007:181–184.

[5] 张尧庭.定性资料的统计分析[M].桂林:广西师范大学出版社,1991:55-105.

[6] 张岩波.对数线性模型的最优模型筛选策略[J].中国卫生统计,1996,13(6):4-7.

[7] 胡良平.医学统计学——运用三型理论进行现代回归分析[M].北京:人民军医出版社,2010:203-220.

[8] Agresti A.属性数据分析引论[M].2 版.张淑梅,王瑞,曾莉,译.北京:高等教育出版社,2007:187-189.

[9] 余松林,向惠云.重复测量资料分析方法与 SAS 程序[M].北京:科学出版社,2004:183-192.

第4章 非配对设计一水平多重 logistic 回归分析

Logistic 回归分析是一种研究多水平(包括两水平)的反应变量与其影响因子间依赖关系的回归分析方法。流行病学上常用于研究疾病与致病因子间的联系。按因变量类型,可分为因变量为二值变量的 logistic 回归分析,因变量为多值有序变量的累积 logistic 回归分析,因变量为多值名义变量的多项 logistic 回归分析。本章将结合实例介绍如何用 SAS 实现非配对设计一水平情形下的三种多重 logistic 回归分析。

4.1 问题与数据

【例 4-1】 为了探讨缺血性中风病预后的有关危险因素,收集了年龄、性别、起病形式和发病距就诊时间四个因素的资料,各因素及结果变量表示及赋值见表 4-1,具体数据见表 4-2。

表 4-1 缺血性中风病可能的影响因素及赋值

因素	变量名	赋值说明
年龄	age	连续变量
性别	xb	男性 =0, 女性 =1
起病形式	xs	渐进加重 =0, 即刻达到高峰 =1
发病距就诊时间	jzsj	<3 h =1, 3~6 h =2, >6 h =3
预后(因变量)	BI	不好 =0, 好 =1

表 4-2 缺血性中风病相关因素的研究

ID	age	xb	xs	jzsj	BI
345	57	1	0	3	1
3214	68	0	0	3	1
8382	85	0	1	3	0
9455	67	0	0	2	1
9918	69	0	1	1	1
11444	71	0	1	3	1
12983	76	0	0	2	1
13351	46	0	1	3	1
13730	85	0	1	3	1
14698	75	1	0	3	1
16092	60	1	0	3	1
16195	73	0	0	3	1
17071	60	0	1	1	1
18471	73	0	0	2	1
...	...	...	...	...	...
411443002	67	0	0	3	1

【例 4-2】 将 188 例合并周围神经病变的住院糖尿病患者随机分成 2 组,第一组 95 例,应用前列地尔 10μg/d 静脉滴注治疗;第二组 93 例,应用血栓通 20ml/d 静脉滴注治疗。治疗

2 周后观察不同临床症状的患者治疗效果(疗效为二值结果变量),结果见表4-3,同时考虑临床症状和药物两因素对疗效的影响,试对该资料进行分析。

表4-3 两种不同药物治疗不同临床症状患者的治疗效果

临床症状	药物种类	例数	
		疗效:有效	无效
肢体麻木	前列地尔	36	12
	血栓通	35	15
肢体疼痛	前列地尔	46	1
	血栓通	31	12

【例4-3】 为了探讨缺血性中风病预后的有关危险因素,收集了年龄、性别、起病形式和发病距就诊时间四个因素的资料,各危险因素的表示和赋值见表4-1,结果变量预后按最差至最好分别由 1~4(这是一个多值有序的结果变量)表示,具体数据见表4-4。

表4-4 缺血性中风病相关因素的研究

ID	age	xb	xs	jzsj	BI
345	57	1	0	3	4
3214	68	0	0	3	4
8382	85	0	1	3	3
9455	67	0	0	2	4
9918	69	0	1	1	4
11444	71	0	1	3	4
12983	76	0	0	2	3
13351	46	0	1	3	4
13730	85	0	1	3	3
14698	75	1	0	3	4
16092	60	1	1	3	3
16195	73	0	0	3	4
17071	60	0	1	1	2
18471	73	0	0	2	1
…	…	…	…	…	…
411443002	67	0	0	3	4

注:本资料数据仅用于演示,不代表实际情况。

【例4-4】 采用影像学方法评价鼻用糖皮质激素治疗慢性鼻窦炎的疗效。对 32 例上颌窦炎、26 例额窦炎和 30 例蝶窦炎患者进行治疗,资料见表4-5,试分析不同部位的鼻窦炎和不同年龄段患者的治疗的疗效(这是一个多值有序的结果变量)之间的差别是否具有统计学意义。

表4-5 鼻窦 CT 评分评价鼻用糖皮质激素治疗慢性鼻窦炎的疗效

发生部位	年龄段	例数		
		疗效: 治愈	好转	无效
上颌窦炎	青少年	10	4	8
	成年	12	3	3
额窦炎	青少年	6	2	6
	成年	8	2	1
蝶窦炎	青少年	5	2	6
	成年	13	4	1

【例4-5】   请根据表4-6资料，分析患者的性别、年龄对患病类型（这是一个多值名义的结果变量）的影响。

表4-6   某医院消化科1991年收治的肠炎、慢性肠炎和结肠炎患者资料

编号	性别	年龄（岁）	患病类型	编号	性别	年龄（岁）	患病类型
1	0	68	1	31	1	63	3
2	1	27	1	32	1	79	3
3	1	25	1	33	0	80	3
4	1	15	1	34	1	77	3
5	1	22	1	35	0	85	3
6	0	29	1	36	1	79	3
7	0	25	1	37	1	64	3
8	1	19	1	38	0	65	3
9	1	28	1	39	1	56	3
10	0	18	1	40	1	64	3
11	1	36	1	41	1	76	3
12	1	25	1	42	1	75	3
13	1	21	1	43	1	51	3
14	1	32	1	44	1	86	3
15	1	32	1	45	1	86	3
16	1	48	2	46	0	62	3
17	1	51	2	47	1	60	3
18	0	50	2	48	1	72	3
19	0	52	2	49	0	87	3
20	1	54	3	50	0	76	3
21	1	62	3	51	1	66	3
22	1	64	3	52	1	58	3
23	1	78	3	53	1	63	3
24	1	64	3	54	0	56	3
25	1	70	3	55	1	81	3
26	1	66	3	56	0	62	3
27	1	77	3	57	1	60	3
28	1	83	3	58	1	68	3
29	1	78	3	59	1	73	3
30	1	82	3				

注：性别：0＝女，1＝男；患病类型：1＝肠炎，2＝慢性肠炎，3＝结肠炎。

【例4-6】   调查某中医院一日内医生开出的针对甲、乙两种疾病的处方情况，结果见表4-7，试分析不同疾病、不同性别的患者所用药物种类（这是一个多值名义的结果变量）频数构成有无差别。

表4-7   不同疾病、不同性别与药物种类条件下患者的频数

疾病类型	患者性别	例数		
		药物种类： 中药	西药	复方药
甲	男	52	7	2
	女	34	8	1
乙	男	23	19	4
	女	18	11	3

4.2 对数据结构的分析

对于例4-1，数据以数据库的形式呈现，该资料涉及四个原因变量，即"年龄"、"性别"、"起病形式"和"发病距就诊时间"，既有连续的，又有二值和多值有序的，结果变量"预后"是一个二值结果变量，故该资料属于多因素设计结果变量为二值变量的资料。

对于例4-2，数据以高维列联表的形式呈现，试验对象是"合并周围神经病变的住院糖尿病患者"，试验因素是"临床症状"和"药物种类"，试验效应是"治疗效果"，表4-3属于结果变量为二值变量的三维列联表资料。

对于例4-3，数据以数据库的形式呈现，该资料涉及四个原因变量，即"年龄"、"性别"、"起病形式"和"发病距就诊时间"，既有连续的，又有二值和多值有序的，结果变量是多值有序的一个变量，故该资料属于多因素设计结果变量为多值有序变量的资料。

对于例4-4，数据以高维列联表的形式呈现，此表中含有三个定性变量，分别为"鼻窦炎的发生部位"、"年龄段"、"治疗效果"，结果变量为"治疗效果"（多值有序变量），因此该表称作结果变量为多值有序变量的三维列联表。

对于例4-5，数据以数据库的形式呈现，该资料涉及两个原因变量，即"年龄"、"性别"，既有连续的，又有二值的，结果变量是多值名义的一个变量，故该资料属于多因素设计结果变量为多值名义变量的资料。

例4-6的资料中有三个变量，分别为"疾病类型"、"患者性别"、"药物种类"，结果变量为"药物种类"（多值名义变量），数据以列联表的形式呈现，因此该表称作结果变量为多值名义变量的三维列联表。

4.3 统计分析目的与分析方法选择

对于例4-1，研究目的是考察年龄、性别、起病形式和发病距就诊时间对患者预后的影响。受试对象是"缺血性中风病患者"，试验因素是"年龄"、"性别"、"起病形式"和"发病距就诊时间"，试验效应是"预后"，是一个二值变量（不好、好）。要分析"预后"是如何受四个原因变量影响的，可以考虑采用多重logistic回归分析。

对于例4-2，结果变量为疗效，是二值变量（有效、无效），自变量有两个："临床症状"和"药物种类"。要分析"疗效"是如何受两个原因变量影响的，可以考虑采用多重logistic回归分析。

对于例4-3，结果变量"预后"为多值有序变量，原因变量中"年龄"属于连续变量，"性别"和"起病形式"是二值变量，"发病距就诊时间"为多值有序变量。对于这种既包含定性自变量，又包含定量自变量的情形，可以采用累积logistic模型分析影响因素与有序的结果变量之间的关系。

对于例4-4，结果变量为疗效，是多值有序变量（治愈、好转、无效），自变量有两个："发生部位"和"年龄段"。要分析不同部位的鼻窦炎和不同年龄段患者的治疗有效率有无差别，可选用有序变量的多重logistic回归分析。

对于例4-5，结果变量"患病类型"为多值名义变量，原因变量中的"年龄"属于连续变量，"性别"是二值变量，可以使用扩展的多重logistic回归分析处理此资料，此模型也叫多项logit模型。

对于例 4-6 中的高维列联表资料，分析目的是考察不同疾病、不同性别的患者所用药物种类频数构成有无差别，分析时通常可选用 CMHχ^2 检验、扩展的多重 logistic 回归分析或对数线性模型。

4.4　用 SAS 实现 logistic 回归分析

4.4.1　对例 4-1 的资料进行一般多重 logistic 回归分析

对例 4-1 进行多重 logistic 回归分析，SAS 程序(程序名为 TJFX4_1. SAS)如下：

```
proc import out =work.tjfx4_1    /* 1* /
datafile = "'D:\TJFX\TJFX4_1.xls"
dbms =excel replace;
range ="sheet";
getnames =yes;
mixed =no;
scantext =yes;
usedate =yes;
scantime =yes;
run;
proc logistic;                    /* 2* /
model BI =age xb xs jzsj/ selection =stepwise sle =0.30 sls =0.05;
run;

proc logistic descending;        /* 3* /
model BI =age xb xs jzsj/ selection =stepwise sle =0.30 sls =0.05;
run;
```

【程序说明】　第 1 步，建立数据集 tjfx1_1，使用 import 过程将 TJFX4_1. xls 导入。第 2 步，用 LOGISTIC 过程实现多重 logistic 回归分析，proc logistic 语句表示调用 LOGISTIC 过程。在 model 语句中，等号的左侧是因变量预后 BI，等号右侧为自变量年龄、性别、起病形式和发病距就诊时间。因为自变量个数较多，在 model 语句之后使用选项 selection 进行自变量的筛选，筛选方法选用逐步法(Stepwise)，规定变量进入回归模型的检验标准为 0.30，从模型中剔除的检验标准为 0.05。第 3 步，descending 选项使程序自动求出 BI =1 对应的概率。

【输出结果及解释】

The LOGISTIC Procedure

Model Information

Data Set	WORK. TJFX4_1	
Response Variable	BI	BI
Number of Response Levels	2	
Model	binary logit	
Optimization Technique	Fisher's scoring	

Response Profile

Ordered Value	BI	Total Frequency
1	0	281
2	1	515

Probability modeled is BI = 0.

以上是第一个过程步产生的基本信息，特别指出将按 BI = 0 计算概率表达式的估计值。

Analysis of Maximum Likelihood Estimates

Parameter	DF	Estimate	Standard Error	Wald Chi-Square	Pr > ChiSq
Intercept	1	−2.8142	0.4855	33.6055	<0.0001
age	1	0.0336	0.00723	21.6017	<0.0001

以上是第一个过程步经筛选自变量，最终给出的回归模型中包含一个自变量 age（年龄）。此输出结果由左至右的各列依次为变量名、自由度、参数估计值、标准误、对各参数进行检验的 Waldχ^2 值和 P 值。截距项为 −2.8142，变量年龄的回归系数为 0.0336（为正，说明年龄越大预后越容易不好，这与专业知识是吻合的），对于它们的检验都有统计学意义。因而可以写出回归方程

$$P_{(BI=0)} = \frac{e^{-2.8142+0.0336age}}{1 + e^{-2.8142+0.0336age}}$$

Odds Ratio Estimates

Effect	Point Estimate	95% Wald Confidence Limits	
age	1.034	1.020	1.049

以上是自变量年龄的 OR 值及 OR 值的 95% 置信区间估计值。OR = 1.034，说明对同一个患者而言，年龄大者预后不好的"危险性"是年龄小者预后不好的危险性的 1.034 倍；反过来说，年龄大者预后好的危险性是年龄小者预后好的危险性的 1/1.034 = 0.967。95% 置信区间为（1.020，1.049），这个置信区间不包含 1，说明 OR 值与 1 之间的差别有统计学意义。

Association of Predicted Probabilities and Observed Responses

Percent Concordant	59.0	Somers' D	0.207
Percent Discordant	38.3	Gamma	0.213
Percent Tied	2.6	Tau − a	0.095
Pairs	144715	c	0.604

以上是最后输出的预测概率和观察响应之间的关联性，需要注意的是统计量 c 的取值即为经常用到的 ROC 曲线下的面积。

The LOGISTIC Procedure

Model Information

Data Set	WORK. TJFX4_1	
Response Variable	BI	BI
Number of Response Levels	2	
Model	binary logit	
Optimization Technique	Fisher's scoring	

Response Profile

Ordered Value	BI	Total Frequency
1	1	515
2	0	281

Probability modeled is BI = 1.

以上是第二个过程步产生的基本信息,特别指出将按 BI = 1 计算概率表达式的估计值。这是过程步中使用"descending"选项的效果。

Analysis of Maximum Likelihood Estimates

Parameter	DF	Estimate	Standard Error	Wald Chi-Square	Pr > ChiSq
Intercept	1	2.8142	0.4855	33.6055	<0.0001
age	1	−0.0336	0.00723	21.6017	<0.0001

以上是第二个过程步经筛选自变量,最终给出的回归模型中包含一个自变量 age(年龄)。此输出结果由左至右的各列依次为变量名、自由度、参数估计值、标准误、对各参数进行检验的 Wald x^2 值和 P 值。截距项为 2.8142,变量年龄的回归系数为 −0.0336(为负,说明年龄越小预后越好,这与专业知识是吻合的),对于它们的检验都有统计学意义。因而可以写出回归方程

$$P_{(BI=1)} = \frac{e^{2.8142-0.0336age}}{1 + e^{2.8142-0.0336age}}$$

Odds Ratio Estimates

Effect	Point Estimate	95% Wald Confidence Limits	
age	0.967	0.953	0.981

以上是自变量年龄的 OR 值及 OR 值的 95% 置信区间估计值。OR =0.967,说明对同一个患者而言,年龄大者预后好的"危险性"是年龄小者预后好的危险性的 0.967。95% 置信区间为(0.953, 0.981),这个置信区间不包含 1,说明 OR 值与 1 之间的差别有统计学意义。

专业结论:该例中四个自变量中对二值的因变量 BI 贡献较大的(即具有统计学意义的,α =0.05)自变量为 age(年龄),由拟合的 BI = 0 对应概率表达式得出的结果可以看出,年龄是导致缺血性中风病预后不好的危险因素。两个过程步只需用其中之一,求出两个表达式之一,另一个可通过用 1 减去该表达式来方便地获得。

4.4.2 对例 4-2 的资料进行一般多重 logistic 回归分析

对例 4-2 进行多重 logistic 回归分析,SAS 程序(程序名为 TJFX4_2. SAS)如下:

```
data tjfx4_2;                          proc logistic data = tjfx4_2;
  do A = 1 to 2;                         freq f;
  do B = 1 to 2;                         model y = A B;
  do y = 0 to 1;                       run;
input f@@ ;
output;
end;end;end;
cards;
36  12
35  15
46  1
31  12
;
run;
```

【程序说明】 第 1 步，建立数据集 tjfx4_2，变量 A 代表临床症状，B 代表药物种类，这两个变量的取值都是由 1 到 2；变量 y 代表是否有效，0 表示有效，1 表示无效；变量 f 代表频数。第 2 步，用 LOGISTIC 过程实现多重 logistic 回归分析，proc logistic 语句表示调用 LOGISTIC 过程，它后面的选项 data = tjfx4_2 给出要分析的 SAS 数据集。在 model 语句中，等号的左侧是因变量 y，等号右侧为自变量 A 与 B。如果自变量个数较多的话，可以在 model 语句之后使用选项 selection 进行自变量的筛选，筛选方法一共有四种，分别是前进法（forward）、后退法（backward）、逐步法（stepwise）、最优子集法（score）。该例中的数据是以列联表的形式给出的，所以要用 freq 语句来指明频数变量，这里是变量 f。

【输出结果及解释】

The LOGISTIC Procedure

Model Information

Data Set	WORK. TJFX4_2
Response Variable	y
Number of Response Levels	2
Frequency Variable	f
Model	binary logit
Optimization Technique	Fisher's scoring

Number of Observations Read	8
Number of Observations Used	8
Sum of Frequencies Read	188
Sum of Frequencies Used	188

Response Profile

Ordered Value	y	Total Frequency
1	0	148
2	1	40

Probability modeled is y = 0.

以上是 LOGISTIC 过程产生的第一部分结果，主要是模型信息和响应变量（即因变量）的说明，其中数据集名称为 tjfx4_2，因变量名称为 y，因变量有两个水平，频数变量为 f，使用的模型是二值 logit 模型，参数估计时的优化方法是 Fisher's scoring 法。读入的观测格子数是 8，使用的观测格子数是 8，读入和使用的样本例数是 188。因变量的取值顺序为 0 和 1。最后一行文字说明该模型是以 0 为基础的，也就是以有效的概率为基础建模。这里需要注意的是，在 LOGISTIC 过程中，默认状态下是以因变量取值较小的那个水平的发生概率为基础建模，本例中使用 0 代表有效，所以是以有效的概率为基础建模的。如果原始的数据集中是以 1 来表示有效的，则最好在 proc logistic 语句之后使用 descending 选项来改变因变量的取值顺序，这样得到的方程可以直接计算有效率。

Model Convergence Status

Convergence criterion（GCONV = 1E − 8）satisfied.

Model Fit Statistics

Criterion	Intercept Only	Intercept and Covariates
AIC	196. 617	189. 188
SC	199. 853	198. 897
− 2 Log L	194. 617	183. 188

Testing Global Null Hypothesis：BETA = 0

Test	Chi- Square	DF	Pr > ChiSq
Likelihood Ratio	11. 4290	2	0. 0033
Score	11. 0669	2	0. 0040
Wald	10. 4204	2	0. 0055

以上是第二部分，输出模型拟合统计量以及对整个模型进行假设检验的结果，首先说明参数估计的迭代过程是收敛的。模型拟合统计量包括 AIC、SC 和 − 2 倍的对数似然，这三个统计量取值越小，说明模型对资料的拟合效果越好。结果表明在包含自变量的模型中，这三个统计量的取值都小于不包含自变量的模型。在"Testing Global Null Hypothesis：BETA = 0"部分列出了对整个模型进行假设检验的结果，它的原假设是所有的回归系数都为 0，分别使用似然比检验、计分检验和 Wald 检验三种方法。检验结果中依次给出了 χ^2 值、自由度和 P 值，可以看出，三种方法的 P 值都小于 0.05，可以认为该模型是成立的。

Analysis of Maximum Likelihood Estimates

Parameter	DF	Estimate	Standard Error	Wald Chi- Square	Pr > ChiSq
Intercept	1	1. 6364	0. 8202	3. 9803	0. 0460
A	1	0. 8097	0. 3818	4. 4981	0. 0339
B	1	− 0. 9459	0. 3804	6. 1832	0. 0129

以上是第三部分，参数估计的结果，由左至右的各列依次为变量名、自由度、参数估计值、标准误、对各参数进行检验的 Waldχ^2 值和 P 值。截距项为 1.6364，变量 A 与 B 的回归系数分别为 0.8097 和 − 0.9459，对于它们的检验都有统计学意义。因而可以写出回归方程

$$P(Y = 0) = \frac{e^{1.6364+0.8097A-0.9459B}}{1 + e^{1.6364+0.8097A-0.9459B}}$$

Odds Ratio Estimates

Effect	Point Estimate	95% Wald Confidence Limits	
A	2.247	1.063	4.749
B	0.388	0.184	0.818

以上是第四部分，输出优势比，包括其估计值和 95% 置信区间。A 和 B 的 OR 值分别为 2.247 和 0.338，95% 置信区间分别为（1.063，4.749）和（0.184，0.818），这两个置信区间都不包含 1，说明 OR 值与 1 之间的差别有统计学意义。

Association of Predicted Probabilities and
Observed Responses

Percent Concordant	54.6	Somers' D	0.324
Percent Discordant	22.2	Gamma	0.422
Percent Tied	23.2	Tau − a	0.109
Pairs	5920	c	0.662

以上是最后输出的预测概率和观察响应之间的关联性，需要注意的是统计量 c 的取值即为经常用到的 ROC 曲线的曲线下面积。

专业结论：两种不同药物治疗不同临床症状患者的治疗效果不完全相同，从具体数值看，肢体疼痛的有效率高于肢体麻木，前列地尔的有效率高于血栓通。

4.4.3　对例 4-3 的资料进行累计多重 logistic 回归分析

对例 4-3 的资料建立累计 logistic 模型的 SAS 程序（程序名为 TJFX4_3.SAS）如下：

```
proc import out = work.tjfx4_3    /* 1* /
    datafile = "'D:\TJFX\TJFX4_3.xls"
    dbms = excel replace;
    range = "sheet";
    getnames = yes;
    mixed = no;
    scantext = yes;
    usedate = yes;
    scantime = yes;
run;

proc logistic;              /* 2* /
model BI = age xb xs jzsj/selection =
    stepwise;
run;
```

【程序说明】　第 1 步，建立数据集 tjfx4_3，将 TJFX4_3.xls 导入。第 2 步，使用 LOGISTIC 过程实现多值有序变量的累计 logistic 回归，proc logistic 语句和 model 语句的写法与二值变量的 logistic 回归相同。

【输出结果及解释】

The LOGISTIC Procedure

Model Information

Data Set	WORK.TJFX4_3

Response Variable	BI	BI
Number of Response Levels	4	
Model	cumulative logit	
Optimization Technique	Fisher's scoring	

Response Profile

Ordered Value	BI	Total Frequency
1	1	10
2	2	10
3	3	14
4	4	44

Probabilities modeled are cumulated over the lower Ordered Values.

以上是第一部分，主要是模型信息的说明，数据集名称为 tjfx4_3，因变量名称为 BI，有四个水平，使用的模型是累积 logit 模型，参数估计时的优化方法是 Fisher's scoring 法。最后一行文字说明模型的建立是从排序较低的取值的发生概率开始的。

Stepwise Selection Procedure

Step 0. Intercepts entered：

$$-2 \text{ Log } L \quad = \quad 180.641$$

Residual Chi-Square Test

Chi-Square	DF	Pr > ChiSq
23.2348	4	0.0001

Step 1. Effect age entered：

Score Test for the Proportional Odds Assumption

Chi-Square	DF	Pr > ChiSq
0.8682	2	0.6478

Model Fit Statistics

Criterion	Intercept Only	Intercept and Covariates
AIC	186.641	171.164
SC	193.711	180.591
-2 Log L	180.641	163.164

Testing Global Null Hypothesis：BETA = 0

Test	Chi-Square	DF	Pr > ChiSq
Likelihood Ratio	17.4767	1	<0.0001
Score	15.6933	1	<0.0001
Wald	13.0226	1	0.0003

Residual Chi-Square Test

Chi-Square	DF	Pr > ChiSq
10.5264	3	0.0146

Step 2. Effect jzsj entered：

Score Test for the Proportional
Odds Assumption

Chi-Square	DF	Pr > ChiSq
1.3790	4	0.8478

Model Fit Statistics

Criterion	Intercept Only	Intercept and Covariates
AIC	186.641	166.377
SC	193.711	178.160
−2 Log L	180.641	156.377

Testing Global Null Hypothesis：BETA = 0

Test	Chi-Square	DF	Pr > ChiSq
Likelihood Ratio	24.2643	2	< 0.0001
Score	20.7751	2	< 0.0001
Wald	17.6586	2	0.0001

Residual Chi-Square Test

Chi-Square	DF	Pr > ChiSq
3.1711	2	0.2048

Note：No effects for the model in Step2 are removed.

Note：No (additional) effects met the 0.05 significance level for entry into the model.

Summary of Stepwise Selection

Step	Effect Entered	Removed	DF	Number In	Score Chi-Square	Wald Chi-Square	Pr > ChiSq	Variable Label
1	age		1	1	15.6933		< 0.0001	age
2	jzsj		1	2	7.1168		0.0076	jzsj

以上是第二部分，自变量的筛选过程。筛选过程有三步，第 0 步是截距项进入了模型，这步的输出内容包括 −2 倍的对数似然以及残差 x^2 检验的结果，$x^2 = 23.2348$，$P < 0.05$，说明仅含有截距项的回归模型对资料的拟合效果不好，有必要引入对结果有影响的自变量。

第 1 步是 age 进入了模型，该步的输出内容包括平行线假设的检验结果、模型拟合统计量、对整个模型进行检验的结果以及残差 x^2 检验的结果，对平行线假设进行检验的 $x^2 = 0.8682$，$P = 0.6478 > 0.05$，说明该资料满足平行线假设；在对整个模型进行的检验中，三种检验方法的结果都表明有统计学意义；残差 x^2 检验的结果为 $x^2 = 10.5264$，$P = 0.0146 < 0.05$，说明此时模型拟合该资料效果不是很好，这可能是还有其他对结果有影响的变量没有全部纳入或异常点等原因造成的。

第 2 步是 jzsj 进入了模型，该步的输出内容包括平行线假设的检验结果、模型拟合统计量、对整个模型进行检验的结果以及残差 χ^2 检验的结果，对平行线假设进行检验的 $\chi^2 = 1.3790$，$P = 0.8478 > 0.05$，说明该资料满足平行线假设；在对整个模型进行的检验中，三种检验方法的结果都表明有统计学意义；残差 χ^2 检验的结果为 $\chi^2 = 3.1711$，$P = 0.2048 > 0.05$，说明此时模型拟合该资料效果较好。

最后是关于筛选过程的总结，可以看出 age 和 jzsj 进入了模型。

Analysis of Maximum Likelihood Estimates

Parameter		DF	Estimate	Standard Error	Wald Chi-Square	Pr > ChiSq
Intercept	1	1	−7.1559	2.1435	11.1447	0.0008
Intercept	2	1	−6.1428	2.1118	8.4610	0.0036
Intercept	3	1	−5.1146	2.0782	6.0566	0.0139
age		1	0.0997	0.0281	12.6337	0.0004
jzsj		1	−0.7899	0.3132	6.3623	0.0117

Odds Ratio Estimates

Effect	Point Estimate	95% Wald Confidence Limits	
age	1.105	1.046	1.167
jzsj	0.454	0.246	0.839

以上是第三部分输出参数估计的结果，在累计 logit 模型中，每个自变量只对应一个回归系数，而截距项则有多个，其个数为因变量的水平数减 1，本例包含三个截距项。如果用 P_1、P_2、P_3 和 P_4 分别表示预后最差、较差、较好和最好发生的概率，则回归方程为

$$P_1 = \frac{e^{-7.1559+0.0997age-0.7899jzsj}}{1 + e^{-7.1559+0.0997age-0.7899jzsj}}$$

$$P_1 + P_2 = \frac{e^{-6.1428+0.0997age-0.7899jzsj}}{1 + e^{-6.1428+0.0997age-0.7899jzsj}}$$

$$P_1 + P_2 + P_3 = \frac{e^{-5.1146+0.0997age-0.7899jzsj}}{1 + e^{-5.1146+0.0997age-0.7899jzsj}}$$

$$P_4 = 1 - P_1 - P_2 - P_3 = \frac{1}{1 + e^{-5.1146+0.0997age-0.7899jzsj}}$$

这里，age 回归系数的估计值大于 0，说明自变量年龄取值越大，预后最差的概率 P_1 越大，预后最好的概率 P_4 越小。jzsj 回归系数的估计值小于 0，说明自变量发病距就诊时间取值越大，预后最差的概率 P_1 越小，预后最好的概率 P_4 越大。如果本例中是按照取值由大到小的顺序建立模型的，则回归系数的符号会正好相反，在做出专业结论时需要注意这一点。

专业结论：由以上结果可知，中风病患者预后与年龄和发病距就诊时间有关，而与性别和起病形式没有关系。可以看出，随着年龄的增加，预后最差的可能性就越大；随着发病距就诊时间的增加，预后最差的可能性就越小。

4.4.4　对例 4-4 的资料进行累计多重 logistic 回归分析

对例 4-4 进行有序变量的多重 logistic 回归分析，SAS 程序（程序名为 TJFX4_4.SAS）如下：

```
data tjfx4_4;                      ods html;
  do a =1 to 3;                    proc logistic;
  do b =1 to 2;                    freq f;
  do y =1 to 3;                    model y = a b;
input f @@ ;                       run;
output;                            ods html close;
end; end; end;
cards;
10   4   8
12   3   3
6    2   6
8    2   1
5    2   6
13   4   1
;
run;
```

【程序说明】　第 1 步，建立数据集 tjfx4_4，变量 a 代表发生部位，b 代表年龄段，变量 y 代表疗效；变量 f 代表频数。第 2 步，用 LOGISTIC 过程实现有序变量的多重 logistic 回归分析，proc logistic 语句表示调用 LOGISTIC 过程，在 model 语句中，等号的左侧是因变量 y，等号右侧为自变量 a 与 b。

【输出结果及解释】

Analysis of Maximum Likelihood Estimates

Parameter	DF		Estimate	Standard Error	Wald Chi-Square	Pr > ChiSq
Intercept	1	1	−1.6715	0.7494	4.9745	0.0257
Intercept	2	1	−0.8026	0.7341	1.1954	0.2742
a		1	−0.0161	0.2411	0.0045	0.9468
b		1	1.3108	0.4218	9.6566	0.0019

Odds Ratio Estimates

Effect	Point Estimate	95% Wald Confidence Limits	
a	0.984	0.613	1.578
b	3.709	1.623	8.478

Association of Predicted Probabilities and Observed Responses

Percent Concordant	56.3	Somers' D	0.289
Percent Discordant	27.4	Gamma	0.346
Percent Tied	16.3	Tau-a	0.171
Pairs	2693	c	0.645

统计和专业结论：由结果的第一部分可得出，截距项和 b 变量（年龄段）对结果变量 y 是有统计学意义的，即不同年龄段的鼻窦炎患者使用糖皮质激素治疗的效果是有差别的。

回归方程为

$$P = \frac{e^{-1.6715+1.3108B}}{1 + e^{-1.6715+1.3108B}}$$

将 $b = 1 \sim 2$ 依次代入方程即可以得到不同部位的鼻窦炎各个年龄段使用糖皮质激素治疗的有效率。

ROC 曲线下的面积 $C = 0.645$，表明用此 logistic 曲线回归方程来预测，其灵敏度和特异度都不是非常高。

4.4.5 对例 4-5 的资料进行扩展的多重 logistic 回归分析

对例 4-5 进行扩展的多重 logistic 回归，SAS 程序(程序名为 TJFX4_5.SAS)如下：

```
proc import out =work.tjfx4_5   /* 1* /
    datafile = "D:\TJFX\TJFX4_5.xls"
    dbms = excel replace;
    range = "sheet1 $";
    getnames = yes;
    mixed = no;
    scantext = yes;
    usedate = yes;
    scantime = yes;
run;

ods html;
proc logistic data =tjfx4_5; /* 2* /
    model y =xb age/link =glogit;
run;

proc logistic data =tjfx4_5; /* 3* /
    model y =age/link =glogit;
run;
ods html close;
```

【程序说明】 本例使用 LOGISTIC 过程实现多值名义变量的多项 logit 回归模型。这里需要特别指出的是，在 SAS 较早的版本中，LOGISTIC 过程无法实现多项 logit 模型，只能由 CAT-MOD 过程完成这一分析，在 SAS 9.1 及以后的版本中，LOGISTIC 过程已增加了这一功能，且两个过程的输出结果是一致的。具体来讲，就是通过 model 语句中的 link 选项来完成的，link = glogit 表示拟合多项 logit 模型，其默认值是 logit。在默认状态下，对于二值变量 SAS 系统拟合一般的 logistic 模型，对于多值变量 SAS 系统拟合累积 logit 模型。这里使用了两个 LOGISTIC 过程步是因为在最初拟合的模型中性别无统计学意义，所以在第二个 LOGISTIC 过程步中去掉了性别重新拟合。

【输出结果及解释】

由于两个 LOGISTIC 过程步的输出结果相近，这里只给出第二个 LOGISTIC 过程步的主要输出结果。

The LOGISTIC Procedure

Model Information

Data Set	WORK. TJFX4_5
Response Variable	y
Number of Response Levels	3
Model	generalized logit
Optimization Technique	Fisher's scoring

Logits modeled use y = 3 as the reference category.

以上是第二个 LOGISTIC 过程步的第一部分输出结果，这里使用的模型是广义 logit 模型，也就是多项 logit 模型。同时指出建模时是以 y = 3 为参照类来拟合回归方程，LOGISTIC 过程的默认方式是将结果变量的最后一个类别作为参照类，这里 3 就是变量 y 取值顺序中的最后一位，这一点要注意与前面的二值 logistic 模型以及累计 logit 模型有所区别。如果想要改变参照类，如以患病类型中的慢性肠炎为参照类别，则只需要进行一定的设置即可。

Model Fit Statistics

Criterion	Intercept Only	Intercept and Covariates
AIC	97.707	37.675
SC	101.862	45.985
−2 Log L	93.707	29.675

Testing Global Null Hypothesis: BETA = 0

Test	Chi-Square	DF	Pr > ChiSq
Likelihood Ratio	64.0322	2	<0.0001
Score	45.2619	2	<0.0001
Wald	9.7565	2	0.0076

以上是第二部分，模型拟合统计量和对整个模型进行检验的结果。由拟合统计量可以看出，包含自变量的模型要优于只包含截距项的模型；在对整个模型进行的检验中，三种检验方法的结果都表明有统计学意义。

Type 3 Analysis of Effects

Effect	DF	Wald Chi-Square	Pr > ChiSq
age	2	9.7565	0.0076

以上是第三部分，对各个自变量所产生的效应进行分析的结果。这部分显示了各个自变量对结果变量的"整体"作用，该检验的原假设为原因变量对所有 logit 中的任何一个都没有作用。可以看出，年龄对于结果变量的影响有统计学意义。

Analysis of Maximum Likelihood Estimates

Parameter	y	DF	Estimate	Standard Error	Wald Chi-Square	Pr > ChiSq
Intercept	1	1	17.8582	6.2950	8.0479	0.0046
Intercept	2	1	11.1791	5.6660	3.8928	0.0485
age	1	1	−0.3620	0.1187	9.2979	0.0023
age	2	1	−0.2240	0.1000	5.0191	0.0251

Odds Ratio Estimates

Effect	y	Point Estimate	95% Wald Confidence Limits	
age	1	0.696	0.552	0.879
age	2	0.799	0.657	0.972

以上是第四部分，参数估计的结果。作为因变量的患病类型有三个水平，需要建立两个 logit 模型，每个 logit 模型对应一组参数，所以共有两组参数估计值。用 $P(y=1)$、$P(y=2)$ 和

$P(y=3)$分别表示患肠炎、慢性肠炎和结肠炎的概率，模型的表达式可写为

$$\ln\left[\frac{P(y=1)}{P(y=3)}\right] = 17.8582 - 0.362\text{age}$$

$$\ln\left[\frac{P(y=2)}{P(y=3)}\right] = 11.1791 - 0.224\text{age}$$

某受试对象患三种疾病类型的概率分别为

$$P(y=1) = \frac{e^{17.8582-0.362\text{age}}}{1 + e^{17.8582-0.362\text{age}} + e^{11.1791-0.224\text{age}}}$$

$$P(y=2) = \frac{e^{11.1791-0.224\text{age}}}{1 + e^{17.8582-0.362\text{age}} + e^{11.1791-0.224\text{age}}}$$

$$P(y=3) = \frac{1}{1 + e^{17.8582-0.362\text{age}} + e^{11.1791-0.224\text{age}}}$$

专业结论：结合实际资料可以看到，患病类型与年龄有关系，年龄较大者更易患结肠炎。

4.4.6　对例 4-6 的资料进行扩展的多重 logistic 回归分析

对例 4-6 进行扩展的多重 logistic 回归，SAS 程序(程序名为 TJFX4_6.SAS)如下：

```
data tjfx4_6;          /* 1* /
   do a = 1 to 2;
   do b = 1 to 2;
   do c = 1 to 3;
      input f @@ ;
      output;
   end; end; end;
cards;
52   7   2
34   8   1
23  19   4
18  11   3
;

ods html;
proc catmod;           /* 2* /
   weight f;
   model c = a b;
run;
proc catmod;           /* 3* /
   weight f;
   model c = a;
run;
ods html close;
```

【程序说明】　第 1 步，建立数据集 tjfx4_6，a 表示疾病类型，a = 1 表示甲，a = 2 表示乙；b 表示患者性别，b = 1 表示男性，b = 2 表示女性；c 表示药物种类，c = 1 表示中药，c = 2 表示西药，c = 3 表示复方药。第 2 步，过程步使用 catmod 过程实现扩展的多重 logistic 回归分析。

【输出结果及解释】

CATMOD 过程

Maximum Likelihood Analysis of Variance

Source	DF	Chi-Square	Pr > ChiSq
Intercept	2	70.36	< 0.0001
a	2	18.03	0.0001
b	2	0.03	0.9834
Likelihood Ratio	2	1.42	0.4905

Analysis of Maximum Likelihood Estimates

Parameter	Function Number	Estimate	Standard Error	Chi-Square	Pr > ChiSq

Intercept		1	2.5645	0.3640	49.63	<0.0001
		2	1.5403	0.3856	15.96	<0.0001
a	1	1	0.7939	0.3579	4.92	0.0265
	1	2	0.0768	0.3796	0.04	0.8397
b	1	1	−0.0146	0.3406	0.00	0.9657
	1	2	−0.0455	0.3563	0.02	0.8985

统计和专业结论：由结果第一部分可得出 a 变量（疾病类型）对结果变量 c 是有意义的，表明不同疾病患者所用的药物种类频数构成之间的差别有统计学意义。因此，可以认为患甲病的病人所用的药物种类频数构成与患乙病的病人相比是不同的。

b 变量是无意义的。因此将程序中第 2 步"model c = a b"在第 3 步中修改为"model c = a"，运行结果如下：

Maximum Likelihood Analysis of Variance

Source	DF	Chi-Square	Pr > ChiSq
Intercept	2	72.86	<0.0001
a	2	18.02	0.0001
Likelihood Ratio	0		

Analysis of Maximum Likelihood Estimates

Parameter	Function Number	Estimate	Standard Error	Chi-Square	Pr > ChiSq
Intercept	1	2.5617	0.3578	51.25	<0.0001
	2	1.5324	0.3795	16.30	<0.0001
a	1	1	0.7940	0.3578	4.92	0.0265
	1	2	0.0771	0.3795	0.04	0.8391

模型表达式为

$$\ln \frac{P(\text{zhongyao} \mid X)}{P(\text{fufangyao} \mid X)} = \alpha_1 + \beta_1 A = 2.5617 + 0.7940A$$

$$\ln \frac{P(\text{xiyao} \mid X)}{P(\text{fufangyao} \mid X)} = \alpha_2 + \beta_1 A = 1.5324 + 0.0771A$$

三种药物种类概率的计算公式为

$$P(\text{zhongyao} \mid X) = \frac{e^{\alpha_1 + \beta_1 A}}{1 + e^{\alpha_1 + \beta_1 A} + e^{\alpha_2 + \beta_1 A}} = \frac{e^{2.5617 + 0.7940A}}{1 + e^{2.5617 + 0.7940A} + e^{1.5324 + 0.0771A}}$$

$$P(\text{xiyao} \mid X) = \frac{e^{\alpha_2 + \beta_1 A}}{1 + e^{\alpha_1 + \beta_1 A} + e^{\alpha_2 + \beta_1 A}} = \frac{e^{1.5324 + 0.0771A}}{1 + e^{2.5617 + 0.7940A} + e^{1.5324 + 0.0771A}}$$

$$P(\text{fufangyao} \mid X) = \frac{1}{1 + e^{\alpha_1 + \beta_1 A} + e^{\alpha_2 + \beta_1 A}} = \frac{1}{1 + e^{2.5617 + 0.7940A} + e^{1.5324 + 0.0771A}}$$

当受试对象患乙病时，使用复方药的概率为

$$P = \frac{1}{1 + e^{\alpha_1 + \beta_1 A} + e^{\alpha_2 + \beta_1 A}} = \frac{1}{1 + e^{2.5617 + 0.7940 \times 0} + e^{1.5324 + 0.0771 \times 0}} = 0.0538$$

专业结论：结合实际资料可以看到，药物种类条件下患者的分布与疾病类型有关，而与性别因素无关。

4.5　logistic 回归分析基本概念

　　Logistic 回归在流行病学和生物医学中较常见，是一种非线性概率型回归模型，属于广义线性模型范畴，它是研究多个自变量和定性结果变量之间关系的一种强有力的统计分析方法。其自变量的个数和性质是任意的，而结果变量是定性的，结果变量可以是二值的（如发病/未发病），也可以是多值有序的（如病情，轻/中/重）或多值名义的（如不同药物种类）。此方法可用于筛选某病的危险因素、根据建立的 logistic 模型预测某病发生的概率、校正混杂因素等。

4.6　logistic 回归分析原理概述

4.6.1　基本模型

　　以二值资料 logistic 回归为例。用 Y 代表因变量，其取值为 0 和 1，分别表示发生阴性与阳性结果，X_1、X_2、$\cdots$、X_m 分别代表 m 个自变量。设 $P(Y=1 \mid X_1, X_2, \cdots, X_m)$ 表示在自变量 X_1、X_2、$\cdots$、X_m 存在的条件下出现阳性结果的概率，简记为 P，则多重 logistic 回归模型可以表示为

$$P = \frac{\exp(\beta_0 + \beta_1 X_1 + \beta_2 X_2 + \cdots + \beta_m X_m)}{1 + \exp(\beta_0 + \beta_1 X_1 + \beta_2 X_2 + \cdots + \beta_m X_m)} \tag{4-1}$$

式中，β_0 为常数项；β_1、β_2、$\cdots$、β_m 分别为各个自变量所对应的回归系数。与之等价的模型形式为

$$P = \frac{1}{1 + \exp\left[-(\beta_0 + \beta_1 X_1 + \beta_2 X_2 + \cdots + \beta_m X_m)\right]} \tag{4-2}$$

　　若阳性结果发生的概率为 P，则阴性结果发生的概率为 $1-P$。P 与 $1-P$ 之比叫作优势，对这个比值取自然对数，称为对 P 作 logit 变换，表示为

$$\text{logit}(P) = \ln \frac{P}{1-P} \tag{4-3}$$

　　由此 logistic 模型又可以表示为如下形式：

$$\text{logit}(P) = \beta_0 + \beta_1 X_1 + \beta_2 X_2 + \cdots + \beta_m X_m \tag{4-4}$$

概率 P 与自变量 X_1、X_2、$\cdots$、X_m 之间的关系是非线性的，但是 $\text{logit}(P)$ 和自变量之间呈线性关系。

　　Logistic 回归模型中各参数都有明确的实际意义，回归系数 β_i 表示在其他影响因素不变的情况下，自变量 X_i 每变化一个单位时所引起的 $\text{logit}(P)$ 的改变量，X_i 对应的优势比 OR_i 为

$$OR_i = \exp\beta_i \tag{4-5}$$

当某种疾病的发病率或死亡率很低时，可以用优势比 OR 近似地估计相对危险度 RR。

　　同多重线性回归相似，当比较影响因素对因变量相对贡献大小时，由于各自变量取值单位不同，也不能用回归系数的大小作比较，而需用标准化回归系数来作比较。

4.6.2　模型估计

　　Logistic 回归通常采用最大似然估计法对参数进行估计，其基本思想为：首先建立样本的似然函数或者对数似然函数，使似然函数（或对数似然函数）最大时的参数的取值称为最大似

然估计值。与似然函数相比，对数似然函数的表达式比较简单，用对数似然函数取一阶导数来求解参数，采用迭代法（最常用的为 Newton-Raphson 方法）得出参数的估计值和标准误。

4.6.3 logistic 回归方程和偏回归系数的假设检验

1. 回归方程的假设检验

在估计出回归系数以后，仍然要对其进行假设检验，即对全部回归系数是否均为 0 做出检验，常用的检验方法有似然比检验、计分检验和 Wald 检验。

2. 偏回归系数的假设检验

偏回归系数的假设检验的目的是检验回归模型中自变量 X_i 的系数是否为零，等价于总体优势比 OR 是否为 1。假设如下：

$$H_0 : \beta_i \text{ 等于零。} \qquad H_1 : \beta_i \text{ 不等于零。}$$

常用的检验方法有似然比检验、计分检验和 Wald 检验。

4.6.4 模型评价

最后一步是对建立的 logistic 回归方程进行拟合优度检验来检查模型是否与实际数据相符合。拟合优度统计量有 Pearsonχ^2、偏差（deviance）、Hosmer-Lemeshow 统计量、AIC 和 BIC 等。最常用的两个检验是 Pearsonχ^2 检验和偏差检验。

1. Pearsonχ^2

Pearsonχ^2 通过比较模型预测的和实际观察到的事件发生与不发生的频数检验模型与实际资料是否吻合。当该统计量很小时，对应的 P 值大于规定的显著性水平，显示预测值和观测值之间差异没有统计学意义，说明模型较好地拟合了数据；当该统计量很大时，P 值小于显著性水平，则说明拟合效果不佳。

2. 偏差

偏差统计量在样本含量较大时服从 χ^2 分布。与 Pearsonχ^2 相似，当偏差统计量较小，检验结果为差异无统计学意义时，说明模型对资料的拟合效果较好；反之则提示拟合效果较差。

3. Hosmer-Lemeshow 统计量

当自变量数量增加时，尤其是连续自变量纳入模型之后，自变量组合方式的数量便会很大，于是许多组合方式下只有很少的观测例数，在这种情况下 Pearsonχ^2 和偏差不再适用于评价拟合优度。此时可以采用 Hosmer-Lemeshow 统计量来度量模型的拟合优度。

Hosmer-Lemeshow 统计量（记为 HL）是一种类似于 Pearsonχ^2 统计量的指标。该统计量对应的 P 值大于规定的显著性水平，说明模型对资料的拟合较好；反之，则拟合不好。

4. 信息测量指标

信息测量指标包括 Akaike 信息准则（AIC）和贝叶斯信息准则（BIC），这两个指标在其他众多模型的评价中都可以看到，其取值越小，说明模型对资料的拟合越好。

4.6.5 变量筛选

Logistic 回归与线性回归一样，也需对自变量进行筛选，剔除没有统计学意义的自变量，只保留对 logistic 回归方程具有统计学意义的自变量,其基本过程也与线性回归相似。筛选自变量的方法主要有向前选择法(forward)、向后剔除法(backword)、逐步筛选法(stepwise)和最优子集法(score)。有时选用不同的变量筛选方法得到的模型可能会不同,可以多采用几种方法并结合解释性进行判定。

4.7 本 章 小 结

Logistic 回归属于概率型回归,其应用范围很广,不仅适用于流行病学上病因学的分析,还可用于临床疗效评价、卫生服务研究等。它适用于因变量是定性变量的情形,对自变量的数目、性质没有特殊要求。本章主要介绍了二值、多值有序和多值名义资料 logistic 回归分析的 SAS 实现、结果解释和基本原理。

参 考 文 献

[1] 胡良平.医学统计学—运用三型理论分析定量与定性资料[M].北京:人民军医出版社,2009:352-387.

[2] 郭祖超.医用数理统计方法[M]. 3 版.北京:人民卫生出版社,1988:718-729.

[3] 王济川,郭志刚.Logistic 回归模型——方法与应用[M].北京:高等教育出版社,2001:14-249.

[4] 胡良平.SAS 实验设计与统计分析[M].北京:人民卫生出版社,2010:306-324.

[5] SAS Institute Inc. SAS/STAT 9. 2 User's Guide. Cary. 2008:3254-3474.

[6] 胡良平.SAS 统计分析教程[M].北京:电子工业出版社,2010:332-343.

[7] Hosmer DW, Lemeshow S. Applied logistic regression. 2nd edition. John Wiley & Sons Inc. , 2000:288-308.

[8] Kleinbaum DG, Klein M. Logistic regression:a self-learning text. 2nd edition. New York:Springer – Verlag Inc. , 2002:227-265.

第5章 非配对设计二水平多重 logistic 回归分析

具有层级结构的数据是普遍存在的，如常见的具有一个重复测量的两因素设计定量资料。这类数据不只存在于定量资料中，定性资料中也较为常见。本章将介绍如何用 SAS 软件实现非配对设计二水平多重 logistic 回归分析。

5.1 问题与数据

【例5-1】 某临床研究中，研究者选择16所医院同时开展试验，每所医院均选取受试者120人，在医院内随机等分为两组，分别接受试验药物和对照药物的治疗，治疗结果见表5-1，试比较两种药物的疗效。

表5-1 多中心临床试验数据

医院编号	药物种类	例数		
		疗效:	成功	失败
1	试验药		42	18
	对照药		28	32
2	试验药		37	23
	对照药		29	31
3	试验药		51	9
	对照药		22	38
4	试验药		46	14
	对照药		37	23
5	试验药		39	21
	对照药		38	22
6	试验药		29	31
	对照药		25	35
7	试验药		40	20
	对照药		29	31
8	试验药		28	32
	对照药		12	48
9	试验药		47	13
	对照药		38	22
10	试验药		29	31
	对照药		25	35
11	试验药		36	24
	对照药		25	35
12	试验药		41	19
	对照药		18	42
13	试验药		39	21
	对照药		17	43

续表

医院编号	药物种类	例数		
		疗效：	成功	失败
14	试验药		32	28
	对照药		26	34
15	试验药		35	25
	对照药		15	45
16	试验药		30	30
	对照药		30	30

【例5-2】 研究者选择 16 所医院同时开展临床试验，每所医院均选取受试者 200 人，在医院内随机等分为两组，分别接受试验药物和对照药物的治疗，治疗结果见表 5-2，试比较两种药物的疗效。

表 5-2 多中心临床试验数据

医院编号	药物种类	例数		
		疗效：	好	一般	差
1	试验药		42	40	18
	对照药		28	21	51
2	试验药		37	27	36
	对照药		29	19	52
3	试验药		51	5	44
	对照药		22	45	33
4	试验药		46	25	29
	对照药		37	30	33
5	试验药		39	41	20
	对照药		38	25	37
6	试验药		29	30	41
	对照药		25	15	60
7	试验药		40	18	42
	对照药		29	2	69
8	试验药		28	17	55
	对照药		12	25	63
9	试验药		47	6	47
	对照药		38	38	24
10	试验药		29	27	44
	对照药		25	13	62
11	试验药		36	25	39
	对照药		25	5	70
12	试验药		41	46	13
	对照药		18	7	75
13	试验药		39	18	43
	对照药		17	19	64
14	试验药		32	25	43
	对照药		26	10	64
15	试验药		35	20	45
	对照药		15	20	65
16	试验药		30	23	47
	对照药		30	17	53

【例5-3】　资料同例5-2中的资料。现假设响应变量疗效为多值名义变量,试比较两种药物的疗效。

5.2　对数据结构的分析

例5-1的资料中,研究者欲考察试验药与对照药治疗某病的疗效,试验在16个不同的医院进行。资料中涉及两个原因变量:医院和药物种类,响应变量为二值变量,所以该资料为响应变量为二值变量的三维列联表资料。

例5-2的资料中,以列联表形式展现了3200名受试者的状况。研究者欲探讨试验药与对照药治疗某病的疗效,所以疗效为响应变量,而其他各因素为解释变量。该资料为响应变量为多值有序变量的三维列联表资料。

对于例5-3,研究者欲探讨试验药与对照药治疗某病的疗效,所以疗效为响应变量,而其他各因素为解释变量。疗效包括三个水平,现假设其为多值名义变量,所以资料为响应变量为多值名义变量的三维列联表资料。

5.3　统计分析目的与分析方法选择

一般而言,响应变量为二值变量的高维列联表资料可采用一般logistic回归分析,但此法要求所有观测结局相互独立。例5-1的资料为多中心临床试验资料,由于医院诊治水平、专业特长等的影响,不同医院对同一疾病的治疗效果可能会有差异,而同一医院相同疾病的治疗效果也并不完全独立。所以,可考虑采用多水平logistic回归模型分析,这样可将传统模型中的随机误差分解到与数据层级结构相应的水平上,使得个体的随机误差更纯。

由表5-2可知,疗效包括三个水平,为多值有序变量,一般可采用累计logistic回归分析处理该资料。但由于同一医院内的受检者存在一定程度的相似性,最好采用多水平累计logistic回归模型进行分析。其中,医院为二水平单位,受检者为一水平单位。

对于例5-3中的资料,一般可采用扩展的logistic回归分析处理该资料。但由于同一调查点内的受检者存在一定程度的相似性,最好采用多水平扩展的logistic回归模型进行分析。其中,医院为二水平单位,受检者为一水平单位。

5.4　用SAS软件对实例进行解析

5.4.1　用SAS软件对非配对设计二分类资料进行二水平多重logistic回归分析

对5-1进行多重logistic回归分析,SAS程序(程序名为TJFX5_1.SAS)如下:

```
data tjfx5_1;                /* 1* /
  do hospital =1 to 16;
  do drug =0 to 1;
  do y =0 to 1;
  input f @@ ;
  do i =1 to f;
  output;
  end;  end;  end;  end;
  cards;
```

```
42  18  28  32  37  23  29  31  51   9
22  38  46  14  37  23  39  21  38  22
29  31  25  35  40  20  29  31  28  32
12  48  47  13  38  22  29  31  25  35
36  24  25  35  41  19  18  42  39  21
17  43  32  28  26  34  35  25  15  45
30  30  30  30
;
run ;
ods html;
proc glimmix method = rspl;      /* 2* /
  class hospital;
  model y(event = '0') =/s dist = binary link = logit ddfm = bw;
  random int/sub = hospital;
run;
proc nlmixed;                      /* 3* /
  parms b0 = 0.1182 V_u0 = 0.1403;
  z = b0 + u0j;
  if (y = 0) then p = exp(z)/(1 + exp(z));
  else p = 1 - (exp(z)/(1 + exp(z)));
  ll = log(p);
  model y ~ general(ll);
  random u0j ~ normal(0, V_u0) sub = hospital;
  estimate 'ICC' V_u0/(V_u0 + 3.289868134);
run;
proc glimmix method = rspl;                /* 4* /
  class hospital;
  model y(event = '0') = drug/s dist = binary link = logit ddfm = bw;
  random int/sub = hospital;
run;
proc nlmixed;                      /* 5* /
  parms b0 = 0.5302 b1 = - 0.8143 V_u0 = 0.1536;
  z = b0 + b1* drug + u0j;
  if (y = 0) then p = exp(z)/(1 + exp(z));
  else p = 1 - (exp(z)/(1 + exp(z)));
  ll = log(p);
  model y ~ general(ll);
  random u0j ~ normal(0, V_u0) sub = hospital;
run;
ods html close;
```

【程序说明】　　该程序共5步，包括1个数据步和4个过程步。程序第2步、第3步是建立不含任何解释变量的空模型，以计算 ICC 值。程序第4步、第5步是建立包含解释变量 drug 的随机截距模型。程序第2步与第3步、第4步与第5步均为建立相同的模型，但所调用的过程不同。GLIMMIX 过程的计算结果与 NLMIXED 过程的结果会略有差异，前者运算速度较快，用法简单，但评估模型拟合效果时使用虚拟的对数似然值（- 2 Res Log Pseudo - Likelihood），而非真实值，不能用于模型的比较，且现行版本的 SAS 软件中 GLIMMIX 过程没有提供随机效应的显著性检验，虽有随机系数方差的参数估计值及标准误，但二者的比值只能作为参考，不

能采用 t 检验计算相应的 P 值。NLMIXED 过程可以提供真实的对数似然值，并对随机效应提供了显著性检验的结果，也可以通过似然比检验对嵌套模型的拟合效果进行比较，但其用法较为复杂，需设置模型和参数的初始值，不便于使用。因此，一般以 GLIMMIX 过程得到的参数估计值作为 NLMIXED 过程的模型参数初始值，最后以 NLMIXED 过程的结果为准。对于相对简单的模型而言，NLMIXED 过程对参数初始值并不敏感，此时采用其默认的初始值 1 即可。

GLIMMIX 过程中，SAS 默认的参数估计方法为限制性/残差虚拟似然函数法（RSPL），可通过"method ="选项设定，另一可选的参数估计方法为最大似然法（ML）。model 语句用来设定模型的固定效应，等号左边为响应变量，等号右边为解释变量，如等号右边无任何解释变量，则模型为空模型。此语句中"dist ="选项的默认值为"dist = binomial"，即二项式分布，此时模型分析二值响应变量水平值较大的那个水平发生的概率，不便于调整。若使用"dist = binary"选项，则可在响应变量后面加一个括号，使用"event = ' '"来设定具体计算哪个水平发生的概率。本例中，y 的取值为 0 和 1，0 代表成功，1 代表失败，故可使用"event = '0'"来设定模型计算治疗成功的概率。"link = logit"选项设定模型的连接函数为 logit 函数，"ddfm = bw"设定固定效应显著性检验中分母自由度的计算方法。random 语句用来设定模型的随机效应。

NLMIXED 过程的用法较为复杂，需通过 SAS 语句构造出参考模型，并通过 parms 语句给出模型参数的初始值。如程序第 3 步，即构造 5.6 节中的空模型。以 $z = b0 + u0j$ 表达式（5-6），以 p 表示治疗的成功率，$ll = \log(p)$ 语句定义模型的对数似然函数。然后，使用 model 语句中的"general( )"选项构造广义分布，因 ll 为对数似然函数，所以 y ~ general(ll) 可通过设定广义对数似然函数来设置 y 的条件概率分布。random 语句指定 u0j 服从均值为 0、方差为 V_u0 的正态分布，"sub ="选项指定组变量。estimate 语句用来估计某些统计量的值，并对其进行假设检验。

调用 NLMIXED 过程运行包含解释变量的随机截距 – 斜率模型，所用程序较 TJFX5_1. SAS 第 5 步有较大修改。参考程序如下：

```
proc nlmixed;
  parms b0 = b1 =  V_u0 =  Cov_u01 =  V_u1 =;
  z = b0 + b1* drug + u0j + u1j;
  if(y = 0) then p = exp(z)/(1 + exp(z));
  else p = 1 - (exp(z)/(1 + exp(z)));
  ll = log(p);
  model y ~ general(ll);
  random u0j u1j ~ normal([0, 0], [V_u0, Cov_u01, V_u1]) sub = hospital;
run;
```

其中，b0、b1、V_u0、Cov_u01、V_u1 分别相当于 5.6 节中式（5-14）中的 β_0、β_1、μ_{0j} 的方差、μ_{0j} 与 μ_{1j} 之间的协方差、μ_{1j} 的方差。当然，parms 语句中这些参数的等号右边均应填入相应的初始值。

【输出结果及解释】

以下是第 1 个过程步的输出结果，即调用 GLIMMIX 过程运行空模型的结果。

Model Information

Data Set	WORK. TJFX5_1
Response Variable	y

Response Distribution	Binary
Link Function	Logit
Variance Function	Default
Variance Matrix Blocked By	hospital
Estimation Technique	Residual PL
Degrees of Freedom Method	Between-Within

这是模型拟合的有关信息。所分析的数据集为临时数据集 TJFX5_1，响应变量为 y，响应变量分布为二项分布（binary），采用的模型估计方法为 RSPL，固定效应显著性检验中分母自由度的计算方法为 Between-Within 法。

Response Profile

Ordered Value	y	Total Frequency
1	0	1015
2	1	905

The GLIMMIX procedure is modeling
the probability that y = 0．

以上模型构建是以"y = 0"为基础的，即计算"y = 0"发生的概率模型。

Iteration History

Iteration	Restarts	Subiterations	Objective Function	Change	Max Gradient
0	0	5	8231.3841154	0.35565245	0.000032
1	0	1	8181.6220118	0.00369025	0.001334
2	0	1	8182.3755483	0.00007441	5.987E−7
3	0	1	8182.3787339	0.00000023	3.988E−9
4	0	0	8182.3787429	0.00000000	4.578E−8

Convergence criterion (PCONV = 1.11022E−8) satisfied.

以上是迭代史，3 次迭代后，模型成功收敛。

Fit Statistics

−2 Res Log Pseudo-Likelihood	8182.38
Generalized Chi-Square	1906.63
Gener. Chi-Square / DF	0.99

以上是模型拟合的有关信息，第一行即为 −2 倍的限制性/残差虚拟对数似然值，此统计量不能用于不同模型的比较。

Covariance Parameter Estimates

Cov Parm	Subject	Estimate	Standard Error
Intercept	hospital	0.1403	0.06430

以上是协方差参数估计的结果，给出了随机效应方差的估计值及相关假设检验的结果。可见，随机截距方差（即 $\sigma_{\mu_0}^2$）的估计值为 0.1403，标准误为 0.0643。但此处未给出随机截距方差是否为 0 的假设检验结果，故没有客观依据判定 $\sigma_{\mu_0}^2$ 与 0 之间的差异是否有统计学意义。

Solutions for Fixed Effects

Effect	Estimate	Standard Error	DF	t Value	Pr > |t|
Intercept	0.1182	0.1045	15	1.13	0.2758

以上是固定效应的解。因为此过程步运行的是空模型，所以这里只有一个固定效应，即截距，其值为 0.1182，表示 y = 0 的总平均 logit 值为 0.1182。

以下是第 2 个过程步的输出结果，即调用 NLMIXED 过程运行空模型的结果。

Fit Statistics

−2 Log Likelihood	2620.5
AIC（smaller is better）	2624.5
AICC（smaller is better）	2624.5
BIC（smaller is better）	2626.0

这是模型拟合的有关信息，包括三种信息标准的估计值和 −2 倍的对数似然值。这些统计量本身不能说明模型拟合的优劣，但可用于不同模型的比较。

Parameter Estimates

Parameter	Estimate	Standard Error	DF	t Value	Pr > |t|	Alpha	Lower	Upper	Gradient
b0	0.1189	0.1017	15	1.17	0.2608	0.05	−0.09793	0.3356	−0.00006
V_u0	0.1309	0.05920	15	2.21	0.0429	0.05	0.004756	0.2571	0.000562

以上是模型中参数的估计结果，包括固定效应和随机效应的参数估计值及相应的假设检验结果。注意，随机效应假设检验给出的是双侧检验的结果，而实际上检验方差是否为 0 应采用单侧检验，故此处所得的 P 值应除以 2 才是正确的值，后同。V_u0 对 $\sigma_{\mu_0}^2$ 与 0 之间的差异有统计学意义，分析时应采用多水平 logistic 回归模型分析。

Additional Estimates

Label	Estimate	Standard Error	DF	t Value	Pr > |t|	Alpha	Lower	Upper
ICC	0.03828	0.01664	15	2.30	0.0362	0.05	0.002803	0.07376

以上是 ICC 的计算结果。其值为 0.03828，对应的 P 值为 0.0362 < 0.05，说明数据存在一定的组内同质性，需采用多水平 logistic 模型分析该资料。

以下是第 3 个过程步的输出结果，即调用 GLIMMIX 过程运行含解释变量 drug 的随机截距模型的结果。可见，$\sigma_{\mu_0}^2$ 值为 0.1536，截距项为 0.5302，解释变量系数为 −0.8143。

Covariance Parameter Estimates

Cov Parm	Subject	Estimate	Standard Error
Intercept	hospital	0.1536	0.06973

Solutions for Fixed Effects

Effect	Estimate	Standard Error	DF	t Value	Pr > |t|

Intercept	0.5302	0.1191	15	4.45	0.0005
drug	− 0.8143	0.09469	1903	− 8.60	< 0.0001

以下是第 4 个过程步的输出结果，即调用 NLMIXED 过程运行含解释变量 drug 的随机截距模型的结果。可见，截距项为 0.5334，解释变量系数为 − 0.8192，$\sigma_{\mu_0}^2$ 值为 0.1435。另外，由以下"Fit Statistics"部分结果可知，− 2 倍的对数似然值为 2544.5；由"Parameter Estimates"部分结果可知，模型中共包含三个参数。

Fit Statistics

− 2 Log Likelihood	2544.5
AIC（smaller is better）	2550.5
AICC（smaller is better）	2550.5
BIC（smaller is better）	2552.8

Parameter Estimates

Parameter	Estimate	Standard Error	DF	t Value	Pr > |t|	Alpha	Lower	Upper	Gradient
b0	0.5334	0.1166	15	4.58	0.0004	0.05	0.2849	0.7819	− 9.5E − 6
b1	− 0.8192	0.09508	15	− 8.62	< 0.0001	0.05	− 1.0219	− 0.6166	− 1.44E − 6
V_u0	0.1435	0.06422	15	2.23	0.0411	0.05	0.006616	0.2804	0.00042

解释变量 drug 的系数为 − 0.8192，且与 0 的差异有统计学意义（$P < 0.05$），说明试验药组与对照药组的疗效确有统计学差异。因 exp（− 0.8192）= 0.44078，所以对照药组治疗成功率是试验药组治疗成功率的 0.44078（即试验药组治疗成功率为对照药组治疗成功率的 2.269 倍）。随机截距的方差 V_u0 估计值为 0.1435，与 0 的差异有统计学意义（$P = 0.0411/2 < 0.05$），说明水平 1 截距跨中心变异显著，即不同中心 μ_{0j} 值存在差异。

5.4.2　用 SAS 软件对非配对设计多值有序分类资料进行二水平多重 logistic 回归分析

对例 5-2 进行多重 logistic 回归分析，SAS 程序（程序名为 TJFX5_2.SAS）如下：

```
data tjfx5_2;          /* 1* /
  do hospital =1 to 16;
do drug =0 to 1;
  do y =1 to 3;
  input f @@ ;
  do i =1 to f;
output;
  end; end; end; end;
cards;
42  40  18
28  21  51
37  27  36
29  19  52
51  5   44
22  45  33
```

```
ods html;
proc glimmix noclprint;          /* 2* /
  class hospital;
  model y = drug/s dist = multi link = clogit
ddfm =bw;
  random int/subject = hospital type =chol;
  nloptions tech =nrridg;
run;

proc nlmixed;                    /* 3* /
  parms b0 = − 0.4866 b1 = − 0.6491 V_u0 =
0.3205;
  bounds b >0;
  z =b0 +b1* drug +u0j;
  if y =1 then p =exp(z)/(1 +exp(z));
```

```
46  25  29          else if y = 2 then p = exp(b + z)/(1 + exp(b +
37  30  33          z)) - exp(z)/(1 + exp(z));
39  41  20          else p = 1 - exp(b + z)/(1 + exp(b + z));
38  25  37          ll = log(p);
29  30  41          model y ~ general(ll);
25  15  60          random u0j ~ normal(0, V_u0) subject = hos-
40  18  42      pital;
29   2  69          estimate 'int2' b + b0;
28  17  55      run;
12  25  63      ods html close;
47   6  47
38  38  24
29  27  44
25  13  62
36  25  39
25   5  70
41  46  13
18   7  75
39  18  43
17  19  64
32  25  43
26  10  64
35  20  45
15  20  65
30  23  47
30  17  53
;
run ;
```

　　【程序说明】　　程序第 1 步为数据步，第 2 步是调用 GLIMMIX 过程运行模型，model 语句中设置 y 变量为响应变量，"dist = multi"选项和"link = clogit"选项分别设定分布为多项式分布，连接函数为累积 logit 函数；random 语句用来设定随机效应，"type = chol"选项采用 Cholesky 分解法设定 G 矩阵，目的是确保 G 矩阵具有正特征根，以保证模型参数估计的稳定。第 3步与第 2 步运行相同的模型，不过此处是调用 NLMIXED 过程，parms 语句中需给出模型中有关参数的初始值，此处以第 2 步所得参数的估计值为初始值。

　　【输出结果及解释】

　　以下是 GLIMMIX 过程的输出结果。

Model Information

Data Set	WORK. TJFX5_2
Response Variable	y
Response Distribution	Multinomial（ordered）
Link Function	Cumulative Logit
Variance Function	Default
Variance Matrix Blocked By	hospital
Estimation Technique	Residual PL
Degrees of Freedom Method	Between – Within

　　这是模型拟合的有关信息。所分析的数据集为临时数据集 TJFX5_2，响应变量为 y，响应变量分布为多项式分布(Multinomial (ordered))，采用的模型估计方法为 RSPL，固定效应显著性检验中分母自由度的计算方法为 Between-Within 法。

Response Profile

Ordered Value	y	Total Frequency
1	1	1015
2	2	704
3	3	1481

The GLIMMIX procedure is modeling the probabilities of levels of y having lower
Ordered Values in the Response Profile table.

　　以上模型构建是以"y = 1"为基础的，即以"y = 1"为参照水平。

Optimization Information

Optimization Technique	Newton – Raphson with Ridging
Parameters in Optimization	1
Lower Boundaries	1
Upper Boundaries	0
Fixed Effects	Profiled
Starting From	Data

　　以上是模型的优化信息。采用的优化技术为 Newton-Raphson 岭稳定法。

Iteration History

Iteration	Restarts	Subiterations	Objective Function	Change	Max Gradient
0	0	2	20295.513559	0.06737333	0.000577
1	0	2	20431.287667	0.00641277	9.177E – 7
2	0	1	20439.366021	0.00013264	2.778E – 6
3	0	1	20439.681239	0.00004220	1.87E – 7
4	0	1	20439.720725	0.00000122	9.22E – 11
5	0	1	20439.72233	0.00000029	1.682E – 9
6	0	0	20439.722588	0.00000001	4.888E – 7

Convergence criterion (PCONV = 1.11022E – 8) satisfied.

　　以上是迭代史，6 次迭代后，模型成功收敛。

Fit Statistics

– 2 Res Log Pseudo-Likelihood	20439.72

　　以上是模型拟合的有关信息，给出了 – 2 倍的限制性/残差虚拟对数似然值，此统计量不能用于不同模型的比较。

Covariance Parameter Estimates

Cov Parm	Subject	Estimate	Standard Error
CHOL(1, 1)	hospital	0.3205	0.06881

以上是方差/协方差参数估计的结果，给出了随机效应方差的估计值及相关假设检验的结果。可见，随机截距方差（即 $\sigma^2_{\mu_0}$）的估计值为 0.3205，标准误为 0.06881。但此处未给出随机截距方差是否为 0 的假设检验结果，故没有客观依据判定 $\sigma^2_{\mu_0}$ 与 0 之间的差异是否有统计学意义。

Solutions for Fixed Effects

Effect	y	Estimate	Standard Error	DF	t Value	Pr > |t|
Intercept	1	−0.4866	0.09417	14	−5.17	0.0001
Intercept	2	0.4716	0.09413	14	5.01	0.0002
drug		−0.6491	0.06739	3183	−9.63	<0.0001

以上是固定效应假设检验的结果。可见，模型有两个截距项，这是因为响应变量疗效有三个水平。根据相关原理，响应变量为 K 水平的多层累计 logistic 回归模型中，将有 $(K-1)$ 个 logit 函数式，这些函数式中，有 $(K-1)$ 个不同的截距，但有一组相同的协变量系数估计值。因模型构建是以"y=1"为基础的，故截距值 −0.4866 表示所有协变量均取 0 值时，疗效为好和差的对数发生比；截距值 0.4716 表示所有协变量均取 0 值时，疗效为好和一般的对数发生比。drug 的系数为 −0.6491，因 $\exp(-0.6491)=0.52252$，所以对照药组治疗效果好的概率是试验药组的 0.52252（即试验药组疗效好的概率为对照药组的 1.914 倍）。

Type III Tests of Fixed Effects

Effect	Num DF	Den DF	F Value	Pr > F
drug	1	3183	92.76	<0.0001

以上是分类变量整体效应假设检验的结果。若分类变量未在 class 语句中列出，则 mixed 过程将它视为连续型变量，其检验结果与固定效应假设检验结果基本相同（两部分结果中 P 值相同，区别仅在于固定效应假设检验部分给出 t 统计量，而此处给出 F 统计量）。

此结果表明，两种药物疗效之间的差别具有统计学意义。

以下是 NLMIXED 过程的输出结果。

Parameters

b0	b1	V_u0	b	NegLogLike
−0.4866	−0.6491	0.3205	1	3303.95376

这是 NLMIXED 过程中 parms 语句给出的各参数的初始值，依据是程序第 2 步中 GLIMMIX 过程的分析结果。

Iteration History

Iter	Calls	NegLogLike	Diff	MaxGrad	Slope
1	3	3302.98669	0.967066	16.24721	−209.51
2	9	3299.98684	2.999851	12.05514	−45.4161

3	12	3299.94277	0.044069	11.44778	− 3.27959
4	14	3299.91512	0.027651	9.19393	− 0.37845
5	15	3299.88753	0.02759	4.001012	− 0.18268
6	16	3299.87504	0.012497	3.668524	− 0.33827
7	17	3299.8703	0.004731	2.650305	− 0.01802
8	18	3299.86617	0.00413	0.76255	− 0.00922
9	20	3299.86577	0.000406	0.008172	− 0.0008
10	22	3299.86577	7.996E − 8	0.000177	− 1.61E − 7

NOTE：GCONV convergence criterion satisfied.

以上是迭代史，10 次迭代后，模型成功收敛。

Fit Statistics

− 2 Log Likelihood	6599.7
AIC（smaller is better）	6607.7
AICC（smaller is better）	6607.7
BIC（smaller is better）	6610.8

以上是模型拟合的有关信息，包括三种信息标准的测量值和 − 2 倍的对数似然值。这些统计量本身不能说明模型拟合的优劣，但可用于不同模型的比较。

Parameter Estimates

Parameter	Estimate	Standard Error	DF	t Value	Pr > |t|	Alpha	Lower	Upper	Gradient
b0	− 0.4869	0.09176	15	− 5.31	< 0.0001	0.05	− 0.6825	− 0.2913	0.000099
b1	− 0.6505	0.06767	15	− 9.61	< 0.0001	0.05	− 0.7947	− 0.5063	0.000051
V_u0	0.09569	0.04021	15	2.38	0.0310	0.05	0.009975	0.1814	− 0.00018
b	0.9587	0.03314	15	28.93	< 0.0001	0.05	0.8881	1.0294	− 0.00004

以上是模型中参数的估计结果，包括固定效应和随机效应方差的参数估计值及相应的假设检验结果。b0、b0 + b、b1 分别表示截距 1、截距 2、drug 的系数值。对于随机效应的假设检验，这里进行的是双侧检验。实际上，因为方差不能为负值，所以检验残差方差应采用单侧检验，故此处所得的 P 值应除以 2 才是正确的 P 值，可见 V_u0 对应的 P 值除以 2 后小于 0.05，有统计学意义，说明其确实为随机效应。固定效应中，b1 对应的 P 值小于 0.05，说明适宜保留在模型中。有关参数的意义，请参考 GLIMMIX 过程的输出结果解释。当然，由于 NLMIXED 过程所得结果更为精确且提供了随机效应的假设检验，故最后的结果应以 NLMIXED 过程的输出结果为准。

Additional Estimates

Label	Estimate	Standard Error	DF	t Value	Pr > |t|	Alpha	Lower	Upper
int2	0.4718	0.09173	15	5.14	0.0001	0.05	0.2763	0.6673

以上是截距 2 的计算结果。其值为 0.4718，等于上一部分结果中的 b0 + b（即 − 0.4869 + 0.9587）。

5.4.3　用 SAS 软件对非配对设计多值名义分类资料进行二水平多重 logistic 回归分析

对例 5-3 进行多重 logistic 回归分析，SAS 程序（程序名为 TJFX5_3. SAS）如下：

```
data tjfx5_3;              /* 1* /
  do hospital =1 to 16;
  do drug =0 to 1;
  do y =1 to 3;
  input f @@ ;
  do i =1 to f;
  output;
  end; end; end; end;
  cards;
42  40  18
28  21  51
37  27  36
29  19  52
51  5   44
22  45  33
46  25  29
37  30  33
39  41  20
38  25  37
29  30  41
25  15  60
40  18  42
29  2   69
28  17  55
12  25  63
47  6   47
38  38  24
29  27  44
25  13  62
36  25  39
25  5   70
41  46  13
18  7   75
39  18  43
17  19  64
32  25  43
26  10  64
35  20  45
15  20  65
30  23  47
30  17  53
;
run ;
```

```
ods html;
proc glimmix noclprint;        /* 2* /
  class hospital y;
  model y = drug/s dist = multi link =
glogit ddfm = bw;
  random int/subject = hospital group
=y;
  nloptions tech = nrridg;
run;

proc nlmixed;                  /* 3* /
parms b10 =0.001866  b11 = - 0.7553  V
_u10 = 0.1263 b20 = - 0.4336 b21 = - 0.
6178 V_u20 = 0.1736;
  y13 =b10 +b11* drug +u10;
  y23 =b20 +b21* drug +u20;
  if y =3 then p =1/(1 + exp (y13) + exp
(y23));
  else if y =1 then p = exp (y13)/(1 +
exp (y13) + exp (y23));
  else p = exp (y23)/(1 + exp (y13) + exp
(y23));
  ll = log (p);
  model y ~ general (ll);
  random u10 u20  ~ normal ([0, 0], [V_
u10, 0, V_u20])
subject = hospital;
run;
ods html close;
```

【程序说明】　程序第 1 步为数据步，第 2 步是调用 GLIMMIX 过程运行模型，model 语句中设置 y 变量为响应变量，"dist = multi"选项和"link = glogit"选项分别设定分布为多项式分布，连接函数为扩展的 logit 函数；random 语句用来设定随机效应。第 3 步与第 2 步运行相同的模型，不过此处是调用 NLMIXED 过程，parms 语句中需给出模型中有关参数的初始值，此处以第 2 步所得参数的估计值为初始值。

【输出结果及解释】

以下是 GLIMMIX 过程的输出结果。

Model Information

Data Set	WORK. TJFX5_3
Response Variable	y
Response Distribution	Multinomial（nominal）
Link Function	Generalized Logit
Variance Function	Default
Variance Matrix Blocked By	hospital
Estimation Technique	Residual PL
Degrees of Freedom Method	Between – Within

这是模型拟合的有关信息。所分析的数据集为临时数据集 TJFX5_3，响应变量为 inject，响应变量分布为多项式分布（Multinomial（nominal）），采用的模型估计方法为 RSPL，固定效应显著性检验中分母自由度的计算方法为 Between- Within 法。

Response Profile

Ordered Value	y	Total Frequency
1	1	1015
2	2	704
3	3	1481

In modeling category probabilities,

y = 3´serves as the reference category.

以上模型构建是以"y = 3"为基础的，即以"y = 3"为参照水平。

Optimization Information

Optimization Technique	Newton – Raphson with Ridging
Parameters in Optimization	3
Equality Constraints	1
Lower Boundaries	3
Upper Boundaries	1
Fixed Effects	Profiled
Starting From	Data

以上是模型的优化信息。采用的优化技术为 Newton- Raphson 岭稳定法。

Iteration History

Iteration	Restarts	Subiterations	Objective Function	Change	Max Gradient
0	0	3	23513.452233	2.00000000	0.000125
1	0	1	23560.40177	0.03864683	0.0034
2	0	1	23562.466826	0.00036760	$2.081E-6$
3	0	1	23562.481169	0.00000152	$3.49E-11$
4	0	0	23562.48122	0.00000000	$1.06E-7$

Convergence criterion ($PCONV=1.11022E-8$) satisfied.

Estimated G matrix is not positive definite.

以上是迭代史，4 次迭代后，模型成功收敛。提示的"Estimated G matrix is not positive definite."信息可忽略，这是将参照水平的随机效应设为 0 所致的。

Fit Statistics

-2 Res Log Pseudo-Likelihood	23562.48

以上是模型拟合的有关信息，给出了 -2 倍的限制性/残差虚拟对数似然值，此统计量不能用于不同模型的比较。

Covariance Parameter Estimates

Cov Parm	Subject	Group	Estimate	Standard Error
Intercept	hospital	y 1	0.1263	0.05683
Intercept	hospital	y 2	0.1736	0.07745
Intercept	hospital	y 3	0	.

以上是方差/协方差参数估计的结果，给出了 logit1 和 logit2 函数式中随机效应的方差及协方差。根据估计值与标准误之比值判断，2 个 logit 函数式的截距项的方差与 0 的差异可能会具有统计学意义。由于 GLIMMIX 过程未提供随机效应的假设检验，需用 NLMIXED 过程来确认这些随机效应的方差与 0 的差异是否具有统计学差异。

Solutions for Fixed Effects

Effect	y	Estimate	Standard Error	DF	t Value	Pr > |t|
Intercept	1	0.001866	0.1062	14	0.02	0.9862
Intercept	2	-0.4336	0.1232	14	-3.52	0.0034
drug	1	-0.7553	0.08367	3182	-9.03	<0.0001
drug	2	-0.6178	0.09340	3182	-6.61	<0.0001

以上部分是固定效应假设检验的结果。

Type III Tests of Fixed Effects

Effect	Num DF	Den DF	F Value	Pr > F
drug	2	3182	46.89	<0.0001

以上部分是分类变量整体效应假设检验的结果。

以下是 NLMIXED 过程的输出结果。

Iteration History

Iter	Calls	NegLogLike	Diff	MaxGrad	Slope
1	4	3295.51845	0.024141	1.292351	-22.3954
2	7	3295.51506	0.00339	1.038227	-2.8544
3	10	3295.51494	0.000119	1.030187	-0.02706
4	12	3295.51488	0.000064	1.003993	-0.01143
5	14	3295.51468	0.000201	0.926382	-0.0132
6	16	3295.51428	0.000397	0.719849	-0.07077
7	18	3295.51281	0.001472	0.043129	-0.17316
8	20	3295.5128	$4.902E-6$	0.001848	-0.00001

NOTE：GCONV convergence criterion satisfied.

以上是迭代史，8 次迭代后，模型成功收敛。

Fit Statistics

-2 Log Likelihood	6591.0
AIC（smaller is better）	6603.0
AICC（smaller is better）	6603.1
BIC（smaller is better）	6607.7

以上是模型拟合的有关信息，包括三种信息标准的测量值和 -2 倍的对数似然值。这些统计量本身不能说明模型拟合的优劣，但可用于不同模型的比较。

Parameter Estimates

Parameter	Estimate	Standard Error	DF	t Value	Pr > |t|	Alpha	Lower	Upper	Gradient
b10	0.000585	0.1034	14	0.01	0.9956	0.05	-0.2212	0.2224	0.000153
b11	-0.7577	0.08386	14	-9.04	<0.0001	0.05	-0.9376	-0.5778	0.000056
V_u10	0.1166	0.05174	14	2.25	0.0408	0.05	0.005638	0.2276	-0.00185
b20	-0.4381	0.1200	14	-3.65	0.0026	0.05	-0.6955	-0.1807	0.000116
b21	-0.6195	0.09360	14	-6.62	<0.0001	0.05	-0.8203	-0.4188	0.000091
V_u20	0.1608	0.07078	14	2.27	0.0393	0.05	0.009044	0.3126	0.000735

以上是模型中参数的估计结果，包括固定效应系数和随机效应方差的参数估计值及相应的假设检验结果。b10、b11 分别为第 1 个 logit 函数式中截距项和 drug 的系数值，b20、b21 分别为第 2 个 logit 函数式中截距项和 drug 的系数值；V_u10 是第 1 个 logit 函数式中随机截距的方差，V_u20 是第 2 个 logit 函数式中随机截距的方差。

由于第 1 个 logit 函数式是响应变量 inject 的第 1 个水平与第 3 个水平相比较的结果，其截距值为 0.000585，由于此截距值对应的 P 值为 0.9956 > 0.05，说明受检者为疗效差的可能性与疗效好的可能性无统计学差异。同理，第 2 个 logit 函数式是响应变量 inject 的第 2 个水平与第 3 个水平相比较的结果，所以其截距值 -0.4381 表示所有协变量取 0 值时，受检者疗效一般的可能性小于疗效差的可能性，前者概率是后者的 $\exp(-0.4381) = 0.6453$（$P = 0.0026 < 0.05$）。

协变量的固定效应解释如下。以第 j 个 logit 函数式为例，它将响应变量的第 j 个水平与其参照水平相比较。第 j 个 logit 函数式中，协变量的固定系数表示控制其他协变量的取值时，该协变量每增加一个单位，受检者属于第 j 个水平的可能性与其属于参照水平的可能性之比的自然对数值的增加值。换言之，设某协变量的固定系数为 a，在控制其他协变量的取值时，该协变量的取值由 0 变化至 1，受检者属于第 j 个水平的可能性与其属于参照水平的可能性之比就变为原比值的 e^a 倍。如上述结果部分中的 b11，它是第 1 个 logit 函数式中变量 drug 的系数，取值为 $-0.7577(P < 0.05)$，说明 drug 取值从 0（试验药）变为 1（对照药）时，受检者属于第 1 个水平（即疗效好）的可能性与其属于参照水平（即疗效差）的可能性之比为原比值的 0.4687（ $e^{-0.7577}$ ），即试验药组的受检者疗效可能更好。同理，b21 的取值为 $-0.6195(P < 0.05)$，它是第 2 个 logit 函数式中变量 drug 的系数，说明 drug 取值从 0（试验药）变为 1（对照药）时，受检者属于第 2 个水平（即疗效一般）的可能性与其属于参照水平（疗效差）的可能性之比增加到原比值的 0.5382（ $e^{-0.6195}$ ），即对照药组的受检者疗效可能更差。可见，试验药组的受检者疗效更可能是好和一般。

关于随机效应方差的假设检验，应采用单侧检验。所以，上述结果中 V_u10、V_u20 对应的 P 值均应除以 2。重新计算，可知 V_u10 和 V_u20 对应的 P 值分别为 0.0204 和 0.0197，均小于 0.05。此结果表明，第 1 个和第 2 个 logit 函数式中，随机截距的方差与 0 的差异有统计学意义。

5.5　多水平统计模型基本概念

多水平模型（multilevel model），又称随机效应模型（random effect model），是在 20 世纪 80 年代基于方差分析而提出的处理具有层次结构的数据或非独立数据的统计模型，最先应用于教育学领域，后应用于心理学、社会学等，逐步应用到医学和公共卫生学领域。它主要分为重复测量资料的多水平模型、二分类资料的多水平模型、Poisson 分布资料的多水平模型、多水平 meta 分析模型、多水平生存时间的统计模型等。

层次结构数据为一种非独立数据，即某观察值在观察单位间或同一观察单位的各次观察间不独立或不完全独立，其大小常用组内相关（Intra- Class Correlation，ICC）度量。水平（level）指数据层次结构中的某一层次。例如，患者为低水平，即水平 1；医院为高水平，即水平 2。

经典方法只对某一层数据的问题进行分析，不能将涉及两层或多层数据的问题进行综合分析。并且，非独立数据不满足经典方法的独立性条件，采用经典方法可能失去参数估计的有效性、模型的拟合优度差，并导致不合理的推断结论。多水平模型将单一的随机误差项分解到与数据层次结构相应的各水平上，使个体的随机误差更纯，具有多个随机误差项并估计相应的残差方差及协方差，其复杂的误差结构适应并反映了数据相应的层次结构。

5.6　非配对设计二水平多重 logistic 回归分析原理概述

5.6.1　结果为二值变量的二水平多重 logistic 回归分析

对于响应变量为二值变量的非层级结构数据，常采用一般 logistic 回归模型分析，又称固定效应 logistic 回归模型分析。设 $P(y = 1|X)$（简记为 P）表示暴露因素为 X 时个体发生阳性事件（这里以 $y = 1$ 表示发生阳性事件）的概率，而阳性事件发生的概率 P 与阴性事件发生的概率 $(1 - P)$ 之比，称为优势（odds）。对优势进行自然对数变换，即为对 P 的 logit 变换，得

$$\text{logit}(P) \ = \ln\left(\frac{P}{1-P}\right) = \beta_0 + \sum_{k=1}^{K}\beta_k x_{ki} = X\beta \tag{5-1}$$

令 $z = \beta_0 + \sum\limits_{k=1}^{K}\beta_k x_{ki}$，则有

$$P = \frac{\exp(z)}{1+\exp(z)} \tag{5-2}$$

对于响应变量为二值变量的层级结构数据，采用固定效应 logistic 回归模型分析就不合适了。此时，可采用多水平 logistic 回归模型分析，它是一般 logistic 回归模型的延伸，通过在模型中纳入随机效应来处理层级结构数据的组内相关。其模型可表达为

$$\ln\left(\frac{P}{1-P}\right) = X\boldsymbol{\beta} + Z\boldsymbol{U} \tag{5-3}$$

式中，X 是固定效应的解释变量设计矩阵；Z 是随机效应的解释变量设计矩阵；$\boldsymbol{\beta}$ 是水平 1 固定回归系数向量；$\boldsymbol{U}$ 是随机回归系数向量，服从均值为 0、协方差为矩阵 $\boldsymbol{G}$ 的正态分布。

下面介绍多水平 logistic 回归模型分析的建模过程及分析步骤。以例 5-1 为例，以 hospital 表示变量"医院"，以 drug 表示变量"药物种类"，以 y 表示疗效，y = 0 表示治疗成功，y = 1 表示治疗失败，以 pij 表示个体 y = 0 发生的概率。建模过程如下。

第 1 步，建立空模型，计算组内相关系数 ICC 的值。空模型中仅有一个随机截距而不包含任何解释变量，其模型为

$$\ln\left(\frac{p_{ij}}{1-p_{ij}}\right) = \beta_{0j} \tag{5-4}$$

$$\beta_{0j} = \beta_0 + \mu_{0j} \tag{5-5}$$

上述模型可合并为

$$\ln\left(\frac{p_{ij}}{1-p_{ij}}\right) = \beta_0 + \mu_{0j} \tag{5-6}$$

式中，β_0 为 y = 0 的总平均 logit；μ_{0j} 为组水平（本资料为医院）的平均 logit 变异，表示第 j 个组的平均 logit 与总平均 logit 的差异，且 $\mu_{0j} \sim N(0, \sigma_{\mu_0}^2)$。

多水平 logistic 回归模型的组间变异也可用组内相关系数进行评估，因 logistic 回归模型的残差方差为 $\pi^2/3$，所以有

$$\text{ICC} = \frac{\sigma_{\mu_0}^2}{\sigma_{\mu_0}^2 + \pi^2/3} = \frac{\sigma_{\mu_0}^2}{\sigma_{\mu_0}^2 + 3.289868134} \tag{5-7}$$

第 2 步，建立包含解释变量的随机截距模型，即在随机截距的基础上再考察变量 drug 的固定效应。模型为

$$\ln\left(\frac{p_{ij}}{1-p_{ij}}\right) = \beta_{0j} + \beta_1 \text{drug}_{ij} \tag{5-8}$$

$$\beta_{0j} = \beta_0 + \mu_{0j} \tag{5-9}$$

上述模型可合并为

$$\ln\left(\frac{p_{ij}}{1-p_{ij}}\right) = (\beta_0 + \beta_1 \text{drug}_{ij}) + \mu_{0j} \tag{5-10}$$

式中，$\beta_0 + \beta_1\text{drug}_{ij}$ 为固定效应；μ_{0j} 为随机效应，且 $\mu_{0j} \sim N(0, \sigma_{\mu_0}^2)$。

第 3 步，建立包含解释变量的随机截距 - 斜率模型，即截距项和解释变量 drug 的系数均为随机系数。模型为

$$\ln\left(\frac{p_{ij}}{1-p_{ij}}\right) = \beta_{0j} + \beta_{1j}\mathrm{drug}_{ij} \tag{5-11}$$

$$\beta_{0j} = \beta_0 + \mu_{0j} \tag{5-12}$$

$$\beta_{1j} = \beta_1 + \mu_{1j} \tag{5-13}$$

上述模型可合并为

$$\ln\left(\frac{p_{ij}}{1-p_{ij}}\right) = (\beta_0 + \beta_1 drug_{ij}) + (\mu_{0j} + \mu_{1j}drug_{ij}) \tag{5-14}$$

式中，$\beta_0 + \beta_1 drug_{ij}$ 为固定效应；$\mu_{0j} + \mu_{1j}drug_{ij}$ 为随机效应，且 $\mu_{0j} \sim N(0, \sigma_{\mu_0}^2)$，$\mu_{1j} \sim N(0, \sigma_{\mu_1}^2)$，$\mu_{0j}$ 与 μ_{1j} 之间的协方差可能有统计学意义。

5.6.2 结果为多值有序变量的二水平多重 logistic 回归分析

累积 logistic 回归模型其实就是结果变量为二值变量的 logistic 回归模型的扩展，其回归模型可定义如下：

$$y^* = \alpha + \sum_{k=1}^{K} \beta_k x_k + \varepsilon \tag{5-15}$$

式中，$y*$ 表示观测现象的内在趋势，不能被直接测量；ε 为误差项。当实际观测结果变量有 J 个可能的结局时，相应的取值为 $y=1$、$y=2$、$\cdots$、$y=J$，那么共有 $J-1$ 个分界点（cutpoint）将各相邻类别分开。

与结果变量为二值变量的列联表资料 logit 变换相似，累积 logit 变换定义如下：

$$\ln\frac{P(y \leqslant j \mid x)}{1-P(y \leqslant j \mid x)} = \beta_{0j} + \sum_{k=1}^{K} \beta_k x_k = \beta_{0j} + \boldsymbol{X\beta} \tag{5-16}$$

式中，$\boldsymbol{X}$ 为含有固定系数的协变量的设计矩阵；$j=1$、2、$\cdots$、$J-1$。可见，共可以获得 $J-1$ 个 logit 变换式。$1-P(y \leqslant j \mid x)$ 即为 $P(y \geqslant j+1 \mid x)$，这样就依次将 J 个可能的结局合并成两个，从而进行 logistic 回归分析。

另外，累积概率也可通过以下公式进行预测：

$$P(y \leqslant j \mid x) = \frac{e^{\beta_{0j} + \sum_{k=1}^{K} \beta_k x_k}}{1 + e^{\beta_{0j} + \sum_{k=1}^{K} \beta_k x_k}} \tag{5-17}$$

多层累积 logistic 回归模型对固定效应和随机效应进行了更细致的考察，其模型可表达为

$$\ln\frac{P(y \leqslant j \mid x)}{1-P(y \leqslant j \mid x)} = \beta_{0j} + \boldsymbol{X\beta} + \boldsymbol{ZU} \tag{5-18}$$

式中，$\boldsymbol{X}$ 含义同式(5-16)；$\boldsymbol{Z}$ 为含有随机系数的协变量的设计矩阵；$\boldsymbol{\beta}$ 表示固定效应；$\boldsymbol{U}$ 表示随机效应，随机效应服从均值为 0 的正态分布。

下面简要介绍分析的步骤。

第 1 步，连续变量中心化。

第 2 步，区分固定系数与随机系数。水平 1 随机系数和固定系数的区别在于前者在水平 2 方程中包含一个随机残差，而后者却没有。如果水平 2 方程中的残差项不为 0，则相应的水平 1 回归系数即为随机系数。检验水平 1 回归系数是否为随机系数，可通过检验相应水平 2 方程中残差项的方差是否为 0 来实现。因模型已假设残差项的期望值为 0，若方差也为 0，则可判定残差为 0，那么此回归系数即为固定系数。另外，也可将被检验的水平 1 解释变量的系数分别设置为固定系数和随机系数，分两次运行模型后，采用似然比法检验模型 $-2\mathrm{LOGL}$ 值的变

化是否有统计学意义, 若有意义, 则该解释变量的系数应为随机系数。注意, 实际操作时, 一般是在水平 1 截距为随机系数的同时, 依次设定待考察的那个水平 1 解释变量的系数为随机系数, 此时其他变量的系数均设定为固定系数。此外, 对水平 1 随机系数变异的显著性检验中, 原假设为相应水平 2 方程中残差项的方差为 0, 备择假设为残差项的方差大于 0, 故应采用单侧检验。

第 3 步, 建立模型。

第 4 步, 筛选变量, 得到最终模型。

5.6.3　结果为多值名义变量的二水平多重 logistic 回归分析

多值名义结果变量的 logistic 回归分析是二值结果变量的 logistic 回归分析的扩展, 所以其分析方法常称为扩展的 logistic 回归分析。其原理是选定结果变量的一个水平作为参照水平, 用结果变量的其他水平与该参照水平进行比较, 得到多个 logit 函数式。

设某一结果变量为多值名义变量的定性资料中, 结果变量包含 J 个水平, 记为 $y = 1$、2、$\cdots$、J。这里以 SAS 软件默认的结果变量的最后一个水平作为参照水平, 分别用结果变量的其他 $J - 1$ 个水平与该参照水平相比较, 可得 $J - 1$ 个 logit 函数式:

$$\text{logit1} = \ln \frac{P(y = 1)}{P(y = J)} = \alpha_1 + \sum_{k=1}^{K} \beta_{1k} x_k$$

$$\vdots$$

$$\text{logit}j = \ln \frac{P(y = j)}{P(y = J)} = \alpha_j + \sum_{k=1}^{K} \beta_{jk} x_k \tag{5-19}$$

$$\vdots$$

$$\text{logit}(J - 1) = \ln \frac{P(y = J - 1)}{P(y = J)} = \alpha_{J-1} + \sum_{k=1}^{K} \beta_{(J-1)k} x_k$$

可见, 这 $J - 1$ 个 logit 函数式中包含着 $(J - 1)$ 个不同的截距项和 $(J - 1)$ 组不同的协变量系数。以上是未分层的扩展 logistic 回归模型。多水平扩展的 logistic 回归模型可表示如下:

$$\text{logit}j = \ln \frac{P(y = j)}{P(y = J)} = \eta_j = X\beta_j + ZU_j \tag{5-20}$$

式中, β_j 是与设计矩阵 X 相对应的固定效应向量; U_j 是与设计矩阵 Z 相对应的随机效应向量。与其他多水平模型一致, 随机效应服从均值为 0 的正态分布。

因为 $P(y = 1) + P(y = 2) + \cdots + P(y = J) = 1$, 故有

$$P(y = 1) = \frac{\exp(\eta_1)}{1 + \sum_{j=1}^{J-1} \exp(\eta_j)}$$

$$\vdots$$

$$P(y = j) = \frac{\exp(\eta_j)}{1 + \sum_{j=1}^{J-1} \exp(\eta_j)} \tag{5-21}$$

$$\vdots$$

$$P(y = J) = \frac{1}{1 + \sum_{j=1}^{J-1} \exp(\eta_j)}$$

使用 SAS 软件的 NLMIXED 过程进行二水平扩展的 logistic 回归模型分析时，需注意模型和随机效应的设置方式。

以例 5-3 为例，结果变量有三个水平，假定为多值名义变量，根据上述原理，可得到两个 logit 函数式。这两个 logit 函数式截距不同，协变量系数也不同，故需通过两个函数表达式分别表示。

用 SAS 软件的 NLMIXED 过程进行二水平扩展的 logistic 回归模型分析时，其随机效应的设置较为复杂。例 5-3 中，截距为随机效应，这里分别用 u10 和 u20 来表示 logit1 和 logit2 函数式中的随机截距。NLMIXED 过程中用 random 语句设定随机效应，u10、u20 均值均为 0，对应的方差分别设为 V_u10、V_u20。

5.7 本 章 小 结

许多类型的资料都具有层次或组群结构，此类数据的主要特征是反应变量的分布在个体间不具备独立性，存在某些范围内的聚集性，多水平统计模型是用于分析该类数据的有效方法。本章给出了非配对设计二水平多重 logistic 回归分析所用数据结构、对数据结构的分析，介绍了与该方法有关的一些基本概念和有关内容，阐述了其基本原理，通过实例详细介绍了用 SAS 软件实现非配对设计二水平多重 logistic 回归分析的具体方法和结果解释。

参 考 文 献

[1] 胡良平. 医学统计学——运用三型理论分析定量与定性资料[M]. 北京：人民军医出版社，2009：363-392.

[2] 杨珉，李晓松. 医学和公共卫生研究常用多水平统计模型[M]. 北京：北京大学医学出版社，2007：69-91.

[3] 王济川，谢海义，姜宝法. 多层统计分析模型——方法与应用[M]. 北京：高等教育出版社，2008：19-168.

[4] 王济川，谢海义，费舍尔. 多层统计分析模型：SAS 与应用[M]. 北京：高等教育出版社，2009：15-154.

[5] 王济川，郭志刚. Logistic 回归模型——方法与应用[M]. 北京：高等教育出版社，2001：237-260.

第6章 配对设计—水平多重 logistic 回归分析

本章将按照配对比例($1:1$, $1:r$, $m:n$)的不同分别讲述如何使用SAS软件实现条件 logistic 回归分析，即配对设计定性资料的多重 logistic 回归分析。

6.1 问题与数据

【例6-1】 某市调查三种生活因素与胃癌发病的关系，设计时采用配对病例–对照研究形式，按每个病例的性别、年龄和居住地选取一个健康对照。调查的三种生活因素取值见表6-1，共调查研究 50 对病例与对照，具体资料见表6-2。

表6-1 三种生活因素的取值

变 量 名	取 值 范 围
不良饮食习惯(X1)	0, 1, 2, 3, 4 表示程度(0 表示无, 4 表示很多)
喜欢吃卤食和盐渍食物(X2)	0, 1, 2, 3, 4 表示程度(0 表示不吃, 4 表示非常喜欢吃)
精神状况(X3)	0 表示差, 1 表示好

表6-2 50 对胃癌病例与对照三种生活因素调查结果

NO	病 例			对 照			NO	病 例			对 照		
	X1	X2	X3	X1	X2	X3		X1	X2	X3	X1	X2	X3
1	2	4	0	3	1	0	26	2	2	0	1	1	0
2	3	2	1	0	1	0	27	2	0	1	0	2	1
3	3	0	0	2	0	1	28	1	1	1	3	0	1
4	3	0	0	2	0	1	29	2	0	1	3	0	0
5	3	0	1	0	0	0	30	3	1	0	0	2	1
6	2	2	0	0	1	0	31	1	0	0	0	0	0
7	3	1	0	2	1	0	32	3	2	1	1	0	1
8	3	0	0	2	0	0	33	3	0	1	2	0	1
9	2	2	0	1	0	1	34	2	0	1	0	0	0
10	1	0	0	2	0	0	35	1	2	0	2	0	0
11	3	0	0	0	1	1	36	2	0	0	2	0	0
12	3	4	0	3	2	0	37	0	1	1	1	1	0
13	1	1	1	2	0	0	38	0	1	1	3	0	0
14	2	2	1	0	2	1	39	3	0	1	0	1	0
15	3	3	0	2	0	0	40	2	0	0	3	0	1
16	2	4	1	0	4	1	41	2	2	0	0	0	0
17	1	1	0	0	0	1	42	3	0	1	0	0	1
18	1	3	1	0	0	1	43	2	0	0	0	0	0
19	3	4	1	0	0	1	44	2	0	0	0	0	0
20	0	2	0	0	0	0	45	1	0	0	0	0	1
21	3	2	1	3	1	0	46	0	1	1	0	0	0
22	1	0	0	2	0	1	47	2	1	0	0	0	0
23	3	0	0	2	2	0	48	2	0	0	0	0	0
24	1	0	0	2	0	0	49	1	2	1	0	0	0
25	1	2	0	2	0	0	50	2	0	1	0	3	1

【例6-2】　某北方城市研究喉癌发病的危险因素，用1∶2配对的病例对照研究方法进行调查。现选取了6个可能的危险因素并节录25对数据，各因素的赋值说明见表6-3，资料列于表6-4，试作条件logistic回归分析。

表6-3　喉癌的危险因素与赋值说明

因　素	变　量　名	赋　值　说　明
咽炎	X1	无=1，偶尔=2，经常=3
吸烟量(支/日)	X2	0=1，1~4=2，5~9=3，10~20=4，20~=5
声嘶史	X3	无=1，偶尔=2，经常=3
摄食新鲜蔬菜	X4	少=1，经常=2，每天=3
摄食水果	X5	很少=1，少量=2，经常=3
癌症家族史	X6	无=0，有=1
是否患喉癌	Y	病例=1，对照=0

表6-4　喉癌1∶2配对病例对照调查资料

配对组号	因变量	X1	X2	X3	X4	X5	X6	配对组号	因变量	X1	X2	X3	X4	X5	X6
1	1	3	5	1	1	1	0	14	1	1	3	1	3	2	1
	0	1	1	1	3	3	0		0	1	1	1	3	1	0
	0	1	1	1	3	3	0		0	1	2	1	3	3	0
2	1	1	3	1	1	3	0	15	1	1	4	1	3	2	0
	0	1	1	1	3	2	0		0	1	5	1	3	2	0
	0	1	1	1	3	2	0		0	1	5	1	3	3	0
3	1	1	4	1	3	2	0	16	1	1	4	2	3	1	0
	0	1	5	1	3	2	0		0	2	1	1	3	3	0
	0	1	4	1	3	2	0		0	1	1	3	3	2	0
4	1	1	1	1	2	1	1	17	1	2	3	1	3	2	0
	0	1	1	1	3	3	0		0	1	1	2	3	2	0
	0	2	1	1	3	2	0		0	1	2	1	3	2	0
5	1	2	4	2	3	2	0	18	1	1	4	1	3	2	0
	0	1	2	1	3	3	0		0	1	1	1	2	1	0
	0	2	3	1	3	2	0		0	1	2	1	3	2	0
6	1	1	3	1	3	2	1	19	1	1	3	2	3	2	0
	0	1	2	1	3	2	0		0	1	1	1	2	1	0
	0	1	3	2	3	3	0		0	2	2	2	3	1	0
7	1	2	1	1	3	2	1	20	1	1	4	2	3	2	1
	0	1	1	1	3	3	0		0	1	5	1	3	3	0
	0	1	1	1	3	3	0		0	1	4	1	3	2	0
8	1	1	2	3	2	2	0	21	1	1	5	1	2	2	0
	0	1	5	1	3	2	0		0	1	4	1	3	2	0
	0	1	2	1	3	1	0		0	1	2	1	3	2	1
9	1	3	4	3	3	2	0	22	1	1	2	2	3	1	0
	0	1	1	1	3	3	0		0	1	2	1	3	2	0
	0	1	4	1	3	1	0		0	1	1	1	3	3	0
10	1	1	4	1	3	3	1	23	1	1	3	1	2	2	0
	0	1	1	1	3	3	0		0	1	1	1	3	1	1
	0	1	2	1	3	1	0		0	1	1	2	3	2	1
11	1	3	4	1	3	2	0	24	1	1	2	2	3	2	1
	0	3	4	1	3	1	0		0	1	1	1	3	2	0
	0	1	5	1	3	1	0		0	1	2	1	3	2	0
12	1	1	4	3	3	3	0	25	1	1	4	1	1	1	1
	0	1	5	1	3	2	0		0	1	1	1	3	2	0
	0	1	5	1	3	3	0		0	1	1	3	3	0	
13	1	1	4	1	3	2	0								
	0	1	1	1	3	1	0								
	0	1	1	1	3	2	0								

【例6-3】　某研究考察出现小于胎龄儿的影响因素，调查获得了 174 例产妇的数据，其中 54 例分娩小于胎龄儿，120 例分娩正常儿。危险因素包括末次月经时的体重（LWT）、是否患有高血压（HT）、孕期是否吸烟（SMOKE）、是否存在子宫刺激（UI），对于高血压、吸烟和子宫刺激而言，1 代表是，0 代表否。根据年龄（AGE）对产妇进行配对。LOW =1 表示小于胎龄儿，LOW =0 表示正常体重儿。具体数据见表6-5，试对该资料进行条件 logistic 回归分析。

表6-5　分娩小于胎龄儿影响因素的 $m:n$ 配对病例对照研究资料

ID	AGE	LOW	LWT	HT	SMOKE	UI	ID	AGE	LOW	LWT	HT	SMOKE	UI
25	16	1	130	0	0	0	220	22	0	129	0	0	0
143	16	0	110	0	0	0	17	23	1	97	0	0	1
166	16	0	112	0	0	0	59	23	1	187	0	1	0
167	16	0	135	0	1	0	63	23	1	120	0	0	0
189	16	0	135	0	1	0	69	23	1	110	0	1	0
206	16	0	170	0	0	0	82	23	1	94	0	1	0
216	16	0	95	0	0	0	130	23	0	130	0	0	0
37	17	1	130	0	0	1	139	23	0	128	0	0	0
45	17	1	110	0	1	0	149	23	0	119	0	0	0
68	17	1	120	0	1	0	164	23	0	115	0	1	0
71	17	1	120	0	0	0	173	23	0	190	0	0	0
83	17	1	142	1	0	0	179	23	0	123	0	0	0
93	17	0	103	0	0	0	182	23	0	130	0	0	0
113	17	0	122	0	1	0	200	23	0	110	0	0	0
116	17	0	113	0	0	0	18	24	1	128	0	0	0
117	17	0	113	0	0	0	19	24	1	132	1	0	0
147	17	0	119	0	0	0	29	24	1	155	0	1	0
148	17	0	119	0	0	0	36	24	1	138	0	0	0
180	17	0	120	0	1	0	61	24	1	105	0	1	0
49	18	1	148	0	0	0	118	24	0	90	0	0	0
50	18	1	110	0	1	0	136	24	0	115	0	0	0
89	18	0	107	0	1	1	150	24	0	110	0	0	0
100	18	0	100	0	1	0	156	24	0	115	0	0	0
101	18	0	100	0	0	0	185	24	0	133	0	0	0
132	18	0	90	0	1	1	196	24	0	110	0	0	0
133	18	0	90	0	1	1	199	24	0	110	0	0	0
168	18	0	229	0	0	0	225	24	0	116	0	0	0
205	18	0	120	0	1	0	13	25	1	105	1	0	0
208	18	0	120	0	0	0	15	25	1	85	0	0	1
23	19	1	91	0	1	1	24	25	1	115	0	0	0
33	19	1	102	0	0	0	26	25	1	92	0	1	0
34	19	1	112	0	1	1	32	25	1	89	0	0	0
85	19	0	182	0	0	1	46	25	1	105	0	0	0
96	19	0	95	0	0	0	103	25	0	118	0	1	0
97	19	0	150	0	0	0	111	25	0	120	0	0	1
124	19	0	138	0	1	0	120	25	0	155	0	0	0
129	19	0	189	0	0	0	121	25	0	125	0	0	0
135	19	0	132	0	0	0	169	25	0	140	0	0	0

续表

ID	AGE	LOW	LWT	HT	SMOKE	UI	ID	AGE	LOW	LWT	HT	SMOKE	UI
142	19	0	115	0	0	0	188	25	0	95	0	1	1
181	19	0	105	0	0	0	202	25	0	241	1	0	0
187	19	0	235	1	1	0	215	25	0	120	0	0	0
192	19	0	147	0	1	0	221	25	0	130	0	0	0
193	19	0	147	0	1	0	35	26	1	117	0	1	0
197	19	0	184	1	1	0	54	26	1	96	0	0	0
224	19	0	120	0	1	0	75	26	1	154	1	0	0
27	20	1	150	0	1	0	77	26	1	190	0	1	0
31	20	1	125	0	0	1	95	26	0	113	0	1	0
40	20	1	120	0	1	0	115	26	0	168	0	1	0
44	20	1	80	0	1	1	154	26	0	133	0	1	0
47	20	1	109	0	0	0	218	26	0	160	0	0	0
51	20	1	121	0	1	1	16	27	1	150	0	0	0
60	20	1	122	0	1	0	43	27	1	130	0	0	1
76	20	1	105	0	0	0	125	27	0	124	0	1	0
87	20	0	105	0	1	0	4	28	1	120	0	1	1
104	20	0	120	0	0	1	79	28	1	95	0	1	0
146	20	0	103	0	0	0	105	28	0	120	0	1	0
155	20	0	169	0	0	1	109	28	0	120	0	0	0
160	20	0	141	0	0	1	112	28	0	167	0	0	0
172	20	0	121	0	1	0	151	28	0	140	0	0	0
177	20	0	127	0	0	0	159	28	0	250	0	1	0
201	20	0	120	0	0	0	212	28	0	134	0	0	0
211	20	0	170	0	1	0	214	28	0	130	0	0	0
217	20	0	158	0	0	0	10	29	1	130	0	0	1
20	21	1	165	1	1	0	94	29	0	123	0	1	0
28	21	1	200	0	0	1	114	29	0	150	0	0	0
30	21	1	103	0	0	0	123	29	0	140	0	1	0
52	21	1	100	0	0	0	190	29	0	135	0	0	0
84	21	1	130	1	1	0	191	29	0	154	0	0	0
88	21	0	108	0	1	1	209	29	0	130	0	1	0
91	21	0	124	0	0	0	65	30	1	142	0	1	0
128	21	0	185	0	1	0	99	30	0	107	0	0	1
131	21	0	160	0	0	0	141	30	0	95	0	1	0
144	21	0	110	0	1	1	145	30	0	153	0	0	0
186	21	0	134	0	0	0	176	30	0	110	0	0	0
219	21	0	115	0	0	0	195	30	0	137	0	0	0
42	22	1	130	0	1	1	203	30	0	112	0	0	0
67	22	1	130	0	1	0	56	31	1	102	0	1	0
92	22	0	118	0	0	0	107	31	0	100	0	0	1
98	22	0	95	1	0	0	126	31	0	215	0	1	0
137	22	0	85	0	1	0	163	31	0	150	0	1	0
138	22	0	120	1	0	0	222	31	0	120	0	0	0
140	22	0	130	0	1	0	22	32	1	105	0	1	0
161	22	0	158	0	0	0	106	32	0	121	0	0	0
162	22	0	112	0	1	0	134	32	0	132	0	0	0
174	22	0	131	0	0	0	170	32	0	134	0	1	0

ID	AGE	LOW	LWT	HT	SMOKE	UI	ID	AGE	LOW	LWT	HT	SMOKE	UI
184	22	0	125	0	0	0	175	32	0	170	0	0	0
204	22	0	169	0	0	0	207	32	0	186	0	0	0

资料来源：David W Hosmer, Stanley Lemeshow. Applied Logistic Regression(Second Edition) [M]. John Wiley & Sons Inc., 2000。

6.2　对数据结构的分析

对例6-1的资料而言，响应变量为是否患胃癌(Y)，病例组 Y = 1，对照组 Y = 0，所采用的研究方法是 1∶1 配对设计的病例对照研究，自变量有三个，分别为"不良饮食习惯程度"、"喜欢吃卤食和盐渍食物程度"以及"精神状况"。此外，表6-2中还包含一个变量，那就是对子号，这是成组设计(正规的表述为"单因素两水平设计"，下同)中所没有的。

在例6-2的资料中，因变量为是否患喉癌(Y)，自变量分别为咽炎($X1$)、吸烟量($X2$)、声嘶史($X3$)、摄食新鲜蔬菜($X4$)、摄食水果($X5$)和癌症家族史($X6$)。此外，表6-4中还包含一个变量，那就是匹配组编号，这是成组设计中所没有的。该资料所对应的研究类型为 1∶2 配对病例对照研究，每个匹配组中有一个病例和两个对照。

对例6-3的资料而言，要考察的影响因素包括末次月经时的体重(LWT)、是否患有高血压(HT)、孕期是否吸烟(SMOKE)、是否存在子宫刺激(UI)；结果变量为新生儿出生体重分档，属于二值变量；产妇年龄为配对变量。本例属于 $m∶n$ 配对病例对照研究，由于按照产妇年龄进行配对，所以每个匹配组内病例和对照的配对比例无法统一，且每个匹配组总的观察对象个数也不一定相同。

6.3　统计分析目的与分析方法选择

对例6-1的资料而言，此研究为 1∶1 配对病例对照研究，每个匹配组中有一个病例和一个对照。研究的目的在于考察多个影响因素对发生胃癌的影响，结果变量属于二值变量，故需要采用条件 logistic 多重回归分析。需要注意的是，由于其为配对设计，所以不宜采用一般的非条件多重 logistic 回归分析。

对例6-2的资料而言，研究的目的在于考察多个影响因素对喉癌发生的影响，结果变量属于二值变量，此研究为 1∶2 配对病例对照研究，每个匹配组中有一个病例和两个对照，故需要采用条件多重 logistic 回归分析。

对例6-3的资料而言，想要考察多个自变量对小于胎龄儿是否发生的影响，自变量中既包括定量变量，也包括定性变量，此研究为 $m∶n$ 配对病例对照研究，每个匹配组中有 m 个病例和 n 个对照(注意：每个匹配组中 m 与 n 都可能是不同的正整数)，分析方法应该选择条件多重 logistic 回归分析。

6.4　用 SAS 软件对实例进行解析

6.4.1　用 SAS 软件对 1∶1 配对设计二分类结果变量进行多重 logistic 回归分析

对例6-1资料拟合 logistic 回归模型，SAS 程序(程序名为 TJFX6_1. SAS)如下：

```
data tjfx6_1;
input no x1 x2 x3 y @@ ;
cards;
1 2 4 0 1 13 1 0 0 26 2 2 0 1 26 1 1 0 0
2 3 2 1 1 20 1 0 0 27 2 0 1 1 27 0 2 1 0
3 3 0 0 1 32 0 1 0 28 1 1 1 1 28 3 0 1 0
4 3 0 0 1 42 0 1 0 29 2 0 1 1 29 3 0 0 0
5 3 0 1 1 50 0 0 0 30 3 1 0 1 30 0 2 1 0
6 2 2 0 1 60 1 0 0 31 1 0 1 1 31 0 0 0 0
7 3 1 0 1 72 1 0 0 32 3 2 1 1 32 1 0 1 0
8 3 0 0 1 82 0 0 0 33 3 0 1 1 33 2 0 1 0
9 2 2 0 1 91 0 1 0 34 2 0 1 1 34 0 0 1 0
10 1 0 0 1 10 2 0 0 0 35 1 2 0 1 35 2 0 1 0
11 3 0 0 1 11 0 1 0 1 36 2 0 0 1 36 2 0 1 0
12 3 4 0 1 12 3 2 0 0 37 0 1 1 1 37 1 1 0 0
13 1 1 1 1 13 2 0 0 0 38 0 1 1 1 38 3 0 0 0
14 2 2 1 1 14 2 0 1 0 39 2 0 1 1 39 0 1 0 0
15 2 3 0 1 15 2 0 0 0 40 2 0 1 1 40 3 0 1 0
16 2 4 1 1 16 0 4 0 1 41 2 0 0 1 41 1 0 1 0
17 1 1 0 1 17 0 1 0 1 42 3 0 1 1 42 0 0 1 0
18 1 3 1 1 18 0 0 0 1 43 2 1 1 1 43 0 0 0 0
19 3 4 1 1 19 2 0 0 0 44 2 0 1 1 44 1 0 0 0
20 0 2 0 1 20 0 0 0 0 45 1 1 1 1 45 0 0 1 0
21 3 2 1 1 21 3 1 0 0 46 0 1 1 1 46 0 0 0 0
22 1 0 0 1 22 2 0 0 1 47 2 1 0 1 47 0 0 0 0
23 3 0 0 1 23 2 2 0 0 48 2 0 1 1 48 1 1 0 0
24 1 1 1 1 24 0 1 0 1 49 1 2 1 1 49 0 0 1 0
25 1 2 0 1 25 2 0 0 0 50 2 0 1 1 50 0 3 1 0
;
run;
```

```
ods html;
proc logistic descending;
model y = x1 x2 x3/selection = step-
    wise;
strata no;
run;
ods html close;
```

【程序说明】 首先建立数据集 tjfx6_1，no 代表配对编号，x_1、x_2、x_3 和 y 分别表示三个自变量和一个因变量。在条件 logistic 回归分析中代表配对编号的变量非常重要，在过程步中要用到它。在较早版本的 SAS 软件中，LOGISTIC 过程无法直接实现条件 logistic 回归分析，拟合条件 logistic 模型常常需要借助于 PHREG 过程，而在 SAS 9.1 及以后的版本中，LOGISTIC 过程也可以实现这一功能。本例采用 LOGISTIC 过程进行分析。语句 proc logistic 表示调用 LOGISTIC 过程，其中的"descending"选项要求按照因变量的取值为降序排列后 Y 取较大水平时对应的输出结果，即输出 Y 取值较大时（Y = 1）的参数估计值（本例中，Y = 0 为较小取值）。MODEL 语句中的选项"selection = stepwise"表示使用逐步法进行自变量的筛选，当然，实际中应多采用几种筛选方法进行自变量的选择。在"selection = stepwise"之后，最好加上纳入和剔除自变量的显著性水平，即"sle = 0.5 sls = 0.05"，以便保证单独对因变量作用小但与某些其他自变量同时出现在模型中时作用变大的自变量有机会被选中；"strata no;"指定分层变量为 no，正是通过该语句实现了条件 logistic 回归分析。

【输出结果及解释】

The LOGISTIC Procedure

Conditional Analysis

Model Information

Data Set   WORK.TJFX6_1

Response Variable	y
Number of Response Levels	2
Number of Strata	50
Number of Uninformative Strata	7
Frequency Uninformative	14
Model	binary logit
Optimization Technique	Newton-Raphson ridge

Probability modeled is y = 1.

以上是结果的第一部分,输出模型基本信息。其中, 数据集名称为 TJFX6_1, 响应变量为 y, 它有两个水平, 分层的层数为 50, 也就是有 50 对数据, 使用的模型是二值 logit 模型, 参数估计时的优化方法是 Newton – Raphson ridge 法。最后一行文字说明该模型是以变量 y 的 1 水平为基础的, 也就是以患胃癌的概率为基础建模。

Stepwise Selection Procedure
Strata Summary

Response Pattern	y 1	0	Number of Strata	Frequency
1	1	1	43	86
2	2	0	7	14

Step 0. No covariates.
Residual Chi-Square Test

Chi-Square	DF	Pr > ChiSq
18.0663	3	0.0004

Step 1. Effect x1 entered：
Model Fit Statistics

Criterion	Without Covariates	With Covariates
AIC	59.611	51.974
SC	59.611	54.579
−2 Log L	59.611	49.974

Testing Global Null Hypothesis：BETA = 0

Test	Chi-Square	DF	Pr > ChiSq
Likelihood Ratio	9.6371	1	0.0019
Score	8.8165	1	0.0030
Wald	7.3766	1	0.0066

Residual Chi-Square Test

Chi-Square	DF	Pr > ChiSq
11.3075	2	0.0035

Note：No effects for the model in Step 1 are removed.

Step 2. Effect x2 entered：

Model Fit Statistics

Criterion	Without Covariates	With Covariates
AIC	59.611	42.579
SC	59.611	47.789
−2 Log L	59.611	38.579

Testing Global Null Hypothesis：BETA = 0

Test	Chi-Square	DF	Pr > ChiSq
Likelihood Ratio	21.0317	2	<0.0001
Score	17.0493	2	0.0002
Wald	11.3600	2	0.0034

Residual Chi-Square Test

Chi-Square	DF	Pr > ChiSq
2.5833	1	0.1080

Note：No effects for the model in Step 2 are removed.

以上是结果的第二部分，对自变量进行筛选的过程。首先给出的是关于分层情况的总结，病例和对照在每个匹配组中各有 1 个，有 50 个匹配组，共计 100 例观测。自变量的筛选过程有三步，第 0 步时，模型中只包含截距项，此时输出了残差 χ^2 检验的结果，其中 $\chi^2 = 18.0663$，$P = 0.0004$，说明仅含有截距项的回归模型对资料的拟合效果不好，有必要引入对因变量有影响的自变量。第 1 步时，x1 进入了方程，输出结果包括模型拟合统计量、对整个模型进行检验的结果以及残差 χ^2 检验的结果。其中，$\chi^2 = 11.3075$，$P = 0.0035$，说明该回归模型对资料的拟合效果不好，需要引入对因变量有影响的其他自变量。第 2 步时，x2 进入了方程，输出结果包括模型拟合统计量、对整个模型进行检验的结果以及残差 χ^2 检验的结果。模型拟合统计量包括 AIC、SC 和 −2LogL，这三个统计量取值越小，说明模型拟合越好。结果表明在该模型中，这三个统计量的取值都小于仅含截距项和自变量 x1 的模型。在对整个模型进行的检验中，三种检验方法的结果都表明有统计学意义。残差 χ^2 检验的结果为 $\chi^2 = 2.5833$，$P = 0.108 > 0.05$，说明此时模型拟合给定资料的效果较好。

Note：No（additional）effects met the 0.05 significance level for entry into the model.

Summary of Stepwise Selection

Step	Effect Entered	Removed	DF	Number In	Score Chi-Square	Wald Chi-Square	Pr > ChiSq
1	x1		1	1	8.8165		0.0030
2	x2		1	2	9.7324		0.0018

以上是结果的第三部分，对筛选过程的总结。可以看出，只有 x1 和 x2 进入了模型。

Analysis of Maximum Likelihood Estimates

Parameter	DF	Estimate	Standard Error	Wald Chi-Square	Pr > ChiSq
x1	1	0.9560	0.3234	8.7407	0.0031
x2	1	0.9745	0.3546	7.5534	0.0060

Odds Ratio Estimates

Effect	Point Estimate	95% Wald Confidence	Limits
x1	2.601	1.380	4.902
x2	2.650	1.323	5.310

以上是结果的第四部分，参数估计的结果，x1 的回归系数的估计值为 0.956，对其进行检验的 $\chi^2 = 8.7407$，$P = 0.0031$。同时还得到 x1 的优势比为 2.601，其 95% 可信区间为（1.38，4.902）；x2 的回归系数的估计值为 0.9745，对其进行检验的 $\chi^2 = 7.5534$，$P = 0.006$。x2 的优势比为 2.65，其 95% 可信区间为（1.323，5.31）。因为是以变量 y 的 1 水平（患胃癌）为基础建立模型的，x1 和 x2 的优势比大于 1，说明 x1 和 x2 是危险因素。

专业结论：结合实际资料，可以得出不良饮食习惯程度、喜欢吃卤食和盐渍食物程度与胃癌的发生有关。不良饮食习惯越多、越喜欢吃卤食和盐渍食物，患胃癌的风险越高。

6.4.2　用 SAS 软件对 1∶2 配对设计二分类结果变量进行多重 logistic 回归分析

对例 6-2 的资料进行条件 logistic 回归分析，SAS 程序（程序名为 TJFX6_2.SAS）如下：

```
data tjfx6_2;
  input group y x1 - x6@@ ;
cards;
1 1 3 5 1 1 1 0 1 0 1 1 1 3 3 0
1 0 1 1 1 3 3 0 2 1 1 3 1 1 3 0
2 0 1 1 1 3 2 0 2 0 1 2 1 3 2 0
3 1 1 4 1 3 2 0 3 0 1 5 1 3 2 0
3 0 1 4 1 3 2 0 4 1 1 4 1 2 1 1
4 0 1 1 1 3 3 0 4 0 2 1 1 3 2 0
5 1 2 4 2 3 2 0 5 0 1 2 1 3 3 0
5 0 2 3 1 3 2 0 6 1 1 3 1 3 2 1
6 0 1 2 1 3 2 0 6 0 1 3 2 3 3 0
7 1 2 1 1 3 2 1 7 0 1 1 1 3 3 0
7 0 1 1 1 3 3 0 8 1 1 2 3 2 2 0
8 0 1 5 1 3 2 0 8 0 1 2 1 3 1 0
9 1 3 4 3 3 2 0 9 0 1 1 1 3 3 0
9 0 1 4 1 3 1 0 10 1 1 4 1 3 3 1
10 0 1 4 1 3 3 0 10 0 1 2 1 3 1 0
11 1 3 4 1 3 2 0 11 0 3 4 1 3 1 0
11 0 1 5 1 3 1 0 12 1 1 4 3 3 3 0
12 0 1 5 1 3 2 0 12 0 1 5 1 3 3 0
13 1 1 4 1 3 2 0 13 0 1 1 1 3 1 0
13 0 1 1 1 3 2 0 14 1 1 3 1 3 2 1
14 0 1 1 1 3 1 0 14 0 1 2 1 3 3 0
15 1 1 4 1 3 2 0 15 0 1 5 1 3 3 0
15 0 1 5 1 3 3 0 16 1 1 4 2 3 1 0
16 0 2 1 1 3 3 0 16 0 1 1 3 3 2 0
17 1 2 3 1 3 2 0 17 0 1 1 2 3 2 0
17 0 1 2 1 3 2 0 18 1 1 4 1 3 2 0
18 0 1 1 1 2 1 0 18 0 1 2 1 3 2 0
19 1 1 3 2 2 2 0 19 0 1 1 1 2 1 0
19 0 2 2 2 3 1 0 20 1 1 4 2 3 2 1
20 0 1 5 1 3 3 0 20 0 1 4 1 3 2 0
```

```
ods html;
proc logistic data = tjfx6_2 descend-
    ing;
model y = x1 - x6/selection = step-
    wise;
strata group;
run;
ods html close;
```

```
21 1 1 5 1 2 1 0 21 0 1 4 1 3 2 0
21 0 1 2 1 3 2 1 22 1 1 2 2 3 1 0
22 0 1 2 1 3 2 0 22 0 1 1 1 3 3 0
23 1 1 3 1 2 2 0 23 0 1 1 1 3 1 1
23 0 1 1 2 3 2 1 24 1 1 2 2 3 2 1
24 0 1 1 1 3 2 0 24 0 1 1 2 3 2 0
25 1 1 4 1 1 1 1 25 0 1 1 1 3 2 0
25 0 1 1 1 3 3 0
;
run;
```

【程序说明】 首先建立数据集 tjfx6_2，变量 group 代表匹配组号，x1 ~ x6 和 y 分别表示六个自变量和一个因变量。在条件 logistic 回归中代表配对编号的变量非常重要，在过程步中要用到它。本例采用 LOGISTIC 过程进行分析，语句 proc logistic 表示调用 LOGISTIC 过程，其中的"descending"选项要求按照降序输出结果，即输出 y 取值较大时(y = 1)所对应的参数估计值。model 语句中的选项"selection = stepwise"表示使用逐步法进行自变量的筛选，当然，实际中应多采用几种筛选方法进行自变量的选择。"strata group;"指定分层变量，也就是匹配组号为 group，正是通过该语句实现了条件 logistic 回归。ods html 语句则要求以 HTML 格式输出结果。

【输出结果及解释】

The LOGISTIC Procedure

Conditional Analysis

Model Information

Data Set	WORK. TJFX6_2
Response Variable	y
Number of Response Levels	2
Number of Strata	25
Model	binary logit
Optimization Technique	Newton – Raphson ridge

Number of Observations Read 75

Number of Observations Used 75

Response Profile

Ordered Value	y	Total Frequency
1	1	25
2	0	50

Probability modeled is y = 1.

以上是结果的第一部分，输出模型的基本信息，其中数据集名称为 TJFX6_2，响应变量为 y，它有 2 个水平，分层的层数为 25，也就是有 25 个匹配组，使用的模型是二值 logit 模型，参数估计时的优化方法是 Newton – Raphson ridge 法。读入和使用的观测数都是 75。因变量的取值顺序为 1 和 0，各自分别有 25 例和 50 例，也就是有 25 个病例和 50 个对照。最后一行文字说明该模型是以 1 为基础的，也就是以发生喉癌的概率为基础建模。这正是 descending 选项产生的效果，默认情况下是根据取值较小的结果，也就是根据取值为 0 的概率建立模型。

Stepwise Selection Procedure

Strata Summary

Response Pattern	y 1	0	Number of Strata	Frequency
1	1	2	25	75

Step 0. No covariates.

Residual Chi-Square Test

Chi-Square	DF	Pr > ChiSq
29.1292	6	<0.0001

Step 1. Effect x2 entered:

Model Fit Statistics

Criterion	Without Covariates	With Covariates
AIC	54.931	41.023
SC	54.931	43.341
−2 Log L	54.931	39.023

Testing Global Null Hypothesis: BETA = 0

Test	Chi-Square	DF	Pr > ChiSq
Likelihood Ratio	15.9075	1	<0.0001
Score	15.1348	1	0.0001
Wald	9.8896	1	0.0017

Residual Chi-Square Test

Chi-Square	DF	Pr > ChiSq
21.1728	5	0.0008

Note: No effects for the model in Step 1 are removed.

Step 2. Effect x3 entered:

Model Fit Statistics

Criterion	Without Covariates	With Covariates
AIC	54.931	31.741
SC	54.931	36.376
−2 Log L	54.931	27.741

Testing Global Null Hypothesis: BETA = 0

Test	Chi-Square	DF	Pr > ChiSq
Likelihood Ratio	27.1891	2	<0.0001
Score	21.6090	2	<0.0001
Wald	10.7639	2	0.0046

Residual Chi-Square Test

Chi-Square	DF	Pr > ChiSq
11.1774	4	0.0246

Note：No effects for the model in Step 2 are removed.

Step 3．Effect x6 entered：

Model Fit Statistics

Criterion	Without Covariates	With Covariates
AIC	54.931	28.641
SC	54.931	35.593
−2 Log L	54.931	22.641

Testing Global Null Hypothesis：BETA = 0

Test	Chi-Square	DF	Pr > ChiSq
Likelihood Ratio	32.2899	3	<0.0001
Score	26.0688	3	<0.0001
Wald	10.9576	3	0.0120

Residual Chi-Square Test

Chi-Square	DF	Pr > ChiSq
7.1870	3	0.0662

Step 4．Effect x6 is removed：

Model Fit Statistics

Criterion	Without Covariates	With Covariates
AIC	54.931	31.741
SC	54.931	36.376
−2 Log L	54.931	27.741

Testing Global Null Hypothesis：BETA = 0

Test	Chi-Square	DF	Pr > ChiSq
Likelihood Ratio	27.1891	2	<0.0001
Score	21.6090	2	<0.0001
Wald	10.7639	2	0.0046

Residual Chi-Square Test

Chi-Square	DF	Pr > ChiSq
11.1774	4	0.0246

Note：No effects for the model in Step 4 are removed.

　　以上是结果的第二部分，对自变量进行筛选的过程。首先给出的是关于分层情况的总结，每个匹配组中有 1 个病例和 2 个对照，有 25 个匹配组，共计 75 例观测。自变量的筛选过程有三步，第 0 步时模型中只包含截距项，此时输出残差 χ^2 检验的结果，其中 $\chi^2 = 29.1292$，$P < 0.0001$，说明仅含有截距项的回归模型对资料的拟合效果不好，有必要引入对结果有影响的自变量。之后 x2 和 x3 进入了方程，输出结果包括模型拟合统计量、对整个模型进行检验的结果以及残差 χ^2 检验的结果。

Summary of Stepwise Selection

Step	Effect Entered	Removed	DF	Number In	Score Chi-Square	Wald Chi-Square	Pr > ChiSq
1	x2		1	1	15.1348		0.0001
2	x3		1	2	11.2238		0.0008
3	x6		1	3	4.7753		0.0289
4		x6	1	2		3.7733	0.0521

以上是结果的第三部分，对筛选过程的总结，其中的第一列代表筛选的各个步骤，第二、三列给出了每步中入选和被剔除变量的名称，第四列为自由度，第五列表示还留在方程中的变量个数，第六列和第七列分别为计分 χ^2 和 Wald χ^2，第八列为检验的 P 值。由这部分结果可以看出，两个自变量 x2 和 x3 最终都进入了模型。

Analysis of Maximum Likelihood Estimates

Parameter	DF	Estimate	Standard Error	Wald Chi-Square	Pr > ChiSq
x2	1	1.3505	0.4291	9.9033	0.0016
x3	1	2.1470	0.8065	7.0867	0.0078

以上是结果的第四部分，参数估计的结果，由左至右的各列依次为变量名、自由度、参数估计值、标准误、对各参数进行检验的 Wald χ^2 值和 P 值。变量 x2 和 x3 的回归系数分别为 1.3505 和 2.147，对它们的检验都有统计学意义。

Odds Ratio Estimates

Effect	Point Estimate	95% Wald Confidence Limits	
x2	3.859	1.664	8.950
x3	8.559	1.762	41.582

以上是结果的第五部分，输出比值比（优势比），包括其估计值和 95% 置信区间。x2 和 x3 的 OR 值分别为 3.859 和 8.559，95% 置信区间分别为（1.664，8.950）和（1.762，41.582），这两个置信区间都不包含 1，说明 OR 值与 1 之间的差别有统计学意义。

专业结论：结合实际资料，可以得出吸烟量、声嘶史与喉癌的发生有关，这两个因素都是喉癌发生的危险因素。

6.4.3　用 SAS 软件对 $m:n$ 配对设计二分类结果变量进行多重 logistic 回归分析

对例 6-3 资料进行条件 logistic 回归分析，SAS 程序（程序名为 TJFX6_3.SAS）如下：

```
data tjfx6_3;
infile 'D:\TJFX\TJFX6_3.txt';
input ID AGE LOW LWT HT SMOKE UI;
run;

ods html;
proc logistic data = tjfx6_3 descend-
    ing;
model LOW = LWT HT SMOKE UI/selection
    = stepwise;
strata AGE;
run;
ods html close;
```

【程序说明】 首先建立数据集 tjfx6_3，从文件"D:\TJFX\TJFX6_3.txt"中读取原始数据，ID 代表观察对象的编号，LWT、HT、SMOKE、UI 和 LOW 分别表示四个自变量与一个因变量，AGE 代表配对变量年龄。本例中 $m:n$ 配对设计的条件 logistic 回归仍然由 LOGISTIC 过程完成，语句 proc logistic 中的 descending 选项要求按照降序输出结果。model 语句中的选项"selection = stepwise"表示使用逐步法进行自变量的筛选。语句"strata AGE;"指定分层变量，也就是配对变量为 AGE。

【输出结果及解释】

The LOGISTIC Procedure

Conditional Analysis

Model Information

Data Set	WORK. TJFX6_3
Response Variable	LOW
Number of Response Levels	2
Number of Strata	17
Model	binary logit
Optimization Technique	Newton – Raphson ridge

Probability modeled is LOW = 1.

以上是结果的第一部分，输出模型基本信息。其中，数据集名称为 TJFX6_3，响应变量为 LOW，它有两个水平，分层的层数为 17，也就是按年龄进行配对后，有 17 个匹配组，使用的模型是二值 logit 模型，参数估计时的优化方法是 Newton-Raphson ridge 法。最后一行文字说明该模型是以 1 为基础，也就是以出现小于胎龄儿的概率为基础建模。

Stepwise Selection Procedure

Strata Summary

Response Pattern	LOW 1	0	Number of Strata	Frequency
1	2	1	1	3
2	1	4	1	5
3	1	5	1	6
4	1	6	3	21
5	4	4	1	8
6	2	7	1	9
7	2	8	1	10
8	5	7	2	24
9	2	11	1	13
10	5	8	2	26
11	6	9	1	15
12	3	13	1	16
13	8	10	1	18

— 132 —

Step 0. No covariates.

Residual Chi-Square Test

Chi-Square	DF	Pr > ChiSq
17. 3152	4	0. 0017

Step 1. Effect SMOKE entered：

Model Fit Statistics

Criterion	Without Covariates	With Covariates
AIC	159. 069	155. 689
SC	159. 069	158. 848
− 2 Log L	159. 069	153. 689

Testing Global Null Hypothesis：BETA = 0

Test	Chi-Square	DF	Pr > ChiSq
Likelihood Ratio	5. 3803	1	0. 0204
Score	5. 3941	1	0. 0202
Wald	5. 2576	1	0. 0219

Residual Chi-Square Test

Chi-Square	DF	Pr > ChiSq
12. 4898	3	0. 0059

Note：No effects for the model in Step 1 are removed.

Step 2. Effect UI entered：

Model Fit Statistics

Criterion	Without Covariates	With Covariates
AIC	159. 069	153. 915
SC	159. 069	160. 233
− 2 Log L	159. 069	149. 915

Testing Global Null Hypothesis：BETA = 0

Test	Chi-Square	DF	Pr > ChiSq
Likelihood Ratio	9. 1547	2	0. 0103
Score	9. 2757	2	0. 0097
Wald	8. 6895	2	0. 0130

Residual Chi-Square Test

Chi-Square	DF	Pr > ChiSq
8. 7942	2	0. 0123

Step 3. Effect UI is removed：

Model Fit Statistics

Criterion	Without Covariates	With Covariates
AIC	159. 069	155. 689
SC	159. 069	158. 848
− 2 Log L	159. 069	153. 689

Testing Global Null Hypothesis：BETA = 0

Test	Chi-Square	DF	Pr > ChiSq
Likelihood Ratio	5.3803	1	0.0204
Score	5.3941	1	0.0202
Wald	5.2576	1	0.0219

Residual Chi-Square Test

Chi-Square	DF	Pr > ChiSq
12.4898	3	0.0059

Note：No effects for the model in Step 3 are removed.

以上是结果的第二部分，对自变量进行筛选的过程。

首先给出的是关于分层情况的总结，具体来说就是结果中的"Strata Summary"部分，可以看到，本例中有 13 种不同的配对形式，每种配对形式中病例和对照的比例都不相同。例如，在第二种配对形式中，有 1 个病例和 4 个对照。

自变量的筛选过程有四步，第 0 步时模型中只包含截距项，此时输出残差 χ^2 检验的结果，其中，$\chi^2 = 17.3152$，$P = 0.0017 < 0.05$，说明仅含有截距项的回归模型对资料的拟合效果不好，有必要引入对结果有影响的自变量。第 1 步时 SMOKE 进入了方程，第 2 步时 UI 进入模型，第 3 步时 UI 被剔除出模型，输出结果包括模型拟合统计量、对整个模型进行检验的结果以及残差 χ^2 检验的结果。模型拟合统计量包括 AIC、SC 和 -2 倍的对数似然，在包含自变量的模型中，这三个统计量的取值都小于不包含自变量的模型。在对整个模型进行的检验中，三种检验方法的结果都表明有统计学意义。残差 χ^2 检验的结果为 $\chi^2 = 12.4898$，$P = 0.0059 > 0.05$，说明此时模型拟合给定资料的效果较好。

Summary of Stepwise Selection

Step	Effect Entered	Removed	DF	Number In	Score Chi-Square	Wald Chi-Square	Pr > ChiSq
1	SMOKE		1	1	5.3941		0.0202
2	UI		1	2	3.9324		0.0474
3		UI	1	1		3.8084	0.0510

以上是结果的第三部分，对筛选过程的总结，四个自变量中只有 SMOKE 进入了模型。

Analysis of Maximum Likelihood Estimates

Parameter	DF	Estimate	Standard Error	Wald Chi-Square	Pr > ChiSq
SMOKE	1	0.8039	0.3506	5.2576	0.0219

Odds Ratio Estimates

Effect	Point Estimate	95% Wald Confidence Limits	
SMOKE	2.234	1.124	4.442

以上是结果的第四部分，参数估计的结果，SMOKE 的回归系数的估计值为 0.8039，对其进行检验的 $\chi^2 = 5.2576$，$P < 0.05$。同时还得到 SMOKE 的优势比为 2.234，其 95% 可信区间为（1.124，4.442），说明 SMOKE 是一个危险因素。

专业结论:结合实际资料,可以得出孕期是否吸烟与小于胎龄儿的发生有关,孕期吸烟者分娩小于胎龄儿的风险比孕期不吸烟者要高。

6.5　条件 logistic 回归分析基本概念

配对设计能够改善两组研究对象的齐同性,提高研究效率。配对的因素一般是年龄、性别等重要的非试验因素。最常见的配对形式是每个匹配组中有一个病例和若干个对照,称为 1:m 配对设计;当然,不同匹配组中病例和对照的人数也可以是任意的,就是说不同匹配组中病例数与对照数的比例可以不相等,称为 $m:n$ 配对设计。讨论此类问题时,关心的是在某一给定的条件下某事件发生的概率,这一概率称为条件概率,故将此类 logistic 回归分析称为条件 logistic 回归分析,将非配对设计资料的 logistic 回归分析称为非条件 logistic 回归分析。

6.6　条件 logistic 回归分析原理概述

6.6.1　1:1 配对设计的条件 logistic 回归分析

设 Y 是二值结果变量,取值为 1 表示阳性结果(患病)、取值为 0 表示阴性结果(未患病),另有 m 个自变量记为 $X = (X_1, X_2, \cdots, X_m)$ 和 n 个配对组,记一对中 A 为病例、B 为对照,在自变量的作用下患病的概率各自为

$$P(\text{A}) = \frac{\exp(\beta_0 + \beta_1 X_{1\text{A}} + \cdots + \beta_m X_{m\text{A}})}{1 + \exp(\beta_0 + \beta_1 X_{1\text{A}} + \cdots + \beta_m X_{m\text{A}})} \tag{6-1}$$

$$P(\text{B}) = \frac{\exp(\beta_0 + \beta_1 X_{1\text{B}} + \cdots + \beta_m X_{m\text{A}})}{1 + \exp(\beta_0 + \beta_1 X_{1\text{B}} + \cdots + \beta_{m\text{A}} X_{m\text{A}})} \tag{6-2}$$

则根据 Bayes 条件概率的计算公式,在一对病例和对照中只有 1 人患病的条件下恰好 A 患病的概率为

$$P = \frac{P(\text{A})[1 - P(\text{B})]}{P(\text{A})[1 - P(\text{B})] + [1 - P(\text{A})]P(\text{B})} \tag{6-3}$$

式(6-3)化简后得到

$$P = \frac{1}{1 + \exp\left[-\sum_{i=1}^{m} \beta_i (X_{i\text{A}} - X_{i\text{B}})\right]} \tag{6-4}$$

或

$$\text{logit}(P) = \ln\frac{P}{1 - P} = \sum_{i=1}^{m} \beta_i (X_{i\text{A}} - X_{i\text{B}}) \tag{6-5}$$

可见,条件 logistic 回归分析只估计了表示自变量作用的 β_i 值,表示配对效应的常数项 β_{0j} 被自动消除了,此时 $\text{OR} = \exp(\beta_i)$ 表示在其他变量不变的前提下第 i 个变量改变 1 个单位时患病的相对危险度。

6.6.2　1:r 配对设计的条件 logistic 回归分析

1:r 配对设计资料的条件 logistic 回归分析的原理与 1:1 配对设计基本相同,在模型形式、参数估计以及参数的假设检验方面两者都是一致的。在 1:r 配对设计中,当每个匹配组中的对照数大于 1 时,条件概率及条件似然函数的形式会比 1:1 配对设计略为复杂一些,这里仅对此进行讨论。

设向量 $\boldsymbol{X}_{it} = (x_{it1}, x_{it2}, \cdots, x_{itp})$ 表示第 i 个匹配组中第 t 个观察对象危险因素的观察值。在第 i 个匹配组中的 $1+r$ 个观察对象有 1 名病例的条件下，恰好第一个观察对象属于病例组的条件概率为

$$L_i = \frac{P(\boldsymbol{X}_{i0} \mid Y = 1) \prod\limits_{t=1}^{r} P(\boldsymbol{X}_{it} \mid Y = 0)}{\sum\limits_{t=0}^{r} \left[P(\boldsymbol{X}_{it} \mid Y = 1) \prod\limits_{t'=0, \, t' \neq t}^{r} P(\boldsymbol{X}_{it'} \mid Y = 0) \right]} \tag{6-6}$$

它等于观察到的第一组危险因素属于病例而其他危险因素属于对照的概率与各种可能情况下的概率之和的比值。根据 Bayes 原理，式(6-6)可写为

$$L_i = \frac{P(Y = 1 \mid \boldsymbol{X}_{i0}) \prod\limits_{t=1}^{r} P(Y = 0 \mid \boldsymbol{X}_{it})}{\sum\limits_{t=0}^{r} \left[P(Y = 1 \mid \boldsymbol{X}_{it}) \prod\limits_{t'=0, \, t' \neq t}^{r} P(Y = 0 \mid \boldsymbol{X}_{it'}) \right]} \tag{6-7}$$

将条件 logistic 回归的模型表达式

$$P(Y = 1 \mid \boldsymbol{X}_{it}) = P_i(Y = 1 \mid \boldsymbol{X}_{it}) = \frac{1}{1 + \exp\left[-\left(\beta_{0i} + \sum\limits_{k=1}^{p} \beta_k x_{itk}\right)\right]}$$

代入式(6-7)，经过化简可以得到

$$L_i = \frac{1}{1 + \sum\limits_{t=1}^{r} \exp\left[\sum\limits_{k=1}^{p} \beta_k (x_{itk} - x_{i0k})\right]} \tag{6-8}$$

综合 h 个匹配组，得到总的条件似然函数为

$$L = \prod\limits_{i=1}^{h} \frac{1}{1 + \sum\limits_{t=1}^{r} \exp\left[\sum\limits_{k=1}^{p} \beta_k (x_{itk} - x_{i0k})\right]} \tag{6-9}$$

6.6.3　$m:n$ 配对设计的条件 logistic 回归分析

$m:n$ 配对设计条件 logistic 回归分析的基本原理与 $1:1$ 及 $1:r$ 配对设计相同，只是由于每个匹配组中的病例数和对照数都有可能大于 1，并且不同匹配组中的观察对象数可能不相等，所以条件概率及条件似然函数的形式会比前两者略微复杂。

设共有 h 个匹配组，编号由 1 到 h；第 i 个匹配组中有 m_i 例病例、n_i 例对照，共 $m_i + n_i$ 例观察对象，编号为 $1, 2, \cdots, m_i, m_i + 1, m_i + 2, \cdots, m_i + n_i$，其中前 m_i 例代表病例，后 n_i 例代表对照；因变量取值为 1 代表病例，取值为 0 代表对照；自变量的个数为 p，编号由 1 到 p；自变量的观测值用 x_{111} 表示，下标中的第一个数字代表匹配组号，第二个数字代表观察对象的组内编号，第三个数字代表自变量的编号；向量 $\boldsymbol{X}_{it} = (x_{it1}, x_{it2}, \cdots, x_{itp})$ 表示第 i 个匹配组中第 t 个观察对象自变量的观察值。

在第 i 个匹配组中的 $m_i + n_i$ 个观察对象有 m_i 名病例的条件下，恰好前 m_i 个观察对象属于病例组的条件概率为

$$L_i = \frac{\prod\limits_{t=1}^{m_i} P(\boldsymbol{X}_{it} \mid Y = 1) \prod\limits_{t=m_i+1}^{m_i+n_i} P(\boldsymbol{X}_{it} \mid Y = 0)}{\sum\limits_{j} \left[\prod\limits_{t_j=1}^{m_i} P(\boldsymbol{X}_{it_j}^{(j)} \mid Y = 1) \prod\limits_{t_j=m_i+1}^{m_i+n_i} P(\boldsymbol{X}_{it_j}^{(j)} \mid Y = 0) \right]} \tag{6-10}$$

式(6-10)中的分子为当前样本出现的概率,分母为各种可能组合情况下的概率之和。所谓各种可能组合,是指 $m_i + n_i$ 个观察对象中有 m_i 名病例的所有可能组合,共有 $C_{m_i+n_i}^{m_i}$ 种组合。t 表示观察对象的实际编号;t_j 表示第 j 种可能组合下观察对象的新编号;$X_{it_j}^{(j)}$ 为相应编号为 t_j 的自变量观察值向量。

根据 Bayes 原理对式(6-10)进行转化,将条件 logistic 回归分析模型表达为

$$P(Y = 1 \mid X_{it}) = P_i(Y = 1 \mid X_{it}) = \frac{1}{1 + \exp\left[-\left(\beta_{0i} + \sum_{k=1}^{p} \beta_k x_{itk}\right)\right]}$$

代入式(6-10)化简后可以得到

$$L_i = \frac{\prod_{t=1}^{m_i} \exp\left(\sum_{k=1}^{p} \beta_k x_{itk}\right)}{\sum_j \prod_{t_j=1}^{m_i} \exp\left(\sum_{k=1}^{p} \beta_k x_{it_jk}^{(j)}\right)} \tag{6-11}$$

综合 h 个匹配组,得到总的条件似然函数为

$$L = \prod_{i=1}^{h} \frac{\prod_{t=1}^{m_i} \exp\left(\sum_{k=1}^{p} \beta_k x_{itk}\right)}{\sum_j \prod_{t_j=1}^{m_i} \exp\left(\sum_{k=1}^{p} \beta_k x_{it_jk}^{(j)}\right)} \tag{6-12}$$

6.7 本 章 小 结

条件 logistic 回归分析是针对配对设计的多因素统计分析方法,因其概率的计算是基于条件而得名,配对设计是控制重要非试验因素经常采用的方法。本章首先给出了配对设计多重 logistic 回归分析所用数据结构、对数据结构的分析,概括介绍了与配对设计多重 logistic 回归分析有关的一些基本概念和有关内容,阐述了该方法的基本原理,通过实例详细介绍了使用 SAS 软件实现配对设计多重 logistic 回归分析的具体方法和结果解释。

参 考 文 献

1. 胡良平. SAS 统计分析教程[M]. 北京:电子工业出版社, 2010:344 - 351.

2. 胡良平. 面向问题的统计学——(2)多因素设计与线性模型分析[M]. 北京:人民卫生出版社, 2012:433 - 462.

3. 柳青. 中国医学统计百科全书——多元统计分册[M]. 北京:人民卫生出版社, 2004:212 - 217.

4. 孙振球. 医学统计学[M]. 北京:人民卫生出版社, 2002:257 - 271.

5. SAS Institute Inc. SAS/STAT 9.2 User's Guide. Cary, NC:SAS Institute Inc., 2008:3253 - 3474.

6. David W Hosmer, Stanley Lemeshow. Applied Logistic Regression[M]. Second Edition. John Wiley & Sons Inc., 2000:223 - 259.

7. David G Kleinbaum, Mitchel Klein. Logistic Regression:A Self - Learning Text[M]. Second Edition. New York: Springer - Verlag Inc., 2002:227 - 265.

第7章 潜在类别分析

在实际工作中,对所考察的受试对象进行分类是十分普遍的。当结果变量是定性的时候,根据定性结果变量对受试对象进行聚类,不适合用传统的基于定量变量的样品聚类分析方法,很多研究者对此很困惑,不清楚正确的基于定性结果变量对受试对象聚类的方法。本章将详细介绍潜在类别分析的方法及原理,使用 SAS 软件对实例进行潜在类别分析,并对输出结果进行解释。

7.1 问题与数据

【例7-1】 993 例缺血性中风病患者在一天中分别观测内风、内火、痰湿、血瘀、气虚和阴虚这六个证候。患者发病第一时间出现的证候(首发证候)情况见表 7-1(性别:0 为男性,1 为女性)。由于首发证候在临床上有重要意义,故希望按患者的首发证候将这 993 例缺血性中风病患者进行聚类,试问:可以分为几类?

表 7-1 缺血性中风病患者首发证候情况

患者编号	内风	内火	痰湿	血瘀	气虚	阴虚	年龄	性别
345	1	1	1	1	1	0	57	1
384	1	0	0	1	0	0	74	1
3214	1	0	0	1	0	1	68	0
8382	1	0	1	1	1	0	85	0
9455	0	1	0	1	1	1	67	0
9918	1	1	1	1	0	0	69	0
11444	1	0	0	1	1	0	71	0
12983	0	1	1	1	0	0	76	0
13351	0	1	1	1	1	0	46	0
14698	1	0	1	1	1	0	75	1
16092	1	1	0	1	1	1	60	1
16195	1	0	0	1	1	1	73	0
17071	1	0	0	1	1	0	60	0
18471	1	1	0	1	1	1	73	0
...	...	...	...	...	...	...	...	...
411443002	1	1	1	0	1	0	67	0

注:表中六个证候,0 表示无此证候,1 表示此证候存在。

【例7-2】 数据同例 7-1,试问在例 7-1 的基础上,将受试对象的性别作为协变量,对这 993 例缺血性中风病患者进行聚类,若聚成两类,结果如何?

【例 7-3】　数据同例 7-1，试问在例 7-1 的基础上，将受试对象的性别作为分组变量，将年龄作为协变量，假定组间项目反应概率相等，对这 993 例缺血性中风病患者进行聚类，若聚成两类，结果如何？

7.2　对数据结构的分析

对于例 7-1，资料中仅涉及一个组，即 993 例缺血性中风病患者，获得各患者"内风"、"内火"、"痰湿"、"血瘀"、"气虚"和"阴虚"六个证候数据，均是二值结果变量，同时测定同一个受试对象的这六种证候，受试对象未按任何试验因素进行分组，故该资料可称为单组设计六元定性资料。

对于例 7-2，同样受试对象未按任何实验因素进行分组，结果变量为这六个二值的证候数据，考虑患者的性别（二值），将性别作为协变量，希望消除患者性别对结果变量的影响，故该资料可称为含一个协变量的单组设计六元定性资料。

对于例 7-3，受试对象按性别进行分组，结果变量为六个二值的证候数据，考虑患者的年龄（连续变量），将年龄作为协变量，希望消除患者年龄对结果变量的影响，故该资料可称为含一个协变量的成组设计六元定性资料。

7.3　统计分析目的与分析方法选择

例 7-1、例 7-2 和例 7-3 中的资料均为多元定性资料，研究目的是根据患者的首发证候将这 993 例缺血性中风病患者进行分类。潜在类别分析是基于受试对象的一组定性观测变量的结果来将受试对象分入最合适的组别的一种统计分析方法，是一个在单个时间点建模的方法。由于结果变量是定性的，所以若根据患者第一时间的这六个证候（二值变量）对受试对象进行聚类，均可选用潜在类别分析。

7.4　用 SAS 软件对实例进行解析

7.4.1　对例 7-1 进行潜在类别分析

对例 7-1 进行潜在类别分析，SAS 程序（程序名为 TJFX7_1. SAS）如下：

```
data tjfx7_1;                    /* 1 */        proc lca data = tjfx7_1;        /* 2 */
infile 'D:\TJFX\TJFX7_1.txt';                   nclass1;
input ID feng huo tan yu qi yin age xb;         items feng huo tan yu qi yin;
if feng = 0 then feng = 2;                      categories2 2 2 2 2 2;
if huo = 0 then huo = 2;                        seed10000;
if tan = 0 then tan = 2;                        nstarts20;
if yu = 0 then yu = 2;                          run;
if qi = 0 then qi = 2;
if yin = 0 then yin = 2;
if xb = 0 then xb = 2;
run;
```

```
proc lca data = tjfx7_1;          /* 3* /
nclass2;
items feng huo tan yu qi yin;
categories2 2 2 2 2 2;
seed10000;
nstarts20;
run;

proc lca data = tjfx7_1;          /* 4* /
nclass3;
items feng huo tan yu qi yin;
categories2 2 2 2 2 2;
seed10000;
rho prior = 1;
nstarts20;
run;

proc lca data = tjfx7_1;          /* 5* /
nclass4;
items feng huo tan yu qi yin;
categories2 2 2 2 2 2;
seed10000;
rho prior = 1;
nstarts20;
run;

proc lca data = tjfx7_1;          /* 6* /
nclass5;
items feng huo tan yu qi yin;
categories2 2 2 2 2 2;
seed10000;
rho prior = 1;
nstarts20;
run;
```

```
proc lca data = tjfx7_1;          /* 7* /
nclass6;
items feng huo tan yu qi yin;
categories2 2 2 2 2 2;
seed10000;
rho prior = 1;
nstarts20;
run;

proc lca data = tjfx7_1;          /* 8* /
nclass7;
items feng huo tan yu qi yin;
categories2 2 2 2 2 2;
seed10000;
rho prior = 1;
nstarts20;
run;

proc lca data = tjfx7_1 outpost = post1
outest = est1 outparam = par1;/* 9* /
nclass2;
items feng huo tan yu qi yin;
categories2 2 2 2 2 2;
id ID;
seed10000;
nstarts20;
run;

data p;                          /* 10* /
set post1;
if postlc1 > postlc2 then post = 1;
if postlc2 > postlc1 then post = 2;
run;
```

【程序说明】　第 1 步为建立数据集 tjfx7_1，infile 语句用来定义一个外部数据文件，文件中的数据用 input 语句来读取，LCA 过程的数值要求为 1 ~ 2 的整数，所以将证候数据中的 0 转化成 2。第 2 ~ 8 步对这 993 例缺血性中风病住院患者(结果变量为中医证候中的内风、内火、痰湿、血瘀、气虚和阴虚六个二值变量)进行探索性潜在类别分析，首先估计含有 1 个潜在类别的模型(基准模型)，接着依次增加潜在类别数量至 7。其中，proc lca 为调用潜在类别分析；nclass 语句指定模型中潜在类别的数量；items 语句列出作为潜在类别的外显变量的分类变量；categories 语句列出 items 语句中每个变量反应种类的数量；通过在 seed 语句中指定正整数可以生成项目反应概率参数的随机初始值；若在计算标准误过程中信息矩阵不能求逆(有时这是由于自由度不足或超出边界值导致有效的标准误不能被计算)，日志中会出现警告，建议使用rho prior 语句，它用于调用项目反应概率参数稳定化先验，先验强度必须被指定，推荐使用"rho prior = 1；nstart"语句指定使用的不同初始值的数量。根据潜在类别模型的拟合统计量，选择两类别的模型继续研究。第 9 步输出分成两个类别时各个观测的后验概率，以此为分组基础,见数据集 post1 。"outpost"选项产生一个包含潜在类别成员后验概率的数据集,等号后面写上这个新数据集的名字 post1;"outest"选项产生一个包含最终参数估计值、对数似然值、自由度和拟合指标的 SAS 数据文件,等号后面写上这个新数据文件的名字 est1;"outparam"选项产生一个包含最终参数估计值的输出 SAS 数据文件,等号后面写上这个文件的名字 par1。id语句用于指定分析数据集中的一个或多个变量添加到 outpost SAS 数据集中,它仅和 proc lca 的"outpost"选项联用,使得使用者可以在 SAS 数据集中保存后验概率。第 10 步按后验概率的大小对受试对象进行分组。

【输出结果及解释】

输出结果见表表 7-2。

表7-2　潜在类别模型的拟合结果

潜在类别数	Log-likelihood	G²	AIC	BIC	CAIC	Adjusted BIC	df	△G²	△df
1 类	−3572.47	152.71	164.71	194.11	200.11	175.06	57	−	−
2 类	−3525.16	58.08	84.08	147.79	160.79	106.50	50	94.63	7
3 类	−3517.97	43.71	83.71	181.72	201.72	118.20	43	14.37	7
4 类	−3513.61	34.99	88.99	221.31	248.31	135.56	36	8.72	7
5 类	−3509.78	27.33	95.33	261.95	295.95	153.97	29	7.66	7
6 类	−3506.87	21.51	103.51	304.44	345.44	174.23	22	5.82	7
7 类	−3503.36	14.49	110.49	345.72	393.72	193.27	15	7.02	7

注:df 为自由度,第 2 行(即 2 类)为选择的模型。

通常来说,当样本例数很大时,建议使用贝叶斯信息准则(BIC)对模型的好坏进行判断。本例的样本数为 993,因此可以用 BIC 来比较模型,取值越小说明模型拟合越好。可以看出,当潜在类别数为 2 时 BIC 的值最小并且易解释,表明两个潜在类别的模型是首选模型,故选择两类别的模型继续进行研究。

表 7-3 是潜在类别数为 2 时缺血性中风病住院患者的潜在类别概率,表示每个潜在类别的相对大小。潜在类别概率值分别是 0.3817 和 0.6183,类别 2 的比重大于类别 1,概率和等于 1。这里的潜在类别概率值与因子分析中的因子得分(因子贡献率)相似,概率值越大说明在

表7-3　潜在类别概率

类　别	1	2
潜在类别概率	0.3817	0.6183
标准误	0.0156	0.0156

潜在变量中的地位就越重要,对外显变量(结果变量)的影响就越大。因此可以认为模型中潜在类别 2 的作用大于潜在类别 1。

项目反应概率与因子分析中的因子载荷相似,表示各潜在类别和外显变量间的关联强度,概率值越大说明潜在变量对外显变量的影响就越大,它是潜在类别解释和命名的依据。由表 7-4 可以看出,证候取值为 1 时,潜在类别 1 和潜在类别 2 中外显变量"内火"的项目反应概率分别为 0.01% 和 100.00%,其他五个证候的项目反应概率在各潜在类别间差别不是很大。因此,可以把潜在类别 1 命名为"无明显内火"组,潜在类别 2 命名为"内火"组。

基于第一时间患者的最大后验概率将 993 例缺血性中风病患者进行分类的结果如下。

(1)潜在类别 1:"无明显内火"组(379 人);

(2)潜在类别 2:"内火"组(614 人)。

根据观测的各时间点各证候的发生频率,对两组患者绘制线图,分别如图 7-1 和图 7-2所示。

表7-4 项目反应概率

项 目		项目反应概率（标准误）	
		类 别 1	类 别 2
内风	1	0.8707 (0.0172)	0.8453 (0.0146)
	0	0.1293 (0.0172)	0.1547 (0.0146)
内火	1	0.0001 (0.0066)	1.0000 (0.0000)
	0	0.9999 (0.0066)	0.0000 (0.0000)
痰湿	1	0.4881 (0.0257)	0.6857 (0.0188)
	0	0.5119 (0.0257)	0.3143 (0.0188)
血瘀	1	0.7493 (0.0223)	0.7280 (0.0180)
	0	0.2507 (0.0223)	0.2720 (0.0180)
气虚	1	0.5831 (0.0253)	0.3958 (0.0198)
	0	0.4169 (0.0253)	0.6042 (0.0198)
阴虚	1	0.1873 (0.0200)	0.3192 (0.0188)
	0	0.8127 (0.0200)	0.6808 (0.0188)

可以由图7-1看出，"无明显内火"组缺血性中风病患者内风的发生率前7天下降显著，第14天达到最低点，后趋于平缓；内火的发生率在1~7天明显上升，第7天最高，之后缓慢下降；痰湿的发生率先较平缓(1~7天)后呈下降趋势(7~90天)；血瘀的发生率呈下降趋势；气虚的发生率前28天下降，28天后上升，但波动幅度不大；阴虚的发生率较其他证候要低，并且变化不大。

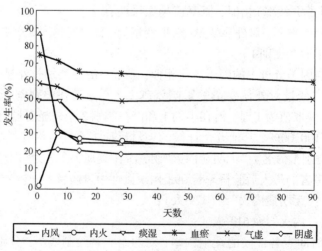

图7-1 "无明显内火"组患者不同时间点各证候发生频率图

可以由图7-2看出,"内火"组缺血性中风病患者内风的发生率前7天下降显著,第14天达到最低点,后轻微波动;内火的发生率随时间逐渐下降,第1天时发生率最高;痰湿的发生率先下降较快(1~14天),14~28天较平缓,之后继续下降;血瘀的发生率呈下降趋势,气虚的发生率呈波动趋势(先下降后上升),但变化幅度都不大;阴虚的发生率较其他证候要低,并且逐渐下降。

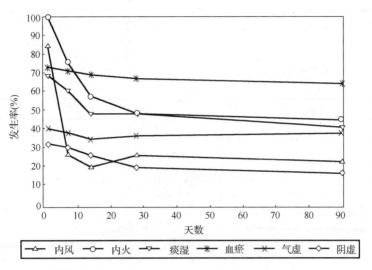

图7-2 "内火"组患者不同时间点各证候发生频率图

图7-3~图7-8分别为"无明显内火"组和"内火"组缺血性中风病患者内风、内火、痰湿、血瘀、气虚和阴虚发生率的情况。

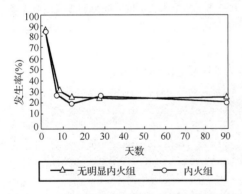 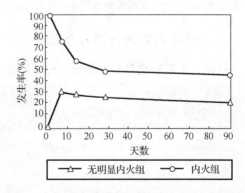

图7-3 两组患者不同时间点内风发生频率图   图7-4 两组患者不同时间点内火发生频率图

可以看出,经潜在类别分析,将缺血性中风病住院患者按首发证候聚成两类,各类患者各证候的发生率及随时间的变化趋势是有所区别的。两组患者内风的发生率基本接近,仅在7~25天左右,"内火"组患者低于"无明显内火组"患者;"内火"组患者的内火发生率呈明显下降趋势,"无明显内火"组患者的内火发生率前7天快速上升,第7天最高,7~90天缓慢下降;"内火"组患者的痰湿发生率普遍高于"无明显内火"组。其中,"内火"组患者1~14天显著下降,14~28天基本不变,28天后缓慢下降,"无明显内火"组患者1~7天比较平稳,7天后有下降趋势。两组患者的血瘀发生率随时间推移下降,但幅度都不大,"无明显内火"组患者的血瘀发生率相对来说变化较"内火"组患者变化幅度稍大一些。两组患者的气虚发生率变化趋势基本相近,但"无明显内火"组整体高于"内火"组。"无明显内火"组患者阴虚的发生率随时间波动(1~7天上升,7~28天下降,28天后上升),但幅度不大,"内火"组患者则逐渐下降,前28天"内火"组患者的阴虚发生率高于"无明显内火"组。

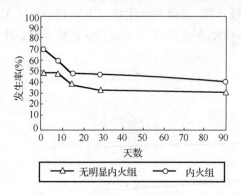

图7-5 两组患者不同时间点痰湿发生频率图

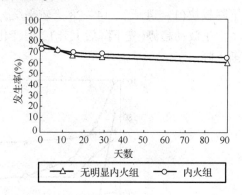

图7-6 两组患者不同时间点血瘀发生频率图

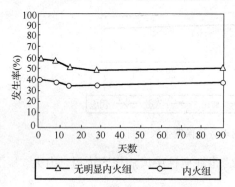

图7-7 两组患者不同时间点气虚发生频率图

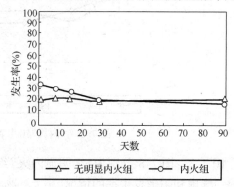

图7-8 两组患者不同时间点阴虚发生频率图

7.4.2 对例7-2进行潜在类别分析

对例7-2进行潜在类别分析,SAS程序(程序名为TJFX7_2.SAS)如下:

```
data tjfx7_2;                  /* 1* /
infile 'D:\TJFX\TJFX7_1.txt';
input ID feng huo tan yu qi yin age xb;
if feng =0 then feng =2;
if huo =0 then huo =2;
if tan =0 then tan =2;
if yu =0 then yu =2;
if qi =0 then qi =2;
if yin =0 then yin =2;
if xb =0 then xb =2;
run;
```

```
proc lca data =tjfx7_2 outpost =post1
outest =est1 outparam =par1;   /* 2* /
nclass2;
items feng huo tan yu qi yin;
categories 2 2 2 2 2 2;
id ID;
covariates xb;
beta prior =1;
rho prior =1;
seed10000;
run;

data p;                        /* 3* /
set post1;
if postlc1 >postlc2 then post =1;
if postlc2 >postlc1 then post =2;
run;
```

【程序说明】　第 1 步为建立数据集 tjfx7_2，infile 语句用来定义一个外部数据文件，文件中的数据用 input 语句来读取，LCA 过程的数值要求为 1 ~ 2 的整数，所以将证候数据和性别中的 0 转化成 2。第 2 步对这 993 例缺血性中风病住院患者(结果变量为中医证候中的内风、内火、痰湿、血瘀、气虚和阴虚六个二值变量)进行潜在类别分析，潜在类别数为 2。covariates 语句指定协变量为性别(xb)，beta prior 语句用于调用 β 参数稳定化先验，先验强度必须被指定，推荐 beta prior = 1。其他语句和选项的含义同 tjfx7_1. sas，需要注意的是，含协变量时不能使用 nstarts 语句。第 3 步按后验概率的大小对受试对象进行分组。

【输出结果及解释】

数据和模型总结以及拟合统计量

（EM Algorithm with Logistic Regression）

Number of subjects in dataset：　　　　993

Number of subjects in analysis：　　　　993

以上是数据集中和要分析的受试对象的数量。

Number of measurement items：　　　　6

Response categories per item：　　　　2 2 2 2 2 2

Number of groups in the data：　　　　1

Number of latent classes：　　　　2

以上是项目的数量、每个项目的反应种类、组数和潜在类别数。

Logistic model：　　　　multinomial

Number of covariates used：　　　　1

Reference class：　　　　1

以上是 logistic 模型类型、协变量数量、参照类别。

Rho starting values were randomly generated（seed = 10000）.

No parameter restrictions were specified（freely estimated）.

The model converged in 563 iterations.

Maximum number of iterations：5000

Convergence method：maximum absolute deviation（MAD）

Convergence criterion：　0.000001000

以上是迭代信息。

Fit statistics：

Log-likelihood：　　　　　　－3521.20

拟合统计量中对数似然值为 － 3521.20。

表 7-5 是性别作为协变量、潜在类别数为 2 时缺血性中风病住院患者的潜在类别概率，表示每个潜在类别的相对大小。潜在类别概率值分别是 0.5950 和 0.4050，类别 1 的比重大于类别 2，概率和等于 1。概率值越大说明在潜在变量中的地位就越重要，对外显变量(结果变量)

的影响就越大。因此可以认为模型中潜在类别 1 的作用大于潜在类别 2。

项目反应概率值越大说明潜在变量对外显变量的影响就越大，它是潜在类别解释和命名的依据。由表 7-6 可以看出，证候取值为 1 时，潜在类别 1 中外显变量"内风"、"内火"、"痰湿"和"血瘀"的概率值都很大，分别为 84.41%、78.67%、73.55% 和 73.43%，可以将其命名为"内风 + 内火 + 痰湿 + 血瘀"组；潜在类别 2 中"内风"、"血瘀"和"气虚"的概率值较大，分别为 87.10%、73.89% 和 73.00%，故称为"内风 + 血瘀 + 气虚"组。

表 7-5 潜在类别概率

类 别	1	2
潜在类别概率	0.5950	0.4050
标准误	0.0955	0.0955

表 7-6 项目反应概率

项 目		项目反应概率（标准误）	
		类 别 1	类 别 2
内风	1	0.8441 (0.0190)	0.8710 (0.0251)
	0	0.1559 (0.0190)	0.1290 (0.0251)
内火	1	0.7867 (0.0419)	0.3710 (0.0821)
	0	0.2133 (0.0419)	0.6290 (0.0821)
痰湿	1	0.7355 (0.0365)	0.4263 (0.0549)
	0	0.2645 (0.0365)	0.5737 (0.0549)
血瘀	1	0.7343 (0.0232)	0.7389 (0.0306)
	0	0.2657 (0.0232)	0.2611 (0.0306)
气虚	1	0.2885 (0.0535)	0.7300 (0.0631)
	0	0.7115 (0.0535)	0.2700 (0.0631)
阴虚	1	0.2754 (0.0260)	0.2593 (0.0353)
	0	0.7246 (0.0260)	0.7407 (0.0353)

性别作为协变量，基于第一时间患者的最大后验概率将 993 例缺血性中风病患者进行分类的结果如下。

(1) 潜在类别 1："内风 + 内火 + 痰湿 + 血瘀"组（576 人）；

(2) 潜在类别 2："内风 + 血瘀 + 气虚"组（417 人）。

因模型含有协变量，需要估计另外一个参数 β，即协变量的 logistic 回归系数，表 7-6 和表 7-7 中的数据以潜在类别 1 为参照，括号中为参数 β 的标准误。

表 7-8 给出以潜在类别 1 为参照时，截距和性别的 OR 值以及 OR 值的上限和下限。截距的 OR = 6.7508，下限为 1.4748，上限为 30.902。协变量性别的 OR = 0.2461，下限为 0.1284，上限为 0.4719。

表 7-7 参数 β 及相应标准误		
类　别	1	2
截距:	参照	1.9097
		(0.7761)
性别:		-1.4019
		(0.3321)

表 7-8 OR 估计值[95%置信区间]		
类　别	1	2
截距(odds):	参照	6.7508
下限		[1.4748]
上限		[30.902]
性别:		0.2461
下限		[0.1284]
上限		[0.4719]

以上是协变量性别的 logistic 回归系数的检验结果, $P = 0.0049$, 小于 0.05, 说明性别对结果的影响有统计学意义。

聚类后各组患者各证候随时间的变化趋势及比较从略。

显著性检验

参数 β 检验(Type Ⅲ):基于 2 × 对数似然

Covariate	Exclusion LL	Change in 2 * LL	deg freedom	p-Value
性别	-3525.16	7.92	1	0.0049

7.4.3 对例 7-3 进行潜在类别分析

对例 7-3 进行潜在类别分析, SAS 程序(程序名为 TJFX7_3.SAS)如下:

```
data tjfx7_3;                    /* 1* /
infile 'D:\TJFX\TJFX7_1.txt';
input ID feng huo tan yu qi yin age xb;
if feng =0 then feng =2;
if huo =0 then huo =2;
if tan =0 then tan =2;
if yu =0 then yu =2;
if qi =0 then qi =2;
if yin =0 then yin =2;
if xb =0 then xb =2;
run;

proc lca data =tjfx7_3 outpost =post1
outest =est1 outparam =par1;    /* 2* /
nclass2;
items feng huo tan yu qi yin;
categories2 2 2 2 2;
groups xb;
groupnames male female;
measurement groups;
id ID;
covariates age;
reference1;
beta prior =1;
seed10000;
run;

data p;                          /* 3* /
set post1;
if postlc1 >postlc2 then post =1;
if postlc2 >postlc1 then post =2;
run;
```

【程序说明】 第 1 步为建立数据集 tjfx7_3, infile 语句用来定义一个外部数据文件, 文件中的数据用 input 语句来读取, proc lca 过程的数值要求为 1~2 的整数, 所以将证候数据和性别中的 0 转化成 2。第 2 步对这 993 例缺血性中风病住院患者(结果变量为中医证候中的内风、内火、痰湿、血瘀、气虚和阴虚六个二值变量)进行潜在类别分析, 潜在类别数目为 2。groups 语句指定分组变量 xb, 数据按性别进行分组, groupnames 语句为每一组命名;measurement 语句调用组间测量不变性；covariates 语句指定协变量为年龄（age）；reference 语句指定潜在类别 1 作为参照组；beta prior 语句用于调用 β 参数稳定化先验，先验强度必须被指定，推荐 beta prior $=1$。其他语句和选项的含义同 TJFX7_1. SAS，需要注意的是，含协变量时不能使用 nstarts 语句。第 3 步按后验概率的大小对受试对象进行分组。

【输出结果及解释】

数据和模型总结以及拟合统计量

（EM Algorithm with Logistic Regression）

Number of subjects in dataset：　　　　993

Number of subjects in analysis：　　　　993

以上是数据集中和要分析的受试对象的数量。

Number of measurement items：　　　　6

Response categories per item：　　　　2 2 2 2 2 2

Number of groups in the data：　　　　2

Number of latent classes：　　　　2

以上是项目的数量、每个项目的反应种类、组数和潜在类别数。

Logistic model：　　　　multinomial

Number of covariates used：　　　　1

Reference class：　　　　1

NOTE：A data-derived prior was applied to the beta parameters to stabilize the logistic regression model.

Rho starting values were randomly generated（seed ＝ 10000）.

Rho（measurement）parameters were constrained to be equal across groups.

以上是 logistic 模型类型、协变量数量、参照类别，限定项目反应概率在组间相等。

The model converged in 213 iterations.

Maximum number of iterations：5000

Convergence method：maximum absolute deviation（MAD）

Convergence criterion：　　0.000001000

以上是迭代信息。

Fit statistics：

Log-likelihood：　　　　−3516.08

拟合统计量中对数似然值为 −3516.08。

表 7-9 是性别作为分组变量、年龄作为协变量、假定项目反应概率在组间相等、潜在类别数为 2 时缺血性中风病住院患者的潜在类别概率，表示每个潜在类别的相对大小。男性组潜在类别概率值分别是 0.3817 和 0.6183，类别 1 的比重小于类别 2，概率和等于 1。女性组潜在类别概率值分别是 0.7210 和 0.2790，类别 1 的比重大于类别 2，概率和等于 1。概率值越大说明在潜在变量中的地位就越重要，对外显变量（结果变量）的影响就越大。因此可以认为男性组潜在类别 1 的作用小于潜在类别 2，女性组潜在类别 1 的作用大于潜在类别 2。

表7-9 潜在类别概率

类别：		1	2
男性	潜在类别概率	0.3817	0.6183
	标准误	0.0563	0.0563
女性	潜在类别概率	0.7210	0.2790
	标准误	0.0434	0.0434

项目反应概率值越大说明潜在变量对外显变量的影响就越大，它是潜在类别解释和命名的依据。由表7-10可以看出，证候取值为1时，潜在类别1中外显变量"内风"、"内火"、"痰湿"和"血瘀"的概率值都很大，分别为83.95%、77.48%、72.07%和73.16%，可以将其命名为"内风+内火+痰湿+血瘀"组；潜在类别2中"内风"、"血瘀"和"气虚"的概率值较大，分别为87.88%、74.31%和75.83%，故称为"内风+血瘀+气虚"组。

表7-10 项目反应概率

项 目		项目反应概率（标准误）	
		类 别 1	类 别 2
内风	1	0.8395 (0.0186)	0.8788 (0.0239)
	0	0.1605 (0.0186)	0.1212 (0.0239)
内火	1	0.7748 (0.0316)	0.3776 (0.0530)
	0	0.2252 (0.0316)	0.6224 (0.0530)
痰湿	1	0.7207 (0.0285)	0.4404 (0.0432)
	0	0.2793 (0.0285)	0.5596 (0.0432)
血瘀	1	0.7316 (0.0225)	0.7431 (0.0302)
	0	0.2684 (0.0225)	0.2569 (0.0302)
气虚	1	0.2781 (0.0382)	0.7583 (0.0510)
	0	0.7219 (0.0382)	0.2417 (0.0510)
阴虚	1	0.2783 (0.0241)	0.2544 (0.0328)
	0	0.7217 (0.0241)	0.7456 (0.0328)

性别作为分组变量、年龄作为协变量、假定项目反应概率在组间相等，基于第一时间患者的最大后验概率将993例缺血性中风病患者进行分类的结果如下。

（1）潜在类别1："内风+内火+痰湿+血瘀"组（628人）；

（2）潜在类别2："内风+血瘀+气虚"组（365人）。

因模型含有协变量，需要估计另外一个参数β，即协变量的logistic回归系数，表7-11和表7-12中的数据均以潜在类别1为参照，括号中为参数β的标准误。

表 7-11　男性组参数 β 及相应标准误

类　别	1	2
截距:	参照	−1.0603
		(0.9481)
年龄:		0.0228
		(0.0139)

表 7-12　女性组参数 β 及相应标准误

类　别	1	2
截距:	参照	−3.1408
		(0.9132)
年龄:		0.0337
		(0.0130)

表 7-13 给出了男性组以潜在类别 1 为参照时,潜在类别 2 截距和年龄的 OR 值以及 OR 值的上限和下限。截距的 OR = 0.3463,下限为 0.0540,上限为 2.2208。协变量年龄的 OR = 1.0230,下限为 0.9956,上限为 1.0512。

表 7-14 给出了女性组以潜在类别 1 为参照时,潜在类别 2 截距和年龄的 OR 值以及 OR 值的上限和下限。截距的 OR = 0.0432,下限为 0.0072,上限为 0.2590。协变量年龄的 OR = 1.0342,下限为 1.0081,上限为 1.0610。

表 7-13　男性组 OR 估计值[95% 置信区间]

类　别	1	2
截距(odds):	参照	0.3463
下限		[0.0540]
上限		[2.2208]
年龄:		1.0230
下限		[0.9956]
上限		[1.0512]

表 7-14　女性组 OR 估计值[95% 置信区间]

类　别	1	2
截距(odds):	参照	0.0432
下限		[0.0072]
上限		[0.2590]
年龄:		1.0342
下限		[1.0081]
上限		[1.0610]

显著性检验

参数 β 检验(Type III):基于 2 × 对数似然

Covariate	Exclusion LL	Change in 2 ∗ LL	deg freedom	p-Value
年龄	−3521.20	10.23	2	0.0060

以上是协变量年龄的 logistic 回归系数的检验结果, $P = 0.0060$,小于 0.05,说明年龄对结果的影响有统计学意义。

聚类后各组患者各证候随时间的变化趋势及比较从略。

7.5　潜在类别分析基本概念

潜在类别分析(Latent Class Analysis, LCA)由 Lazarsfeld (1950)、Lazarsfeld and Henry (1968)提出,是用于社会学、生物医学和市场研究等领域的一个权威的数据分析工具。它通过潜在类别模型(Latent Class Model, LCM),试图以最少数目的潜在类别来解释外显变量之间的关联,使一组外显变量 A, B, C, …之间的关系可以被潜在变量 X 来解释,各外显变量间必须维持局部独立性。其中,外显变量是指可以直接观测的变量;潜在变量是指不可直接观测的变量,它通过多个观测变量(外显变量)来度量,潜在变量的每个水平被称为潜在类别。根据外显变量和潜在变量的性质产生四种不同的潜在变量模型,见表 7-15。

LCA 模型与因子分析相似,但它的潜在变量和外显变量都是分类变量,应用范围也更广。LCA 分为探索性和验证性两种,其主要目的在于聚类,是基于受试对象的一组定性观测变量的结果来将受试对象分入最合适的组别的一种统计方法。有研究表明,潜在类别分析作为聚类分析工具与传统的聚类方法相比有一些优点。LCA 有两个非常有用的扩展，分别是多组别 LCA 和含协变量的 LCA。

表 7-15　四种不同潜在变量模型

外显变量	潜在变量模型		
	潜在变量：	连　续	分　类
连续		因子分析	潜在轮廓分析
分类		潜在特质分析(项目反应理论)	潜在类别分析

数据分析可通过 SAS 9.2 完成。PROC LCA 是一个用于潜在类别分析的新的 SAS 过程，可被用于拟合多种潜在类别模型。它是适用于 SAS 9.1 及以上版本的外挂程序，使用方便，安装软件可以在 http://methodology. psu. edu 免费下载，安装后从 SAS 中直接调用。假定数据为随机缺失(MAR)，这个过程可以处理外显变量(结果变量)存在缺失的数据，这样就可以使用用收集到的所有数据。也就是说，不需要删除存在缺失数据的受试对象，仅需将所有缺失数据在 SAS 系统中编码为缺失(.)，缺失数据通过完整信息最大似然(FIML)技术来处理。即使不能满足 MAR 假定，这个含缺失数据的结果也比将受试对象删除得到的结果要好。

7.6　潜在类别分析原理概述

7.6.1　基本模型

传统潜在类别分析假定每个受试对象是一个(且只能是一个)潜在类别中的一员，且外显变量间存在局部独立性，也就是说，在潜在类别中观测变量是相互独立的。

1. 用概率公式描述潜在类别模型

例如，有四个名义的外显变量 A、B、C 和 D，潜在类别模型的形式如下：

$$\pi_{ijklt} = \pi_t^X \pi_{it}^{A|X} \pi_{jt}^{B|X} \pi_{kt}^{C|X} \pi_{lt}^{D|X} \tag{7-1}$$

式中，π_t^x 表示潜在变量 X 在第 t 个潜在类别的概率，$t = 1, 2, \cdots, T$；$\pi_{it}^{A|X}$ 表示已知潜在变量 X 出现在第 t 个类别时，外显变量 A 出现在第 i 个类别的概率，$i = 1, 2, \cdots, I$。同理，可以解释 $\pi_{jt}^{B|X}$、$\pi_{kt}^{C|X}$、$\pi_{lt}^{D|X}$($j = 1, 2, \cdots, J$；$k = 1, 2, \cdots, WK$；$l = 1, 2, \cdots, L$) 的含义。

分析以拟合潜在类别数为 1 的基准模型

$$\pi_{ijkl} = \pi_i^A \pi_j^B \pi_k^C \pi_l^D \tag{7-2}$$

开始，如果基准模型没能很好地拟合数据，则依次增加一个类别数目，直至得到拟合度足够好的最简模型。

2. 用对数线性模型的形式描述潜在类别模型

X 表示名义潜在变量，T 表示分类外显变量。有 T 个分类外显变量的潜在类别聚类模型的对数线性表示法为：

$$\ln(F_{ijklt}) = \lambda + \lambda_t^X + \lambda_i^A + \lambda_j^B + \lambda_k^C + \lambda_l^D + \lambda_{it}^{AX} + \lambda_{jt}^{BX} + \lambda_{kt}^{CX} + \lambda_{lt}^{DX} \tag{7-3}$$

式中，$i = 1, 2, \cdots, I$；$j = 1, 2, \cdots, J$；$k = 1, 2, \cdots, WK$；$l = 1, 2, \cdots, L$；$t = 1, 2, \cdots, T$。潜在类别 X 的数目 $X = 1, \cdots, n$ 由研究者指定。潜在类别模型表达式包含潜在变量和外显变量的单变量参数、潜在变量和每个外显变量的两变量相关参数。

为了方便计算不同的参数，对数线性潜在类别模型需施加一组哑变量限定，即

$$\lambda_1^X = \lambda_1^A = \lambda_1^B = \lambda_1^C = \lambda_1^D = 0$$

$$\lambda_{i1}^{AX} = \lambda_{j1}^{BX} = \lambda_{k1}^{CX} = \lambda_{l1}^{DX} = 0$$

$$(i = 1, 2, \cdots, I; j = 1, 2, \cdots, J; k = 1, 2, \cdots, WK; l = 1, 2, \cdots, L)$$

$$\lambda_{lt}^{AX} = \lambda_{lt}^{BX} = \lambda_{lt}^{CX} = \lambda_{lt}^{DX} = 0(t = 2, 3, \cdots, T)$$

潜在类别数为 1 的基准模型为

$$\ln(F_{ijkl}) = \lambda + \lambda_i^A + \lambda_j^B + \lambda_k^C + \lambda_l^D \tag{7-4}$$

式(7-1)中的项目反应概率与公式(7-3)中的对数线性参数之间有关联,关系如下:

$$\pi_{it}^{A|X} = \frac{F_{i+++t}}{F_{++++t}} = \frac{\exp(\lambda_i^A + \lambda_{it}^{AX})}{\sum_i \exp(\lambda_i^A + \lambda_{it}^{AX})} \tag{7-5}$$

也可以得到其他三个外显变量相似的表达式。

7.6.2　模型参数

潜在类别分析涉及两类不同参数:潜在类别概率(latent class probabilities)和项目反应概率(item-response probabilities)。

1.潜在类别概率

潜在类别概率说明了每个潜在类别的相对大小,π_t^X 表示当测量变量具有局部独立性时潜在变量 X 在第 t 个水平的概率($t = 1, 2, \cdots, T$)。它由潜在类别数和潜在类别的相对强度所决定。由于潜在类别是互斥的,潜在类别概率之和为 1,即

$$\sum_t \pi_t^X = 1$$

2.项目反应概率

项目反应概率说明了外显变量和潜在类别间的关联强度,$\pi_{it}^{A|X}$ 表示已知潜在变量 X 出现在第 t 个类别时外显变量 A 出现在第 i 个类别的概率。它与因子分析中的因子载荷相似,给出潜在类别解释和命名的依据。项目反应概率越大,说明潜在变量对外显变量的影响力越大。项目反应概率总和为 1,即

$$\sum_i \pi_{it}^{A|X} = \sum_j \pi_{jt}^{B|X} = \sum_k \pi_{kt}^{C|X} = \sum_l \pi_{lt}^{D|X} = 1$$

需要注意的是,如果模型含有协变量,则需要估计另外一个参数 β,即协变量的 logistic 回归系数。

7.6.3　模型估计

下一步最重要的工作就是估计出模型中的未知参数。潜在类别分析求解的主要方式是最大似然估计法(MLE),似然函数的最大化可通过 EM(Expectation Maximization)算法和 NR(Newton – Raphson)算法实现,即这两个迭代算法都可用于求最大似然参数估计值。EM 算法不受初始值影响,稳定性好;Newton – Raphson 算法运算速度快。最好的方法是先用 EM 算法迭代至达到收敛标准或达到指定的最大迭代数,再转用 Newton – Raphson 算法,这是将两个算法的优点联合起来的一种方法。需要注意的是,当使用迭代估计算法求最大似然参数估计值时,需设定收敛标准或最大迭代数来使迭代过程停止,否则迭代过程会无限地进行下去。

为了使参数估计能完全进行下去,必须从数据中获得足够信息来产生参数估计。总的来说,与简单模型相比,复杂潜在类别模型(如有较多潜在类别数目、组别或协变量的模型)需要更多信息。和所有潜在变量模型一样,模型识别是一个在 LCA 中需要被探讨的问题。如果需

要模型中的参数能够顺利求出一组最佳解,那么参数数目必须要小于自由度。自由度等于多因素表格的全部单元格数量减去参数的数量再减 1。

潜在类别模型被识别的一个必要非充分条件是其自由度必须大于等于 1。然而在以下情况下,潜在类别模型可能会不被识别:

(1)太多参数被估计。在所有统计模型中,识别的一个必要条件是已知信息量超过未知信息量。当已知信息与未知信息的比减小时,识别最大似然解的难度会增加。因此,在其他条件相同的情况下,模型中越多的参数被估计就越有可能会出现识别问题。

(2)样本量较少。

(3)观测数据形成的列联表中单元格的个数较少。

(4)同质性或潜在类别分离不太好。

潜在类别分析可能会得到局部最优值。避免得到局部最优值的方法是使用不同的初始值,一些用于潜在类别聚类的计算机程序从多组随机初始值中自动寻找最佳初始值。若特定统计模型和数据集给出足够信息来识别参数的最大似然估计值,则认为模型是被识别的。在这种情况下,无论初始值如何,都可得到同样的解。检查潜在类别模型识别的方法是依据期望信息矩阵(Formann,1992)。如果所有模型参数均被识别,信息矩阵满秩,则它的所有特征根均大于 0。通常,为了减少被估计的参数数量,增加合理的参数限定可以减少未知信息量并有助于得到识别的模型。

7.6.4 模型评价

模型选择问题是潜在类别聚类的一个主要的研究热点,为了选择最适类别数并拟合最佳模型,需要对数据拟合一系列的潜在类别模型。由拟合最简单的只含一个潜在类别的模型开始,依次增加类别的数目并检验每个模型,直至找到最佳模型。模型拟合要看指定的潜在类别模型是否足以描述数据,确定哪个候选模型是最好的。

可以根据一些统计量来对一组有不同数量潜在类别的模型进行选择,如似然比 χ^2(G^2 统计量)。G^2 统计量尤其适用于评价嵌套模型。$G^2 = 0$ 说明模型拟合得非常好,G^2 远远大于 0 则说明模型拟合得不好,即外显变量之间的关系无法被特定模型充分描述。样本量足够大时,G^2 服从 χ^2 分布。注意,当存在缺失数据时 G^2 统计量必须被校正。G^2 统计量的公式为

$$G^2 = 2 \sum f_{ijkl} \ln \frac{f_{ijkl}}{\hat{f}_{ijkl}} \tag{7-6}$$

式中,f_{ijkl} 表示单元格的观察频数;$\hat{f}_{ijkl}$ 表示期望频数。自由度为列联表总格子数减去模型中估计的参数个数再减 1。

许多信息准则也可用于评价模型拟合效果,如 AIC 和 BIC 在比较模型时非常有用。AIC 和 BIC 是潜在类别模型选择中使用最为普遍的信息准则,无论模型是否是嵌套的它们都适用。当选择潜在类别数时,它们既考虑模型的拟合度又考虑简约度,选出最佳模型。AIC 和 BIC 的值越低越好,因此,选择有最小 AIC 或 BIC 的模型,即

$$\text{AIC} = G^2 + 2p \tag{7-7}$$

$$\text{BIC} = G^2 + p \lg N \tag{7-8}$$

式中,N 为样本含量;p 为模型中估计的参数个数。

由于确定类别数量的最佳方法还存在争议,我们可以联合多个不同的指标来确定类别数,不同指标对模型评价的结果可能会不一致,所以还需要考虑模型的可解释性,要确保所选模型的潜在类别是有实际意义的并且类别间是有所区别的,进而可以对每个类别进行命名。

7.6.5　分类

与聚类分析相似,潜在类别分析的目的之一是将结果变量为分类变量的受试对象分配到合适的潜在类别中去,它是一种以概率论为基础的聚类方法。对给定的任意观测结果(i, j, k, l),可以使用 Bayes 定理获得后验概率估计值,即

$$tijkl^{X|ABCD} = \frac{ijklt^{ABCDX}}{\sum_{t=1}^{T} ijklt^{ABCDX}}, \quad t = 1, 2, \cdots, T \tag{7-9}$$

Magidson 和 Vermunt(2001)、Vermunt 和 Magidson(2002)提出将这种类型的模型作为潜在类别聚类分析模型,因为其目的与聚类分析一致。在 SAS 中,可以通过 PROC LCA 过程的"OUT-POST"选项指定文件名将后验概率保存至 SAS 数据文件中。之后在 SAS 数据步中,根据受试对象在哪个潜在类别的后验概率最高,将受试对象分入不同的潜在类别。

7.7　本 章 小 结

潜在类别分析很好地解决了结果变量为多元定性资料的受试对象的聚类问题。本章给出了潜在类别分析所用数据结构、对数据结构的分析及用到的软件和过程,概括介绍了与潜在类别分析有关的一些基本概念和有关内容,阐述了潜在类别分析的基本原理,通过实例详细介绍了用 SAS 软件实现潜在类别分析的具体方法和结果解释。

参 考 文 献

1.陈炳为,陈启光,许碧云.潜在变量模型及其在中医证候中的应用概述[J].中国卫生统计,2009,26(5):535 – 538.

2. Collins LM, Lanza ST. Latent class and latent transition analysis:with applications in the social, behavioral and health sciences[M]. Hoboken, NJ:John Wiley & Sons, 2010:3 – 224.

3. Beeber AS, Thorpe JM, Clipp EC. Community – based service use by elders with dementia and their caregivers:a latent class analysis[J]. Nurs Res, 2008, 57(5):312 – 321.

4. Lanza ST, Collins LM, Lemmon DR, et al. PROC LCA:a SAS procedure for latent class analysis[J]. Structural E-quation Modeling, 2007, 14(4):671 – 694.

5. 张岩波.潜变量分析[M].北京:高等教育出版社,2009:220 – 246.

6. Lanza ST, Dziak JJ, Huang L, et al. PROC LCA & PROC LTA User's Guide(Version 1.2.7). University Park:The Methodology Center, Penn State. http://methodology. psu. edu.

7. 邱皓政.潜在类别模型的原理与技术[M].北京:教育科学出版社,2008:1 – 47.

8. Hagenaars JA, McCutcheon AL. Applied latent class analysis[M]. Cambridge:Cambridge University Press, 2002:89 – 106.

9. Dean N, Raftery AE. Latent class analysis variable selection[J]. Ann Inst Stat Math, 2010, 62(1):11 – 35.

10.孟灿,武俊青,李玉艳,等.潜类别分析原理及其在聚类分析中的应用[J].中国卫生统计,2010,27(3):237 – 239.

第8章 项目反应模型

项目反应模型还可称为潜在特质理论，是继经典测量理论之后的一种新的测量理论，广泛应用于教育、心理等研究领域，近年来逐渐被应用在其他领域评估工具的开发与验证，也逐渐扩展至医学、护理、社会、管理、体育等领域进行人类行为科学研究。本章详细介绍了用于量表条目筛选的一个方法——项目反应模型，用 Mplus 软件对实例通过项目反应模型进行量表条目筛选，并对输出结果进行解释。

8.1 问题与数据

【例8-1】 对535例缺血性中风病患者采集临床信息，包括内风证(含15个条目)、内火证(含25个条目)、痰湿证(含16个条目)、血瘀证(含10个条目)、气虚证(含18个条目)和阴虚证(含13个条目)分量表中的共计97个条目，希望对"中风病证候要素评价量表"中的条目进行筛选研究。患者这97个条目的情况见表8-1。

表 8-1 缺血性中风病患者各条目的情况

患者编号	近48h内病情加重或波动	目偏不瞬	目珠游动	瞳神异常	口噤	项强	手足或下颌颤动	抽搐	…	数脉
1	0	0	0	0	0	0	0	0	…	0
2	0	0	0	0	0	1	1	1	…	0
3	0	0	0	0	0	0	0	0	…	0
4	0	0	0	0	0	0	0	0	…	0
5	0	0	0	0	0	0	0	0	…	0
6	0	0	0	0	0	0	0	0	…	0
7	0	0	0	0	0	0	0	0	…	0
8	0	0	0	0	0	0	0	0	…	0
9	0	0	0	0	0	0	0	0	…	0
10	0	0	0	0	0	0	0	1	…	0
11	1	0	0	0	0	0	0	0	…	0
12	0	0	0	0	0	0	0	0	…	0
13	0	0	0	0	0	0	0	0	…	0
14	0	0	0	0	0	0	0	0	…	0
…										
535	0	0	0	0	0	0	0	0	…	0

注：表中各条目的具体情况及赋值见附录A。

8.2 对数据结构的分析

对于例8-1，该资料涉及97个结果变量(条目)，即"近48h内病情加重或波动"、"目偏不瞬"、"目珠游动"、"瞳神异常"等。结果变量均是定性的，同时测定同一个受试对象的这 97 个条目上的取值或表现,受试对象未按任何试验因素进行分组,故该资料可被称为单组设计 97 元定性资料。

8.3　统计分析目的与分析方法选择

例 8-1 为多元定性资料,研究目的是对"中风病证候要素评价量表"中的条目进行筛选研究,故可选用项目反应模型。本例中的项目反应模型将采用最大似然估计法并通过 Mplus 7 软件实现计算。选择两参数 logistic 项目反应模型,原因在于:四诊信息是由医生采集完成的,即不存在猜测度的问题,或者说猜测参数(机遇参数)为 0,因此选择两参数模型是较为合理的。另外,logistic 模型在计算上比正态肩形模型简单。

8.4　用 Mplus 软件对实例进行解析

项目反应模型可通过项目信息函数 IIF、区分度参数 a 和难度参数 b 并结合项目特征曲线图(ICC)进行条目的筛选,剔除信息量较低的条目。a 越大,代表项目特征曲线越陡,说明项目对受试对象的区分度就越高,能将不同能力水平的受试对象区分开;a 越小,代表项目特征曲线越平坦,则不能很好区分受试对象,实际中通常介于 0.3~2 之间。项目信息函数说明了各个项目对不同能力水平受试对象所能提供信息的多少,同一项目信息函数随着所测受试对象能力的不同而不同,a 越高,信息量也就越大。通常认为,当信息量大于 25、测量误差小于等于 0.2 时,测验质量较好。此外,越接近理想状态的项目特征曲线分布对应的项目信息量越大。由于此量表是他评量表(供临床医师使用),故本例不使用难度参数进行条目筛选。因此,本例通过项目反应模型对量表条目筛选的原则为:观察各条目的项目信息函数、区分度、项目特征曲线,并综合现实中医理论,方可删除条目。

8.4.1　针对内风证分量表对例 8-1 进行项目反应模型分析

对例 8-1 进行项目反应模型分析,分析内风证分量表资料的 Mplus 程序(程序名为 TITX8_1.INP)如下:

```
TITLE:this is a two-parameter logistic item response theory (IRT) model
DATA: FILE is D:\TJFX\内风.txt;
VARIABLE: NAMES are ID f1 - f15;
          CATEGORICAL are f1 - f15;
          IDVARIABLE is ID;
ANALYSIS: ESTIMATOR = MLR;
MODEL: f BY f1 - f15* ;
          f@1;
OUTPUT:STDYX;
          RESIDUAL TECH1 TECH8;
SAVEDATA: FILE IS nf.txt;
PLOT:TYPE is plot3;
```

【程序说明】　TITLE 命令用于给定分析的题目。DATA 命令用于给定要分析的数据集的信息,"FILE"选项用于指定要分析的数据集所在位置和名字。VARIABLE 命令用于给出数据集中变量的信息,"NAMES"选项用于给定数据集中变量的名字,"CATEGORICAL"选项用于指定哪个因变量视为二值或有序分类变量,"IDVARIABLE"选项与 SAVEDATA 命令合用,在保存的数据集中为每个观测给出一个标示符。ANALYSIS 命令用于描述分析的详细资料,其中,"ESTIMATOR"选项用于指定在分析中使用何种估计法,"MLR"表示标准误和卡方检验统计量非正态并且观测非独立的最大似然参数估计。MODEL 命令用于描述被估计的模型,"BY"选项用于命名和定义连续潜在变量,星号 * 表示参数随意为默认值或特殊初始值,@ 表示将参数固定为默认值或特殊值。OUTPUT 命令用于额外获得默认输出中没有的结果,"STDYX"选项使用连续潜在变量的方差和结果变量的方差用于参数估计值和标准误的标准化,"RESIDUAL"选项用于获得分析中观测变量的残差,"TECH1"选项用于获得包含模型中所有自由参数的参数说明和初始值的数组,"TECH8"选项用于获得模型估计中最优记录,在输出结果中打印出来。SAVEDATA 命令用于保存分析数据、辅助标量和多种分析结果,"FILE"选项用于指定保存分析中使用的个体水平数据的文件的名字。PLOT 命令用于获得观测数据和分析结果的图形显示,"TYPE"选项用于指定图形的类型。

【输出结果及解释】

内风证分量表 15 个条目的区分度参数估计值、难度参数估计值和项目信息函数值见表 8-2。

表 8-2　内风证分量表条目区分度参数、难度参数估计值和项目信息函数

条目编号	条目名	区分度参数	难度参数			项目信息函数
		a	b1	b2	b3	
f1	近 48h 内病情加重或波动	0.106	1.089			0.00266
f2	目偏不瞬	0.141	4.332			0.00057
f3	目珠游动	0.377	5.247			0.00652
f4	瞳神异常(瞳孔缩小、散大或不等)	0.353	4.539			0.00930
f5	口噤	-0.459	4.427			0.02799
f6	项强	-0.138	3.258			0.00140
f7	手足或下颌颤动	0.138	3.872			0.00083
f8	抽搐	-0.533	4.099			0.05836
f9	肢体僵硬状态	0.096	1.602	2.576	4.072	0.00184
f10	步履不稳(共济失调)	-0.152	-0.341	0.924	1.804	0.00704
f11	头晕	2.033	-0.262	1.162	3.914	1.04255
f12	目眩	7.389	4.767	10.414	17.085	12.21786
f13	舌短缩	-0.016	3.480			0.00001
f14	舌颤	-0.275	3.370			0.00750
f15	弦脉	-0.174	-1.164			0.00757

以条目 f11(头晕)为例,其项目特征曲线如图 8-1 所示。

条目 f11(头晕)的取值有四个水平(0:无;1:偶尔出现,但不影响日常生活;2:经常出现,影响日常生活,尚可忍受;3:频繁出现,甚则摔倒,严重影响日常生活,难以忍受)。四个水平分别拟合一条曲线,各用不同的颜色表示,每条曲线表示能力是 θ 的受试对象选择各个水平的概率。项目特征曲线的斜率即条目的区分度参数 a,曲线在横坐标上的投影即条目的难度参数 b。在理想情况下,该条目项目特征曲线应为第 1 条曲线(水平 1)单调递减,第 4 条曲线(水平 4)单调递增,中间两条(水平 2 和水平 3)曲线呈正态分布。由图 8-1 可以看出,条目 f11 的 ICC 曲线比较理想,对应的项目信息量较大,测量误差较小。

内风证分量表单个条目的项目信息函数曲线如图 8-2 所示,图中各条目信息函数曲线表示各条目对不同能力水平受试对象提供的信息量变化情况。

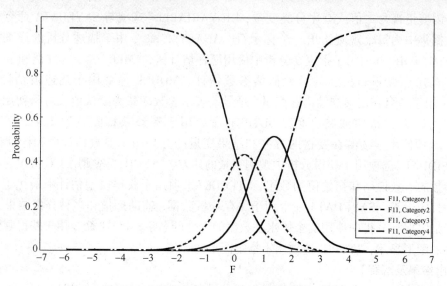

图 8-1　内风证分量表 f11 条目的项目特征曲线

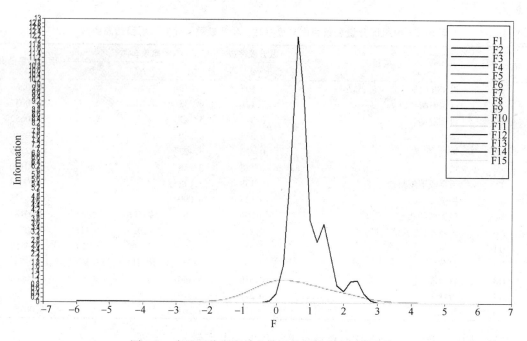

图 8-2　内风证分量表单个条目的项目信息函数曲线

　　内风证分量表测验特征曲线如图 8-3 所示，即各条目项目信息函数曲线加起来构成的曲线，测验信息函数的取值为 13.2298。

　　内风证分量表中 f11（头晕）和 f12（目眩）的区分度参数很大，能将不同能力水平的受试对象区分开，并且项目信息函数值较大、项目特征曲线较为理想，项目信息量较大，可考虑保留在量表中；f3（目珠游动）、f4（瞳神异常）的区分度参数大于 0.3，结合中医临床实际可考虑保留；f6（项强）和 f13（舌短缩）的区分度参数较小，且信息函数值非常小（信息量过小），项目特征曲线也不太理想，可考虑删除；其余条目待定。

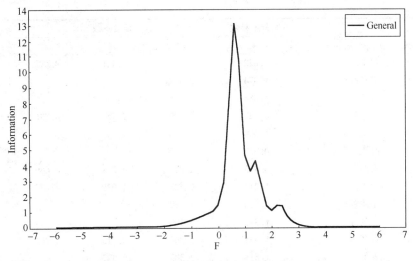

图 8-3 内风证分量表测验特征曲线

8.4.2 针对内火证分量表对例 8-1 进行项目反应模型分析

对例 8-1 进行项目反应模型分析,分析内火证分量表资料的 Mplus 程序(程序名为 TITX8_2.INP)如下:

```
TITLE:this is a two-parameter logistic item response theory (IRT) model
DATA: FILE isD:\TJFX\内火.txt;
VARIABLE: NAMES are ID h1-h25;
        CATEGORICAL are h1-h25;
        IDVARIABLEis ID;
ANALYSIS: ESTIMATOR = MLR;
MODEL: f BY h1-h25* ;
    f@1;
OUTPUT:STDYX;
        RESIDUAL TECH1 TECH8;
SAVEDATA: FILE IS nh.txt;
PLOT:TYPE is plot3;
```

【程序说明】 程序中的命令和选项含义同 TJFX8_1.INP。

【输出结果及解释】

内火证分量表 25 个条目的区分度参数估计值、难度参数估计值和项目信息函数值见表 8-3。

表 8-3 内火证分量表条目区分度参数、难度参数估计值和项目信息函数

条目编号	条目名	区分度参数	难度参数			项目信息函数
		a	b1	b2	b3	
h1	躁扰不宁	1.456	2.959			0.52957
h2	面红或目赤	1.674	2.608	5.074		0.71628
h3	口唇深红	1.269	2.902			0.40138
h4	呼吸气粗	2.186	4.261			1.19100
h5	谵语	2.939	7.864			2.13323
h6	心烦	1.453	1.078	3.471		0.54824
h7	口臭	0.985	1.043	3.726		0.25186
h8	发热	0.749	3.447			0.14040

条目编号	条目名	区分度参数	难度参数			项目信息函数
		a	b1	b2	b3	
h9	口干	1.622	1.451	3.126	4.672	0.69832
h10	渴喜冷饮	1.874	3.467			0.87654
h11	口苦	1.086	0.986			0.29425
h12	头胀痛	0.722	1.709	2.758	4.726	0.13927
h13	黄痰	1.400	3.068			0.49012
h14	腹胀	0.912	2.792			0.20792
h15	呃逆	0.933	2.812	4.591	6.689	0.22265
h16	便干便秘	1.213	0.427	1.939	4.279	0.40552
h17	小便黄赤	1.832	1.519			0.83872
h18	芒刺舌	1.840	6.109			0.84195
h19	舌红	1.031	0.260	0.715	3.763	0.29019
h20	舌干	1.613	2.303	6.322		0.65400
h21	黄苔	1.074	0.512	1.910		0.32058
h22	燥苔	1.794	3.796	5.802	7.664	0.81551
h23	数脉	1.341	2.835			0.44780
h24	疾脉	−0.315	5.227			0.00327
h25	滑脉	0.117	−0.184			0.00343

以条目 h1(躁扰不宁)为例,其项目特征曲线如图 8-4 所示。

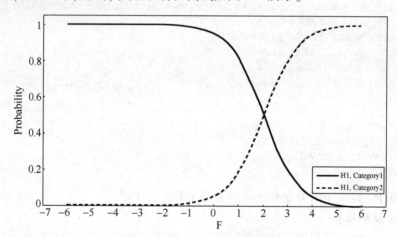

图 8-4 内火证分量表 h1 条目的项目特征曲线

条目 h1(躁扰不宁)的取值有两个水平(0:无;1:有)。两个水平分别拟合一条曲线,各用不同的颜色表示,每条曲线表示能力是 θ 的受试对象选择各个水平的概率。在理想情况下该条目项目特征曲线应为第 1 条曲线(水平 1)单调递减,第 2 条曲线(水平 2)单调递增。由图 8-4 可以看出,条目 h1 的 ICC 曲线比较理想,两条曲线单调变化,对应的项目信息量较大,测量误差较小。

内火证分量表单个条目的项目信息函数曲线如图 8-5 所示,图中各条目信息函数曲线表示各条目对不同能力水平受试对象提供的信息量变化情况。

内火证分量表测验特征曲线如图 8-6 所示,即各条目项目信息函数曲线加起来构成的曲线,测验信息函数的取值为 10.03053。

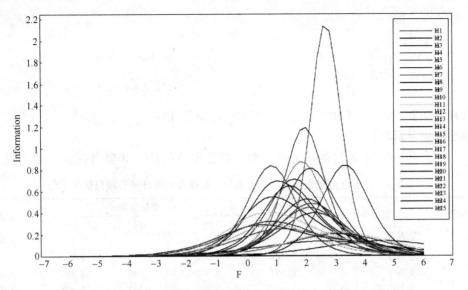

图 8-5　内火证分量表单个条目的项目信息函数曲线

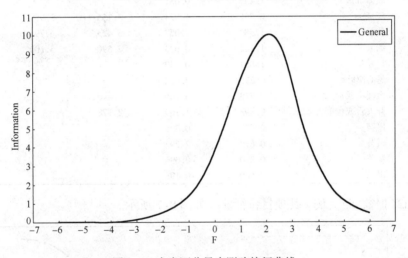

图 8-6　内火证分量表测验特征曲线

内火证分量表中 h24(疾脉)和 h25(滑脉)的区分度参数较小、信息函数值不大(信息量较小)、项目特征曲线也不理想,故考虑删除;其余条目区分度参数均大于 0.3,且信息函数相对来说较大,项目特征曲线较理想,结合临床实际,均可考虑保留。

8.4.3　针对痰湿证分量表对例 8-1 进行项目反应模型分析

对例 8-1 进行项目反应模型分析,分析痰湿证分量表资料的 Mplus 程序(程序名为 TITX8_3. INP)如下:

```
TITLE:this is a two-parameter logistic item response theory (IRT) model
DATA: FILE isD:\TJFX\痰湿.txt;
VARIABLE: NAMES are ID t1-t16;
          CATEGORICAL are t1-t16;
          IDVARIABLEis ID;
ANALYSIS: ESTIMATOR = MLR;
```

```
MODEL: f BY t1 - t16* ;
       f@1;
OUTPUT:STDYX;
       RESIDUAL TECH1 TECH8 ;
SAVEDATA: FILE IS ts.txt;
PLOT:TYPE is plot3;
```

【程序说明】 程序中的命令和选项含义同 TJFX8_1.INP。

【输出结果及解释】

痰湿证分量表 16 个条目的区分度参数、难度参数估计值和项目信息函数值见表 8-4。

表 8-4 痰湿证分量表条目区分度参数、难度参数估计值和项目信息函数

条目编号	条目名	区分度参数	难度参数			项目信息函数
		a	b1	b2	b3	
t1	神情呆滞	1.510	1.565			0.56974
t2	但欲寐	1.708	1.428	3.717	4.956	0.75238
t3	头昏	0.651	0.312	1.646	4.397	0.12109
t4	头部闷重	1.612	1.195	3.353	5.878	0.67510
t5	肢体沉重	1.455	0.081			0.52871
t6	痰量	0.865	1.024	3.155	5.968	0.19912
t7	流涎	1.582	2.052	3.423	6.794	0.66118
t8	纳呆	1.138	0.623	2.590	5.100	0.34903
t9	口黏腻	1.061	0.949			0.28054
t10	恶心呕吐	0.275	2.822			0.01367
t11	大便不成形	0.718	3.206	4.440		0.13118
t12	胖大舌或齿痕舌	0.493	1.169	2.778		0.06589
t13	厚苔	0.452	0.996			0.05101
t14	滑苔	0.619	2.293			0.09557
t15	腻苔	0.370	− 0.096			0.03431
t16	滑脉	0.600	− 0.198			0.08981

以条目 t2（但欲寐）为例，其项目特征曲线如图 8-7 所示。

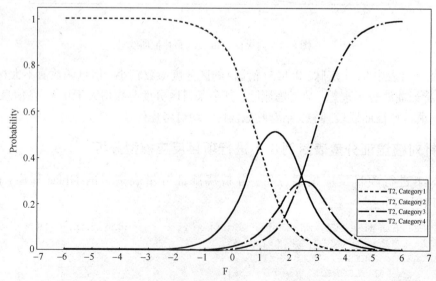

图 8-7 痰湿证分量表 t2 条目的项目特征曲线

条目 t2(但欲寐)的取值有四个水平(0：无；1：困倦思睡；2：时时欲睡；3：不能控制的睡意)。四个水平分别拟合一条曲线，各用不同的颜色表示，每条曲线表示能力是 θ 的受试对象选择各个水平的概率。在理想情况下该条目项目特征曲线应为第 1 条曲线(水平 1)单调递减，第 4 条曲线(水平 4)单调递增，中间两条(水平 2 和水平 3)曲线呈正态分布。由图 8-7 可以看出，条目 t2 的 ICC 曲线比较理想，第 1、4 条曲线单调变化，第 2、3 条曲线呈正态分布，对应的项目信息量较大，测量误差较小。

痰湿证分量表单个条目的项目信息函数曲线如图 8-8 所示，图中各条目信息函数曲线表示各条目对不同能力水平受试对象提供的信息量变化情况。

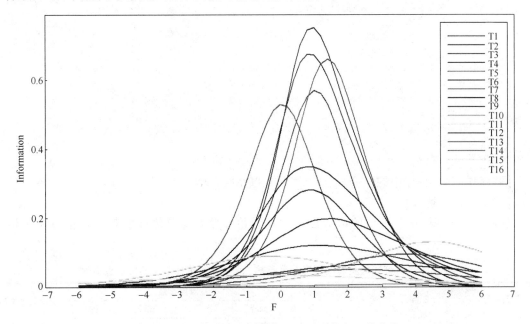

图 8-8　痰湿证分量表单个条目的项目信息函数曲线

痰湿证分量表测验特征曲线如图 8-9 所示，即各条目项目信息函数曲线加起来构成的曲线，测验信息函数的取值为 4.18953。

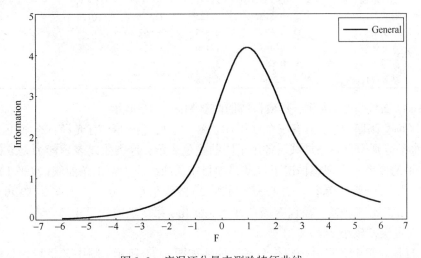

图 8-9　痰湿证分量表测验特征曲线

痰湿证分量表中 t10(恶心呕吐)区分度参数较小、信息函数值最小(信息量较小)、项目特征曲线也不理想,故考虑删除;其余条目区分度参数均大于 0.3,且信息函数相对来说较大,项目特征曲线较理想,结合临床实际,均可考虑保留。

8.4.4 针对血瘀证分量表对例 8-1 进行项目反应模型分析

对例 8-1 进行项目反应模型分析,分析血瘀证分量表资料的 Mplus 程序(程序名为 TITX8_4.INP)如下:

```
TITLE:this is a two-parameter logistic item response theory (IRT) model
DATA: FILE is D:\TJFX\血瘀.txt;
VARIABLE: NAMES are ID x1-x10;
          CATEGORICAL are x1-x10;
          IDVARIABLEis ID;
ANALYSIS: ESTIMATOR = MLR;
MODEL: f BY x1-x10*;
       f@1;
OUTPUT:STDYX;
       RESIDUAL TECH1 TECH8;
SAVEDATA: FILE IS xy.txt;
PLOT:TYPE is plot3;
```

【程序说明】 程序中的命令和选项含义同 TJFX8_1.INP。

【输出结果及解释】

血瘀证分量表 10 个条目的区分度参数估计值、难度参数估计值和项目信息函数值见表 8-5。

表 8-5 血瘀证分量表条目区分度参数、难度参数估计值和项目信息函数

条目编号	条目名	区分度参数	难度参数				项目信息函数
		a	b1	b2	b3	b4	
x1	面色晦暗	2.499	1.079	4.956			1.51905
x2	口唇色暗	2.193	−0.049	3.590	8.349		1.14212
x3	肌肤润泽状况	1.452	−5.684	−0.479	3.203	5.584	0.51549
x4	头刺痛	0.923	2.569	4.248	6.682		0.21934
x5	痛有定处	0.569	2.152				0.08101
x6	肌肤不仁	0.517	0.125	1.577	5.017		0.07690
x7	舌质暗	0.685	−0.855	3.567			0.11715
x8	舌下脉络	0.983	1.130	3.838			0.25041
x9	涩脉	0.689	3.267				0.11861
x10	结脉或代脉	0.954	4.278				0.22722

以条目 x1(面色晦暗)为例,其项目特征曲线如图 8-10 所示。

条目 x1(面色晦暗)的取值有三个水平(0:无;1:面色略暗,有光泽;2:面色晦暗,无光泽)。三个水平分别拟合一条曲线,各用不同的颜色表示,每条曲线表示能力是 θ 的受试对象选择各个水平的概率。在理想情况下该条目项目特征曲线应为第 1 条曲线(水平 1)单调递减,第 3 条曲线(水平 3)单调递增,中间一条(水平 2)曲线呈正态分布。由图 8-10 可以看出,条目 x1 的 ICC 曲线比较理想,第 1、3 条曲线单调变化,第 2 条曲线呈正态分布,对应的项目信息量较大,测量误差较小。

血瘀证分量表单个条目的项目信息函数曲线如图 8-11 所示,图中各条目信息函数曲线表示各条目对不同能力水平受试对象提供的信息量变化情况。

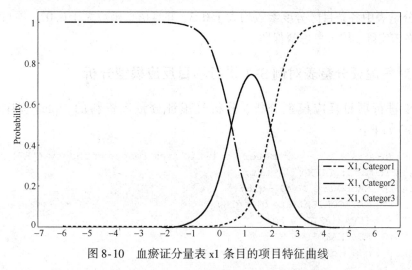

图 8-10　血瘀证分量表 x1 条目的项目特征曲线

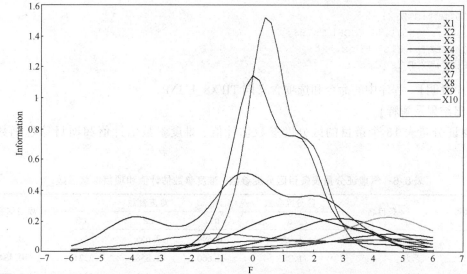

图 8-11　血瘀证分量表单个条目的项目信息函数曲线

血瘀证分量表测验特征曲线如图 8-12 所示，即各条目项目信息函数曲线加起来构成的曲线，测验信息函数的取值为 3.52104。

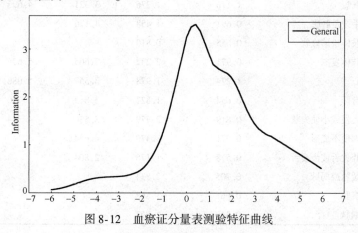

图 8-12　血瘀证分量表测验特征曲线

血瘀证分量表中各条目区分度参数均大于 0.3，并且信息函数大于 0.07，项目特征曲线较理想，结合临床实际，均可考虑暂保留。

8.4.5 针对气虚证分量表对例 8-1 进行项目反应模型分析

对例 8-1 进行项目反应模型分析，分析气虚证分量表资料的 Mplus 程序(程序名为 TITX8_5.INP)如下：

```
TITLE:this is a two-parameter logistic item response theory (IRT) model
DATA: FILE isD:\TJFX\气虚.txt;
VARIABLE: NAMES are ID q1-q18;
         CATEGORICAL are q1-q18;
         IDVARIABLEis ID;
ANALYSIS: ESTIMATOR = MLR;
MODEL: f BY q1-q18* ;
       f@1;
OUTPUT:STDYX;
         RESIDUAL TECH1 TECH8;
SAVEDATA: FILE IS qx.txt;
PLOT:TYPE is plot3;
```

【程序说明】 程序中的命令和选项含义同 TJFX8_1.INP。

【输出结果及解释】

气虚证分量表 18 个条目的区分度参数估计值、难度参数估计值和项目信息函数值见表 8-6。

表 8-6 气虚证分量表条目区分度参数、难度参数估计值和项目信息函数

条目编号	条目名	区分度参数	难度参数			项目信息函数
		a	b1	b2	b3	
q1	神疲	1.053	−0.694	2.655		0.27593
q2	乏力	1.275	−0.660	1.358	2.313	0.43414
q3	面色白	1.071	1.362	3.017	5.404	0.30751
q4	口张	2.271	6.457			1.28638
q5	呼吸微弱	1.805	5.132			0.81356
q6	语声低微	1.307	2.271	4.432	5.448	0.44047
q7	气短	1.176	1.276	3.321	4.693	0.36582
q8	手或足肿胀	0.691	1.458	4.176		0.12310
q9	肢体松懈瘫软	0.655	0.810			0.10711
q10	肢体发凉	0.971	2.232	3.665	5.626	0.24656
q11	心悸	1.274	1.978	3.557	5.086	0.42654
q12	自汗	0.654	1.821	3.813	5.790	0.11149
q13	大便或小便失禁	0.819	2.779	3.536	4.374	0.17346
q14	大便不成形	0.971	3.379	4.634		0.24004
q15	胖大舌或齿痕舌	0.578	1.176	2.804		0.09050
q16	缓脉或弱脉	0.705	2.834			0.12431
q17	沉脉	0.661	1.868			0.10933
q18	细脉	0.345	1.095			0.02973

以条目 q1(神疲)为例,其项目特征曲线如图 8-13 所示。

条目 q1(神疲)的取值有三个水平(0:无; 1:精神欠佳; 2:精神萎靡)。三个水平分别拟合一条曲线,各用不同的颜色表示,每一条曲线表示能力是 θ 的受试对象选择各个水平的概率。在理想情况下该条目项目特征曲线应为第 1 条曲线(水平 1)单调递减,第 3 条曲线(水平3)单调递增,中间一条(水平 2)曲线呈正态分布。由图 8-13 可以看出,条目 q1 的 ICC 曲线比较理想,第 1、3 条曲线单调变化,第 2 条曲线呈正态分布,对应的项目信息量较大,测量误差较小。

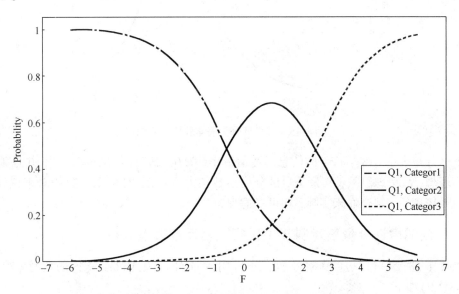

图 8-13　气虚证分量表 q1 条目的项目特征曲线

气虚证分量表单个条目的项目信息函数曲线如图 8-14 所示,图中各条目信息函数曲线表示各条目对不同能力水平受试对象提供的信息量变化情况。

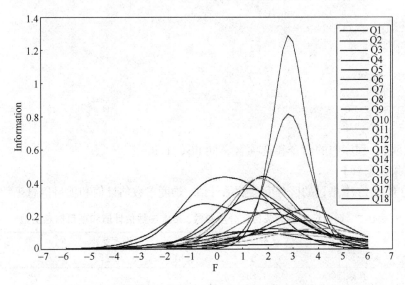

图 8-14　气虚证分量表单个条目的项目信息函数曲线

气虚证分量表测验特征曲线如图 8-15 所示，即各条目项目信息函数曲线加起来构成的曲线，测验信息函数的取值为 4.80159。

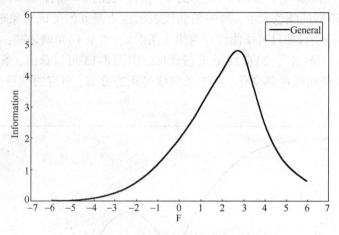

图 8-15　气虚证分量表测验特征曲线

气虚证分量表中 q18（细脉）的信息函数值最小，为 0.02973（信息量较小），并且项目特征曲线也不理想，故考虑删除；其余条目区分度参数均大于 0.3，且信息函数相对来说较大，项目特征曲线较理想，结合临床实际，均可考虑保留。

8.4.6　针对阴虚证分量表对例 8-1 进行项目反应模型分析

对例 8-1 进行项目反应模型分析，分析阴虚证分量表 Mplus 资料的程序（程序名为TITX8_6. INP）如下：

```
TITLE:this is a two-parameter logistic item response theory (IRT) model
DATA: FILE isD:\TJFX\阴虚.txt;
VARIABLE: NAMES are ID y1 - y13;
        CATEGORICAL are y1 - y13;
        IDVARIABLEis ID;
ANALYSIS: ESTIMATOR = MLR;
MODEL: f BY y1 - y13* ;
        f@1;
OUTPUT:STDYX;
        RESIDUAL TECH1 TECH8;
SAVEDATA:FILE IS yx.txt;
PLOT:TYPE is plot3;
```

【程序说明】　程序中的命令和选项含义同 tjfx8_1. inp。

【输出结果及解释】

阴虚证分量表 13 个条目的区分度参数估计值、难度参数估计值和项目信息函数值见表 8-7。

表 8-7　阴虚证分量表条目区分度参数、难度参数估计值和项目信息函数

条目编号	条目名	区分度参数	难度参数			项目信息函数
		a	b1	b2	b3	
y1	两颧潮红	1.568	3.682			0.61399
y2	心烦	1.324	1.027	3.363		0.45762
y3	手足心热	2.073	4.161			1.07390

续表

条目编号	条目名	区分度参数	难度参数			项目信息函数
		a	b1	b2	b3	
y4	盗汗	1.289	2.762	3.815	7.058	0.43156
y5	耳鸣	0.533	1.404	3.055	5.722	0.07610
y6	腰膝酸软	0.453	0.852	2.625	4.986	0.05607
y7	便干便秘	1.120	0.395	1.854	4.174	0.34908
y8	不寐	0.745	1.035	3.097	4.926	0.14812
y9	舌干	1.358	2.123	6.014		0.46439
y10	少苔	0.975	2.614	4.516	6.037	0.24397
y11	弦脉	0.106	-1.160			0.00260
y12	细脉	-0.130	1.071			0.00413
y13	数脉	1.114	2.653			0.31044

以条目 y1(两颧潮红)为例,其项目特征曲线如图 8-16 所示。

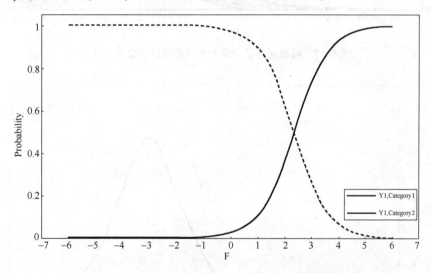

图 8-16　阴虚证分量表 f11 条目的项目特征曲线

条目 y1(两颧潮红)的取值有两个水平(0:无;1:有)。两个水平分别拟合一条曲线,各用不同的颜色表示,每条曲线表示能力是 θ 的受试对象选择各个水平的概率。在理想情况下该条目项目特征曲线应为第 1 条曲线(水平 1)单调递减,第 2 条曲线(水平 2)单调递增。由图 8-16 可以看出,条目 y1 的 ICC 曲线比较理想,两条曲线单调变化,对应的项目信息量较大,测量误差较小。

阴虚证分量表单个条目的项目信息函数曲线如图 8-17 所示,图中各条目信息函数曲线表示各条目对不同能力水平受试对象提供的信息量变化情况。

阴虚证分量表测验特征曲线如图 8-18 所示,即各条目项目信息函数曲线加起来构成的曲线,测验信息函数的取值为 3.90743。

阴虚证分量表中 y11(弦脉)和 y12(细脉)的区分度参数较小、信息函数值不大(信息量较小)、项目特征曲线也不理想,故考虑删除;其余条目区分度参数均大于 0.3,且信息函数相对来说较大,项目特征曲线较理想,结合临床实际,均可考虑保留。

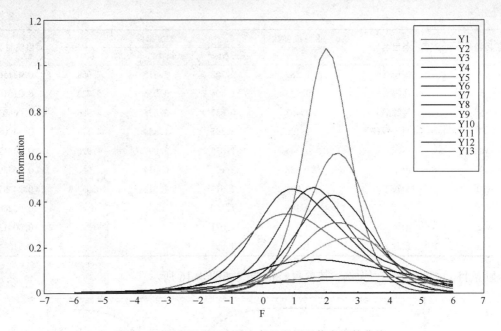

图 8-17　阴虚证分量表单个条目的项目信息函数曲线

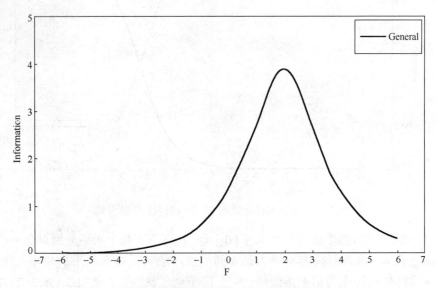

图 8-18　阴虚证分量表测验特征曲线

8.5　项目反应模型基本概念

　　测验理论分为两派：经典测验理论（Classical Test Theory，CTT）和当代测验理论（Modern Test Theory）。经典测验理论是目前使用最广泛的方法，以真实分数模式（ture score model）为主干，说明分数由真实分数和误差构成，$X = T + E$（其中，X 为观测分数，T 为真实分数，E 为误差）。CTT 可以通过项目的难度、区分度进行条目的筛选。它简单易懂但也存在一些不足，如没有一个完整的理论框架做支撑、项目参数会受到受试对象影响、受试对象能力受到题目特性影响、应用范围较狭隘等。

当代测验理论以项目反应模型（Item Response Theory，IRT）为理论构架。IRT 在 20 世纪 30 年代发展起来，于 20 世纪 80 年代引入我国，还可以称其为潜在特质理论（Latent Trait Theory），它是基于模型的测量理论。项目反应模型是外显变量为分类变量、潜在变量为连续变量的潜变量模型，它采用非线性模型将受试对象对项目的反应（外显变量）与其潜在特质（潜在变量）连接起来。IRT 克服了经典测量理论的不足，有完善的理论构架，可以估计测量误差，具有能力参数估计不变性（受试对象个人的能力不受测验的影响）、项目参数估计不变性（项目参数不受样本影响）、应用范围较广（教育、心理、医学、社会、体育、管理等领域）、能精确推出受试对象的能力估计值等优点。项目反应模型可以用于编制测验量表、题库建立、条目筛选、计算机适应性测验（Computerized Adaptive Testing，CAT）等方面。IRT 通过项目信息函数、区分度参数和难度参数并结合项目特征曲线图进行条目的筛选，剔除信息量较低的条目。随着计算机技术的发展，出现多种用于项目反应模型的软件程序，故 IRT 越来越受青睐。

8.6　项目反应模型原理概述

8.6.1　几个基本概念

1. 潜在特质（latent trait）

受试对象在某一测验项目上的表现情形，可以通过一组因素来加以解释或预测，我们将这组因素称作潜在特质（或能力）。

2. 项目特征曲线（Item Characteristic Curve，ICC）

项目特征曲线是 IRT 中的主要概念，于 1946 年由 Tucker 首次提出。ICC 是表示测量中受试对象潜在特质（或能力）θ 与观测项目的正确反应概率 $P(\theta)$ 之间关系的二维曲线图（如图 8-19 所示），横坐标 θ 为潜在特质（能力），纵坐标 $P(\theta)$ 为能力是 θ 的受试对象答对某项目的概率。ICC 是一条单调递增的 S 形曲线，由于纵坐标为概率，所以曲线在 0~1 范围内。只要给定受试对象的能力值就可以预测他能答对项目之的概率。IRT 的最大特点就是找出这条曲线并用多种数学模型来描述它、逼近它。

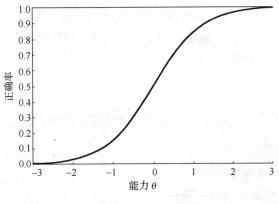

图 8-19　项目特征曲线

3. 信息函数（information function）

在 IRT 中，信息函数包括测验信息函数和项目信息函数，它可以用来描述每个能力水平上项目或测验的测量有效性。

（1）项目信息函数（Item Information Function，IIF）：说明各个项目对不同能力水平受试对象所能提供信息的多少，可以用来编制测验、诊断项目好坏。

在两参数模型中，项目信息函数定义为

$$I_i(\theta) = \frac{P_i^*(\theta)^2}{P_i(\theta)[1 - P_i(\theta)]} \quad i = 1, \cdots, n \tag{8-1}$$

式中，θ 为能力水平；$I_i(\theta)$ 为项目 i 在能力 θ 上所提供的信息；$P_i(\theta)$ 为能力是 θ 的受试对象答对项目 i 的概率；$P_i^*(\theta)$ 为在 θ 点上的 $P_i(\theta)$ 值的导数。

在三参数模式中项目信息函数可以写为

$$I_i(\theta) = a_i^2 \frac{1 - P_i(\theta)}{P_i(\theta)} \cdot \frac{[P_i(\theta) - c_i]^2}{(1 - c_i)^2} \tag{8-2}$$

式中，a 为区分度参数；c 为猜测参数。同一项目信息函数随着所测受试对象能力的不同而不同；a 越大，信息量就越大。

（2）测验信息函数（Test Information Function，TIF）：将能力不同的受试对象得分点连接起来构成的曲线称为能力不同的受试对象在某一测验项目上的项目特征曲线，将各项目特征曲线加起来构成的曲线称为测验特征曲线（Test Characteristic Curve，TCC），也可称为测验信息函数。在 θ 值上的测验信息函数等于其各项目信息函数之和，可以说明在某个 θ 值上提供的信息量，即

$$I(\theta) = \sum_{i=1}^{n} I_i(\theta) \tag{8-3}$$

测验信息函数平方根的倒数为该被试水平或能力 θ 的估计标准误（standard error of estimation），记为 $\mathrm{SE}(\hat{\theta})$。

$$\mathrm{SE}(\hat{\theta}) = [I(\theta)]^{-\frac{1}{2}} \tag{8-4}$$

$\mathrm{SE}(\hat{\theta})$ 的值随着能力水平不同而不同。

可以看出，测验信息函数越大，$\mathrm{SE}(\hat{\theta})$ 的值就越小，测量的精确度就越高。

4. 项目功能差异（Differential Item Functioning，DIF）

项目功能差异是指当来自两个不同族群（如给药/未给药）但能力相等的个体对某一测验项目选择同一答案时，他们的反应概率之间存在的差异。DIF 用于决定在不同族群的受试对象中测量值是否准确地测量相同的概念。

8.6.2 基本假设

项目反应模型较复杂，它基于一组强假设，如果假设不成立则会影响 IRT 的有效性。IRT 有以下四条最基本的假设。

1. 单维性（unidimensionality）

单维性假设是 IRT 中最常用的一条假设，是指测验中的每个项目都是测量同一种共同的潜在特质（或能力）。若假设不成立，模型中的参数估计将会产生较大偏差。项目反应模型的单维性假设其实并不是严格意义上的，它会受到人的心理、身体、周围环境等因素的影响，但只要测验具有一个"主要成分或因子"能影响受试对象的反应，这个主要因子为该测验所测到的单一潜在特质（或能力），那么便可认为满足单维性假设。即测验的结果仅取决于一种潜在

特质(或能力)，其他潜在特质(或能力)对结果的影响可以忽略。适用于含单一主要因子测验资料的项目反应模式称为单向度模式(IRT 模式)，而适用于含多种主要因子的称为多向度模式(MIRT 模式)。通常，因子分析被用于检验这个重要假设，通过第一特征值与第二特征值的比值是否大于 3 来判定一个测验是否单维。

2. 局部独立性(local independence)

局部独立性是指给定能力的受试对象对各个项目的作答是相互独立的，项目间不存在相关。受试对象的潜在特质(或能力)是影响其反应(作答)的唯一因素，若单维性假设成立，则仅包含一个潜在特质(或能力)。

假设 $U_i(i = 1, 2, \cdots, n)$ 为受试对象在第 i 个项目上的反应，θ 为能力，$P(U_i \mid \theta)$ 为能力是 θ 的受试对象在第 i 个项目上的反应概率，$U_i = 1$ 表示答对，$U_i = 0$ 表示答错，局部独立性可表示为

$$P(U_1, U_2, \cdots, U_n \mid \theta) = P(U_1 \mid \theta)P(U_2 \mid \theta)\cdots P(U_n \mid \theta) = \prod_{i=1}^{n} P(U_i \mid \theta) \quad (8\text{-}5)$$

在全部项目上的联合反应概率就是各个项目反应概率之积。

通常局部独立假设与单维性相关，如果一个潜在特质决定所有项目，那么受试对象的能力是唯一影响其反应的，故大多数 IRT 理论家认为这两个假设是等价的。

3. 非限时性(unspeedness)

非限时性即受试对象答题反应不受时间影响。若受试对象未对某些项目作出反应或者答错，是由于能力不够造成的，不是由于时间不够答不完所有项目引起的。它隐含在单维性假设里，如果该假设不成立则会影响单维性假设。若没有非限时性假设，受试对象的能力因素和快速反应能力将共同影响受试对象对测验项目的反应。

非限时性是一种理想情况，在现实中几乎所有测验都限时。只要限制的时间合理，那么就可以得到与不限时一样的结果。我们可以通过对同一测验在限时和不限时情况下比较受试对象的得分来检验这个假设，或者对未回答项目数的变异系数和答错的项目数的变异系数进行比较来进行检验。若几乎所有受试对象能完成几乎全部项目时，速度不影响受试对象的答题表现。

4. 知道–答对假设(know – correct assumption)

若受试对象知道某个项目的正确答案，一定会答对该项目，若答错了肯定是因为他不知道这个项目的答案。由于人为疏忽不是任何测验理论都能顾及的，所以该假设不考虑将正确答案错填在其他格子中而导致整个试卷都错的情况。

需要注意的是，严格满足上述四种假设的情况是不存在的，并且提到的假设检验方法有一定的不确定性，然而项目反应模型最大的优点是它对于在一定程度上违反模型假设的检验仍是稳定的。

8.6.3　基本模型

由于参数及项目特征曲线的函数形式不同，IRT 有多种不同的模型，如正态模型(normal model)和 logistic 模型，我们可以使用模型来解释数据、进行预测。对于二分类数据(答对记为 1，答错记为 0)来说，最常见的为 logistic 模型，它可用于描述能力和项目正确作答概率的关系。根据参数的多少，可分为单参数、两参数和三参数模型，并可以通过添加更多

参数来进行扩展。建立 IRT 模型的过程也就是求项目参数(项目难度、项目区分度、猜测度)的过程。

1. logistic 单参数模型(IRT-1PL)

$$P_i(\theta) = \frac{e^{\theta-b_i}}{1 + e^{\theta-b_i}} \qquad (8-6)$$

式中,$i = 1, 2, \cdots, n$,θ 为受试对象的能力(取值越高说明通过项目测量的潜在特质有较高水平);b_i 为项目 i 的难度;$P_i(\theta)$ 表示能力为 θ 的受试对象答对第 i 个项目的概率。

logistic 单参数模型是最简单的 IRT 模型,又称 Rasch 模型,它只考虑项目难度(difficulty)参数 b,项目被认为仅在它们相对难度中变化。若对于一个项目,大部分受试对象都能答对,则说明该项目难度小;反之,说明该项目难度大。项目难度参数 b 是项目的正确反应概率等于 0.5 时(项目特征曲线上最陡峭的那一点)对应的能力水平 θ 的值。若 $\theta < b_i$,则 $P_i(\theta) > 0.5$;若 $\theta > b_i$,则 $P_i(\theta) < 0.5$。b 为项目特征曲线在横坐标上的投影,项目越简单,曲线越靠左;反之,项目越难,曲线越靠右,所以还可以将 b 称为位置参数。理论上,b 的取值在正负无穷之间,但实际中通常介于 $-3 \sim +3$ 之间。

2. logistic 两参数模型(IRT-2PL)

$$P_i(\theta) = \frac{e^{Da_i(\theta-b_i)}}{1 + e^{Da_i(\theta-b_i)}} \quad i = 1, 2, \cdots, n \qquad (8-7)$$

式中,D 为常数,通常取值为 1.7,logistic 两参数模型比单参数模型多了变化的斜率(θ 取值为 b 处切线斜率),即项目区分度(discrimination)参数 a。项目区分度用来描述项目对受试对象的潜在特质的区分能力,a 值越大,代表项目特征曲线越陡,说明项目对受试对象的区分度就越高,能将不同能力水平的受试对象区分开;a 值越小,代表项目特征曲线越平坦,则不能很好地区分受试对象。理论上,a 的取值在正负无穷之间,但实际中通常介于 $0.3 \sim 2$ 之间。

3. logistic 三参数模型(IRT-3PL)

$$P_i(\theta) = c_i + (1 - c_i)\frac{e^{Da_i(\theta-b_i)}}{1 + e^{Da_i(\theta-b_i)}} \quad i = 1, 2, \cdots, n \qquad (8-8)$$

Logistic 三参数模型比两参数模型多了 ICC 的截距,即猜测(gussing)参数 c。参数 c 用来描述能力很低的受试对象答对某项目的概率(仅通过猜测答对项目的概率),c 值越大,说明无论受试对象能力水平如何,都能较容易猜对这个项目。图 8-19 中项目特征曲线较低尾部接近 c 值。理论上,c 的取值在 $0 \sim 1$ 之间,但实际中通常小于等于 0.25。

8.6.4　参数估计

在应用 IRT 时需对项目参数和受试对象的能力进行估计,模型基本假设是参数估计的基础。参数估计有三种情况:已知项目参数,对能力参数进行估计;已知能力参数,对项目参数进行估计;项目参数和能力参数都未知需要同时对二者进行估计。IRT 常用的参数估计方法有最大似然估计法和贝叶斯估计法。

1. 最大似然估计法

在局部独立性假设下,最大似然估计法先根据受试对象的反应矩阵导出似然函数,通过求似然函数最大值来估计参数。为了快速找到最佳解，常常先对似然函数取对数，再使用 New-ton-Raphson 法进行迭代。它有一致性、有效性和渐近正态性等优点。

最大似然估计法可细分为：

（1）联合最大似然估计法（Joint Maximum Likelihood Estimation，JMLE）：在实际情况下，项目参数和能力参数都是未知的，同时进行项目和能力参数估计的方法称为联合最大似然估计法。假设项目参数已知（设项目难度为 0）来估计受试对象的能力值，再设项目难度未知，利用刚才得到的能力值估计项目参数。它对单参数模型很有用，但对于两参数、三参数模型的估计不总是一致的或无偏的。

（2）条件最大似然估计法（Conditional Maximum Likelihood Estimation，CMLE）：用答对项目数来估计受试对象的能力，再用受试对象的能力来估计项目参数，适用于单参数模型。

（3）边际最大似然估计法（Marginal Maximum Likelihood Estimation，MMLE）：使用受试对象能力参数的边际分布估计项目参数，如果 θ 分布选择合理，MMLE 对于单参数、两参数和三参数模型是一致和无偏的，它是估计 IRT 参数的最常用的方法之一。

2. 贝叶斯估计法

有时使用最大似然估计法进行参数估计可能会出现不收敛的情况，这时可以用贝叶斯估计法。它利用贝叶斯原理，先确定参数的先验分布，建立联合最大似然函数，通过求其最大值来估计参数。

Bayes 定理的表达式为

$$P(A \mid B) = \frac{P(B \mid A)P(A)}{P(B)} \tag{8-9}$$

需要注意的是，项目参数的估计不会受到受试对象能力的影响，只要样本量够多，如单参数模型 ≥200、三参数模型 ≥1000，那么就能得到比较稳定的项目参数估计值。

8.6.5　模型评价

没有模型能完美地拟合数据，Hambleton 和 Swaminathan 于 1985 年提出从以下三个方面作为判断数据和模型拟合性的依据：

（1）模型的基本假设是否满足；

（2）模型参数不变性能否获得；

（3）模型预测的准确性如何。

本节重点讲解第（3）点，在应用 IRT 时，可以通过 IRT 模型的预测性的准确度来检定数据和模型拟合得如何，所得到模型是否适用于要分析的数据；反之，若拟合很好，则预测性必然很好。

评定项目反应模型拟合度可以通过残差分析方法，运用之前选定的模型估计出的各个参数通过 IRT 模型预测受试对象的反应模式，对模型效度进行假设，将实际的和预测的结果进行比较。

残差（粗残差）为真实测得的受试对象的项目反应与期望反应间的差距，表达式为

$$r_j(\theta) = P_j(\theta) - E[P_j(\theta)] \tag{8-10}$$

式中，j 为某组受试对象的能力组别；$r_j(\theta)$ 表示残差；$P_j(\theta)$ 表示在第 j 个受试对象能力组中答对项目的概率；$E[P_j(\theta)]$ 表示答对概率 $P_j(\theta)$ 的期望值。

图 8-20 中，"○"表示 $P_j(\theta)$，粗实线表示 $E[P_j(\theta)]$，与纵轴平行的线表示残差。

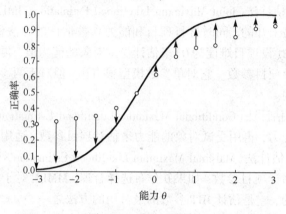

图 8-20　残差示意图

由于粗残差不考虑与期望部分校正相关的误差，故将其转换为标准化残差

$$\mathrm{SR}_j(\theta) = \frac{P_j(\theta) - E[P_j(\theta)]}{\sqrt{E[P_j(\theta)]E[1 - P_j(\theta)]/N_j}} \tag{8-11}$$

式中，N_j 为能力组别 j 中受试对象的人数。

实际观测结果和模型预测结果间的一致性通过 χ^2 检验来评定。下面介绍一个常用的拟合优度检验统计量——Yen 提出的 χ^2。

它由 Yen 于 1981 年提出的，基本思想是将能力量表分成 10 ~ 15 个区间（宽度适中），根据受试对象的能力估计值和对项目的反应情况（答对、答错）将受试对象分入 $2 \times J$ 个格子中的一个，计算真实测得的答对概率，令 $E[P_j(\theta)]$ 为某个区间内受试对象答对项目的预测概率的平均数，进行 χ^2 检验。自由度为能力组别数 m 减去项目参数个数 k。公式为

$$\text{Yen 统计量} = \sum_{j=1}^{m} \frac{N_j \{P_j(\theta) - E[P_j(\theta)]\}^2}{E[P_j(\theta)]\{1 - E[P_j(\theta)]\}} = \sum_{j=1}^{m} [\mathrm{SR}_j(\theta)]^2 \tag{8-12}$$

其他常见的统计量还有 Wright 和 Panchapaksesan 的 χ^2、Bock 的 χ^2、Wright 和 Mead 的 χ^2 以及似然比 χ^2。若 $P > 0.05$，即观测和期望间的差距很小，则可以认为选择的模型合理，适合数据；否则，说明观测部分偏离模型预测较远。需要注意的是，χ^2 检验会受到样本量的影响。

8.7　本章小结

项目反应模型采用非线性模型将受试对象对项目的反应（外显变量）与其潜在特质（潜在变量）连接起来，可用于量表条目筛选，解决了中医领域量表条目的筛选问题。本章给出了项目反应模型所用数据结构、对数据结构的分析及用到的软件，概括介绍了与项目反应模型有关的一些基本概念和内容，通过实例详细介绍了用 Mplus 软件实现项目反应模型分析的具体方法和结果解释。

参 考 文 献

［1］Alagumalai S, Curtis DD, Hungi N. Applied rasch measurement：a book of exemplars［M］. Netherlands：Springer, 2005：1-14.

［2］余民宁. 项目反应理论 IRT 及其应用［M］. 台北：心理出版社, 2009：1-50.

［3］Embretson SE, Reise SP. Item response theory for psychologists［M］. Mahwah, New Jersey：Lawrence Erlbaum Associates, 2000：3-246.

［4］查尔斯 L 赫林. 项目反应理论——在心理测量中的应用［M］. 武汉：湖北教育出版社, 1990：14-82.

［5］Van der Linden WJ, Hambleton RK. Handbook of modern item response theory［J］. New York：Springer- Verlag, 1997：1-28.

［6］陈炳为, 许碧云, 陈启光, 等. 两分类项目反应理论在中医证候中的应用［J］. 中国卫生统计, 2011, 28（1）：16-18, 21.

［7］许祖慰. 项目反应理论及其在测验中的应用［M］. 上海：华东师范大学出版社, 1992：18-129.

［8］余嘉元. 项目反应理论及其应用［M］. 南京：江苏教育出版社, 1992：1-157.

［9］杜文久. 高等项目反应理论［M］. 重庆：西南师范大学出版社, 2007：52-277.

［10］Davier MV, Carstensen CH. Multivariate and mixture distribution rasch models：extensions and applications［M］. New York：Springer, 2007：1-55.

［11］Muthén LK, Muthén BO. Mplus user's guide［M］. 6th edition. Los Angeles, CA：Muthén & Muthén, 2010：60-61.

［12］Baker FB. The basics of item response theory［M］. 2nd edition. College Park, MD：ERIC Clearinghouse on Assessment and Evaluation, 2001：5-128.

下篇　重复测量设计定性资料统计分析方法

第9章　重复测量设计一元定性资料广义估计方程分析

纵向研究在卫生、社会、行为科学、生物、农业、教育、经济和市场等领域扮演着重要角色。在纵向研究中，受试对象随时间被重复观测，虽然受试对象间的反应可能是独立的，但同一个受试对象不同时间点的反应很有可能存在相关。当对这样的数据进行建模时，受试对象内部的相关肯定要考虑进来，否则统计推论将会不正确。本章详细介绍了用于重复测量设计数据（特别是当结果变量是定性的时候）分析的一个非常有效的方法——广义估计方程，并借助广义估计方程求解混合效应模型中的参数估计值，用 SAS 软件对实例进行具体分析，并对输出结果进行解释。

9.1　问题与数据

【例 9-1】　以证候血瘀为例，研究者对 993 例缺血性中风病患者在第 1、7、14、28 和 90 天分别观测血瘀这个证候。其中，年龄 age、性别 xb（0 为男性，1 为女性）、起病形式 xs（0 表示渐进加重，1 表示即刻到高峰）和发病距就诊时间 jzsj（1 表示 <3h，2 表示 3~6h，3 表示 >6h）是临床医生给出的在专业上对证候影响较重要的因素。患者在各时间点上的血瘀情况见表 9-1，其他 5 个证候（内风、内火、痰湿、气虚和阴虚）在各时间点上的情况均可整理成与表 9-1 相同的格式，不再一一列出，希望考察对该证候有影响的因素有哪些并预测各证候随时间的变化情况。

表 9-1　缺血性中风病患者在各时间点上出现血瘀与否的观测结果

患者编号	年龄	性别	起病形式	发病距就诊时间	出现血瘀与否 时间（天）：	1	7	14	28	90
345	57	1	0	3		1	1	1	1	1
384	74	1	1	2		1	1	1	1	.
3214	68	0	0	3		1	1	1	1	1
8382	85	0	1	3		1	0	0	1	1
9455	67	0	0	2		1	1	1	1	1
9918	69	0	1	1		1	1	1	1	0
11444	71	0	1	3		1	1	1	1	1
12983	76	0	0	2		1	1	1	1	0
13351	46	0	1	3		1	1	1	1	1
14698	75	1	0	3		1	1	1	0	0
16092	60	1	1	3		1	1	1	1	1
16195	73	0	0	3		1	1	1	1	1
17071	60	0	1	3		0	0	0	0	0
18471	73	0	0	2		1	1	1	1	0
…	…	…	…	…		…	…	…	…	…
411443002	67	0	0	3		0	1	1	1	1

注：患者出现血瘀与否是一个二值变量，0 表示未出现此证候，1 表示出现了此证候，缺失以"."表示。

【例 9-2】 研究者对 771 例缺血性中风病患者在第 1、7、14、28 和 90 天分别观测血瘀这个证候。同样，年龄 age、性别 xb（0 为男性，1 为女性）、起病形式 xs（0 表示渐进加重，1 表示即刻达到高峰）和发病距就诊时间 jzsj（1 表示 <3h，2 表示 3～6h，3 表示 >6h）是临床医生给出的在专业上对证候影响较重要的因素。患者在各时间点上出现血瘀的程度见表 9-2，血瘀按轻重程度从 1～6 排序，6 表示最重的程度，希望考察对该证候有影响的因素有哪些并预测血瘀随时间的变化情况。

表 9-2 缺血性中风病患者在各时间点上出现不同血瘀程度的观测结果

患者编号	年龄	性别	起病形式	发病距就诊时间	出现血瘀的轻重程度				
					时间（天）： 1	7	14	28	90
345	57	1	0	3	3	4	3	3	3
384	74	1	1	2	1	2	3	2	.
3214	68	0	0	3	1	1	3	1	1
8382	85	0	1	3	3	3	3	3	2
9455	67	0	0	2	2	1	3	3	2
9918	69	0	1	1	3	2	2	3	3
11444	71	0	1	3	1	1	1	.	.
12983	76	0	0	2	2	2	2	3	2
13351	46	0	1	3	2	.	2	4	3
14698	75	1	0	3	3	4	4	3	3
16092	60	0	0	3	2	2	2	2	2
16195	73	0	0	3	2	2	3	3	3
17071	60	0	1	1	2	2	2	3	3
18471	73	1	0	2	4	3	3	4	3
...	...	...	...	...	...	...	...	...	...
105856002	67	0	0	3	1	1	3	2	2

注：患者出现不同血瘀程度是一个多值有序变量，缺失以"."表示。

9.2　对数据结构的分析

例 9-1 的资料涉及五个原因变量，即"观测时间"、"年龄"、"性别"、"起病形式"和"发病距就诊时间"，结果变量是一个二值结果变量。研究者对每个受试对象在不同时间点上对这个二值结果变量进行重复测定，故该资料可称为结果变量为二值变量的带有两个协变量（指年龄与发病距就诊时间）的具有一个重复测量因素（指时间因素）的三因素（指时间、性别和起病形式）设计一元定性资料（指是否出现血瘀）。

例 9-2 的资料同样涉及五个原因变量，即"观测时间"、"年龄"、"性别"、"起病形式"和"发病距就诊时间"，不同的是，结果变量是一个多值有序的定性变量，研究者对同一个受试对象在不同时间点上对这个多值有序的结果变量进行重复测定，故该资料也可称为结果变量为多值有序变量的带有两个协变量（指年龄与发病距就诊时间）的具有一个重复测量因素的三因素（指时间、性别和起病形式）设计一元定性资料（指出现血瘀的轻重程度）。

9.3　统计分析目的与分析方法选择

例 9-1 和例 9-2 的资料均为重复测量设计定性资料，研究目的是寻找影响缺血性中风病患者某证候的因素，以及该证候随时间推移的变化规律。由于结果变量是定性的，且对每个受试对象在不同时间点进行重复观测,得到的重复测量数据缺乏独立性,直接运用广义线性模型的求解方法来获得多重 logistic 回归模型中参数的估计值是不恰当的,可以使用广义估计方程来分析这种纵向离散数据,它将受试对象内部相关性考虑进来,从而产生更可靠的统计推论。

9.4　用 SAS 软件对实例进行解析

9.4.1　将时间作为分类变量对例 9-1 进行分析

基于广义估计方程对例 9-1 进行分析,将时间作为分类变量时,SAS 程序(程序名为 TJFX9_1.SAS)如下:

```
proc import out =work.tjfx9_1        /* 1*/
    datafile = "D:\TJFX\JFX9_1.xls"
    dbms =excel replace;
    range = "sheet";
    getnames =yes;
    mixed =no;
    scantext =yes;
    usedate =yes;
    scantime =yes;
run;
proc genmod data =tjfx9_1 descending;
                                     /* 2*/
    class ID date(ref = '1' param =ref);
    model yu =date age xb xs jzsj/dist
            =bin;
    repeated subject =ID/corr
                    =cs corrw;
    ods output GEEFitCriteria =b;
run;
proc genmod data =tjfx9_1 descending;
                                     /* 3*/
    class ID date(ref = '1' param =ref);
    model yu =date age xb xs jzsj/dist
            =bin;
    repeated subject =ID/corr =ind cor-
rw;
  ods output GEEFitCriteria =c;
run;
proc genmod data =tjfx9_1 descending;
                                     /* 4*/
    class ID date(ref = '1' param =ref);
    model yu =date age xb xs jzsj/dist
            =bin;
    repeated subject =ID/corr
                    =mdep corrw;
    ods output GEEFitCriteria =d;
run;
proc genmod data =tjfx9_1 descending;
                                     /* 5*/
    class ID date(ref = '1' param =ref);
```

```
ods html;
proc genmod data =tjfx9_1 descending;
                                     /* 10*/
    class ID date(ref = '1' param =ref);
    model yu =date age xb xs jzsj/dist =
bin type3;
    repeated subject =ID/corr =ind cor-
rw;
run;
ods html close;

ods html;
proc genmod data =tjfx9_1 descending;
                                     /* 11*/
    class ID date(ref = '1' param =ref);
    model yu =date xb/dist =bin type3;
    repeated subject =ID/corr =ind cor-
rw;
run;
ods html close;

ods html;
ods graphics on;
proc genmod data =tjfx9_1 descending;
                                     /* 12*/
    class ID date;
    model yu =date xb/dist =bin;
     repeated    subject = ID/corr = ind
corrw;
    assess link/ resample =10000
    seed =10000
    crpanel;
run;
ods graphics off;
ods html close;

ods html;
ods graphics on;
proc genmod data =tjfx9_1 descending;
                                     /* 13*/
```

```
        model yu =date age xb xs jzsj/dist
               =bin;
        repeated subject =ID/corr
                        =AR(1) corrw;
        ods output GEEFitCriteria =e;
run;
proc genmod data =tjfx9_1 descending;
                                    /* 6*/
        class ID date (ref ='1' param =ref);
        model yu =date age xb xs jzsj/dist
               =bin;
        repeated subject =ID/corr
                        =unstr corrw;
        ods output GEEFitCriteria =f;
run;
% MACRO SHUJU(dataset, y);      /* 7*/
data &dataset;
set &dataset;
  &y =value;
  drop value;
run;
% MEND SHUJU;
% SHUJU(b, CS)        % SHUJU(c, IND)
% SHUJU(d, MDEP)      % SHUJU(e, AR1)
% SHUJU(f, UN)
data g;                          /* 8*/
  merge b c d e f;
run;
ods html;
proc print data =g;              /* 9*/
run;
ods html close;
```

```
        class ID date (ref ='1' param =ref);
        model yu =date xb/dist =bin;
        repeated    subject = ID/corr = ind
corrw;
        assess var = (xb)/ resample =10000
    seed =10000
        crpanel;
        run;
ods graphics off;
ods html close;
```

【程序说明】　第 1 步为建立数据集 tjfx9_1，使用 import 过程将 TJFX9_1. xls 导入进来。第 2～6 步分别调用 GENMOD 过程，采用 CS、IND、MDEP、AR(1) 和 UN 五种作业相关矩阵对资料进行分析。"descending"选项将反应变量水平的顺序以与默认相反的顺序排序。class 语句后放上分类变量患者 ID 号和观测时间；括号中的"ref ="选项给定参照水平，ref =1 即以第一个时间点为参照；"param ="选项指定变量参数化方法，param = ref 表示按参照单元编码。model 语句用于指定原因变量和结果变量，"dist"选项指定模型中反应变量的概率分布，系统默认为正态分布，因为该资料结果变量是二值的，故定义 dist = bin，即分布类型为二项式分布，默认连接函数为 logit。repeat 语句用于指定协方差结构，"subject"选项用于指定数据集中的个体，"corr ="选项指明模型个体相关反应变量的作业相关矩阵结构，"corrw"选项可以给出估计的作业相关矩阵。第 2～6 步所用语句基本相同，仅在"corr ="后的选项不同，五个过程分别指定了五种作业相关矩阵。第 7 步为建立宏 SHUJU，以实现对数据集中已有变量 value 的更名。第 8 步用来实现对不同数据集的横向合并。第 9 步用来将数据集中的内容输出到 output 窗口中。在调用 GENMOD 过程基于广义估计方程对混合效应方差分析模型进行回归系数估计时，使用了一个 ods(output delivery system)语句，用来将模型拟合的有关信息输出。第 10 步采用 QIC 最小的 IND 作业相关矩阵拟合资料。第 11 步将没有统计学意义的变量剔除后重新拟合。第 12 步和第 13 步分别绘制预测值和性别的累积残差图并计算观测的累积残差的最大绝对值以及 Kolmogorov- type supremum 检验的 P 值。

【输出结果及解释】

首先给出了使用不同作业相关矩阵的 QIC 和 QICu 的值。

GEE fit criteria	CS	IND	AR(1)	UN
QIC(smaller is better)	5754.83	5754.33	5755.03	5754.59
QICu(smaller is better)	5739.30	5738.26	5739.47	5739.39

采用 MDEP 作业相关矩阵对资料进行分析时，无法计算方差函数，分析过程中断，所以以上结果中没有给出用 MDEP 作业相关矩阵对资料进行分析的 QIC 及 QICu 值。根据 QIC 值越小越好的原则，发现 IND 这种作业相关矩阵拟合本资料较好，所以最后的结论应按 IND 作业相关矩阵计算出来的结果来做出。

The GENMOD Procedure

Model Information

Data Set	WORK. TJFX9_1
Distribution	Binomial
Link Function	Logit
Dependent Variable	yu

以上是"模型信息"表，给出关于模型说明的信息，包括结果变量的分布和连接函数。

Number of Observations Read	4680
Number of Observations Used	4613
Number of Events	3149
Number of Trials	4613
Missing Values	67

以上是 SAS 读入的数据个数、用到的数据个数、缺失值的数量等。

Class Level Information

Class	Value	Design Variables			
date	1	0	0	0	0
	7	1	0	0	0
	14	0	1	0	0
	28	0	0	1	0
	90	0	0	0	1

Response Profile

Ordered Value	yu	Total Frequency
1	1	3149
2	0	1464

PROC GENMOD is modeling the probability that yu = '1'.

以上分别给出了分类水平和结果变量的概貌。由于使用了 PROC GENMOD 中的"descending"选项，指定对血瘀 =1 的概率进行建模。

Parameter Information

Parameter	Effect	date
Prm1	Intercept	
Prm2	date	7
Prm3	date	14
Prm4	date	28
Prm5	date	90
Prm6	age	
Prm7	xb	
Prm8	xs	
Prm9	jzsj	

以上是关于参数的信息，包括哪个参数属于分类变量的哪个水平。

GEE Model Information

Correlation Structure	Independent
Subject Effect	ID (993 levels)
Number of Clusters	993
Clusters With Missing Values	14
Correlation Matrix Dimension	5
Maximum Cluster Size	5
Minimum Cluster Size	0

以上是广义估计方程模型信息，相关结构为 Independent。由于 993 例受试对象被重复观测，故有 993 个数据串，每个受试对象被重复观测 5 次。

Working Correlation Matrix

	Col1	Col2	Col3	Col4	Col5
Row1	1.0000	0.0000	0.0000	0.0000	0.0000
Row2	0.0000	1.0000	0.0000	0.0000	0.0000
Row3	0.0000	0.0000	1.0000	0.0000	0.0000
Row4	0.0000	0.0000	0.0000	1.0000	0.0000
Row5	0.0000	0.0000	0.0000	0.0000	1.0000

以上是作业相关矩阵。

GEE Fit Criteria

QIC	5754.3308
QICu	5738.2607

以上是 GEE 拟合信息临界值(相关结构为 Independent)。

Analysis Of GEE Parameter Estimates

Empirical Standard Error Estimates

Parameter		Estimate	Standard Error	95% Confidence Limits		Z	Pr > |Z|
Intercept		0.9340	0.3986	0.1527	1.7153	2.34	0.0191
date	7	−0.1326	0.0607	−0.2515	−0.0137	−2.19	0.0289
date	14	−0.3005	0.0709	−0.4394	−0.1615	−4.24	<0.0001
date	28	−0.3712	0.0769	−0.5218	−0.2205	−4.83	<0.0001

date	90	− 0.4880	0.0801	− 0.6450	− 0.3310	− 6.09	< 0.0001
age		0.0015	0.0051	− 0.0084	0.0115	0.30	0.7622
xb		− 0.2472	0.1174	− 0.4773	− 0.0171	− 2.11	0.0352
xs		− 0.0638	0.1173	− 0.2936	0.1661	− 0.54	0.5867
jzsj		0.0371	0.0754	− 0.1106	0.1849	0.49	0.6222

Score Statistics For Type 3 GEE Analysis

Source	DF	Chi-Square	Pr > ChiSq
date	4	39.87	< 0.0001
age	1	0.09	0.7624
xb	1	4.31	0.0378
xs	1	0.29	0.5879
jzsj	1	0.24	0.6240

以上是对基于 GEE 求得的参数估计的分析，给出了参数的估计值、标准误、95% 置信区间、Z 值和 P 值。除了年龄(age)、起病形式(xs)和发病距就诊时间(jzsj)外，其他参数的假设检验结果都有统计学意义($P < 0.05$)，故需要去掉三个无统计学意义的因素重新拟合方程。

Analysis Of GEE Parameter Estimates

Empirical Standard Error Estimates

Parameter		Estimate	Standard Error	95% Confidence Limits		Z	Pr > |Z|
Intercept		1.1148	0.0837	0.9507	1.2789	13.32	< 0.0001
date	7	− 0.1361	0.0602	− 0.2541	− 0.0182	− 2.26	0.0237
date	14	− 0.3104	0.0705	− 0.4485	− 0.1723	− 4.41	< 0.0001
date	28	− 0.3853	0.0767	− 0.5356	− 0.2349	− 5.02	< 0.0001
date	90	− 0.5190	0.0798	− 0.6755	− 0.3625	− 6.50	< 0.0001
xb		− 0.2489	0.1145	− 0.4733	− 0.0244	− 2.17	0.0298

Score Statistics For Type 3 GEE Analysis

Source	DF	Chi-Square	Pr > ChiSq
date	4	44.52	< 0.0001
xb	1	4.59	0.0321

以上是去掉无统计学意义的变量后重新得到的模型中参数估计的结果，截距项、各观测时间点和性别有统计学意义($P < 0.05$)。时间点的参数值为每个时间点与第一个时间点相比的值，可以看出，随着时间的推移，血瘀的发生率呈下降趋势。性别的参数估计值为负值，说明男性的血瘀发生率高于女性。

基于广义估计方程求解得到的以线性形式表达的多重 logistic 回归方程为

$$\lg\left(\frac{P}{1-P}\right) = 1.1148 - 0.1361\text{date}7 - 0.3104\text{date}14 - 0.3853\text{date}28 - 0.519\text{date}90 - 0.2489\text{xb}$$

其中，P 为某患者在某时间点出现血瘀这个证候的概率；date7 为第 7 天，date14 为第 14 天，date28 为第 28 天，date90 为第 90 天，时间变量可能的取值为 0 或 1(对哪一天进行预测，哪一天的时间变量就等于 1，其他天的时间变量均为 0)；xb 为性别。例如，预测某男性患者在第 7 天出现血瘀的概率，将 date7 = 1、date14 = 0、date28 = 0、date90 = 0 和 xb = 0 代入上述方程，即可得到此患者在第 7 天发生血瘀的概率为 72.69%。

Assessment Summary				
Assessment Variable	Maximum Absolute Value	Replications	Seed	Pr > MaxAbsVal
Link Function	0.2234	10000	10000	0.5251
xb	0.0000	10000	10000	0.8343

以上是模型评价的总结，给出了观测的累积残差的最大绝对值以及 Kolmogorov-type supremum 检验的 P 值，P 值均大于 0.05，可以说明拟合的固定效应和连接函数的形式是正确的。

图 9-1 和图 9-2 是使用 SAS ODS 绘图技术画出的累积残差图。观测的累积残差以实线表示，模拟的以虚线表示，P 值在每个图中显示。与粗残差图一样，如果模型是正确的，残差在以 0 为中心的直线周围随机均匀地分布且残差图不呈现任何特殊的趋势。

1.检查连接函数

观察的与拟合的结果之间的累积残差图如图 9-1 所示。

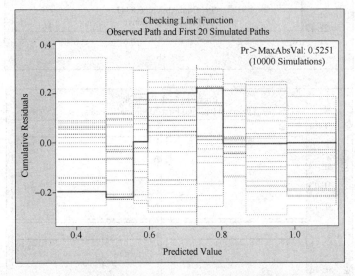

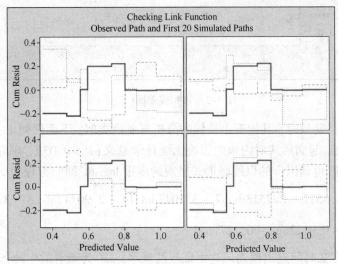

图 9-1　累积残差图(一)

2. 基于性别检查函数形式

由于性别只有两个取值，故性别的累积残差图是一条直线，如图 9-2 所示。

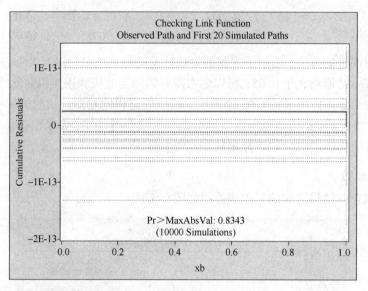

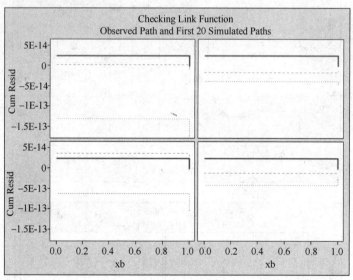

图 9-2　累积残差图（二）

当时间作为分类变量时，其他五个证候的分析与血瘀类似，下面仅列出主要的结果。

（1）内风：性别、起病形式对内风的影响无统计学意义（$P > 0.05$），剔除这两个变量后基于广义估计方程求解得到拟合的以线性形式呈现的多重 logistic 回归方程为

$$\lg\left(\frac{P}{1-P}\right) = 1.5527 - 2.7513\text{date7} - 3.1047\text{date14} - 2.9034\text{date28} - 3.0246\text{date90}$$

$$+ 0.0122\text{age} - 0.2271\text{jzsj}$$

其中，P 为某患者在某时间点出现内风这个证候的概率；age 为患者的年龄；jzsj 为发病距就诊时间。时间点的参数值为每个时间点与第一个时间点相比的值，可以看出，随着时间的推移，

内风的发生率呈波动(先下降后上升再下降)的趋势。年龄的参数为正值,说明年龄越大,内风的发生率越高。发病距就诊时间的参数为负值,说明发病距就诊的时间间隔越久,越不容易出现内风这个证候。

(2)内火:五个自变量(观测时间、年龄、性别、起病形式和发病距就诊时间)对内火的影响均有统计学意义($P<0.05$),基于广义估计方程求解得到拟合的以线性形式呈现的多重 logistic 回归方程为

$$\lg\left(\frac{P}{1-P}\right) = 1.8312 - 0.168\text{date7} - 0.6644\text{date14} - 0.9297\text{date28} - 1.1415\text{date90}$$
$$- 0.0101\text{age} - 0.427\text{xb} - 0.2636\text{xs} - 0.168\text{jzsj}$$

其中,P 为某患者在某时间点出现内火这个证候的概率;age 为患者的年龄;xb 为性别;xs 为起病形式;jzsj 为发病距就诊时间。时间点的参数值为每个时间点与第一个时间点相比的值,可以看出,随着时间的推移,内火的发生率整体呈下降的趋势。年龄的参数为负值,说明年龄越大,内火的发生率越低。性别的参数为负值,说明男性的内火发生率高于女性。起病形式的参数为负,说明起病形式为渐进加重的患者的内火发生率高于即刻达到高峰的患者。发病距就诊时间的参数为负值,说明发病距就诊的时间间隔越久,越不容易出现内火这个证候。

(3)痰湿:年龄、起病形式和发病距就诊时间对痰湿的影响无统计学意义($P>0.05$),剔除这三个变量后基于广义估计方程求解得到拟合的以线性形式呈现的多重 logistic 回归方程为

$$\lg\left(\frac{P}{1-P}\right) = 0.6485 - 0.2277\text{date7} - 0.7101\text{date14} - 0.7742\text{date28}$$
$$- 0.9832\text{date90} - 0.5578\text{xb}$$

其中,P 为某患者在某时间点出现痰湿这个证候的概率,xb 为性别。时间点的参数值为每个时间点与第一个时间点相比的值,可以看出,随着时间的推移,痰湿的发生率整体呈下降的趋势。性别的参数为负值,说明男性的痰湿发生率高于女性。

(4)气虚:起病形式和发病距就诊时间对气虚的影响无统计学意义($P>0.05$),剔除这两个变量后基于广义估计方程求解得到拟合的以线性形式呈现的多重 logistic 回归方程为

$$\lg\left(\frac{P}{1-P}\right) = 1.3845 - 0.0754\text{date7} - 0.2592\text{date14} - 0.2663\text{date28} - 0.1818\text{date90}$$
$$+ 0.0159\text{age} + 0.6158\text{xb}$$

其中,P 为某患者在某时间点出现气虚这个证候的概率;age 为年龄;xb 为性别。时间点的参数值为每个时间点与第一个时间点相比的值,可以看出,随着时间的推移,气虚的发生率先下降后缓慢上升。年龄的参数为正值,说明年龄越大,气虚的发生率越高。性别的参数为正值,说明男性的痰湿发生率低于女性。

(5)阴虚:除观测时间外,患者的年龄、性别、起病形式和发病距就诊时间对阴虚的影响无统计学意义($P>0.05$),剔除后基于广义估计方程求解得到拟合的以线性形式呈现的多重 logistic 回归方程为

$$\lg\left(\frac{P}{1-P}\right) = 1 - 0.0253\text{date7} - 0.1913\text{date14} - 0.4808\text{date28} - 0.5635\text{date90}$$

其中,P 为某患者在某时间点出现阴虚这个证候的概率。时间点的参数值为每个时间点与第一个时间点相比的值,可以看出,随着时间的推移,阴虚的发生率整体呈下降趋势。

由观测时间(天)作为分类变量得出的结果可以看出,各证候的发生率随五个时间点变化的趋势,重在孤立地看每个时间点与起点相比对结果的影响,是站在局部的角度来看问题。

根据求出的这六个证候相应的参数估计值,绘制各证候发生率的预测图(横轴为观测时间,纵轴为证候的发生率)。

图9-1所示是以年龄为中位数(68岁)、性别为0(男性),起病形式为0(渐进加重),且不考虑发病距就诊时间画出的时间作为分类变量时不同时间点各证候的发生率预测图。可以看出,内风的发生率在前7天表现为明显下降,第14天达到最低点,后趋于平缓;内火的发生率随时间逐渐下降;痰湿的发生率先快速下降(第1~14天)后平缓下降(第14~28天);血瘀的发生率呈下降趋势,但幅度不大;气虚的发生率先下降后缓慢上升;阴虚的发生率较其他证候要低,整体呈下降趋势但变化不大。

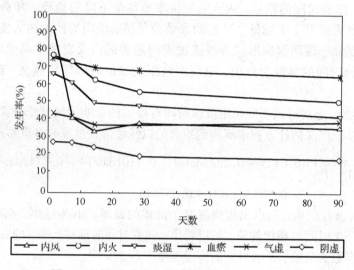

图9-3　时间为分类变量时各证候的发生率预测图

9.4.2　将时间作为连续变量对例9-1进行分析

基于广义估计方程对例9-1进行分析,时间作为连续变量时,SAS程序(程序名为TJFX9_2.SAS)如下:

```
proc import out = work.tjfx9_2    /* 1 */
    datafile = "D:\TJFX\TJFX9_1.xls"
    dbms = excel replace;
    range = "sheet";
    getnames = yes;
    mixed = no;
    scantext = yes;
    usedate = yes;
    scantime = yes;
run;
data a;                           /* 2 */
set tjfx9_2;
```

```
ods html;
proc genmod data = a descending;  /* 11 */
    class ID;
    model yu = d date age xb xs jzsj/dist
              = bin type3;
    repeated  subject = ID/corr
                       = ind corrw;
run;
ods html close;

ods html;
proc genmod data = a descending;  /* 12 */
```

```
d = date ** 2;
run;
proc genmod data = a descending;   /* 3 */
   class ID;
   model yu = d date age xb xs jzsj/dist
         = bin;
   repeated  subject = ID/corr
                     = cs corrw;
   ods output GEEFitCriteria = b;
run;
proc genmod data = a descending;   /* 4 */
   class ID;
   model yu = d date age xb xs jzsj/dist
         = bin;
   repeated  subject = ID/corr
                     = ind corrw;
   ods output GEEFitCriteria = c;
run;
proc genmod data = a descending;   /* 5 */
   class ID;
   model yu = d date age xb xs jzsj/dist
         = bin;
   repeated  subject = ID/corr
                     = mdep corrw;
   ods output GEEFitCriteria = d;
run;
proc genmod data = a descending;   /* 6 */
   class ID;
   model yu = d date age xb xs jzsj/dist
         = bin;
   repeated  subject = ID/corr
                     = AR(1) corrw;
   ods output GEEFitCriteria = e;
run;
proc genmod data = a descending;   /* 7 */
   class ID;
   model yu = d date age xb xs jzsj/dist
         = bin;
   repeated  subject = ID/corr
                     = unstr corrw;
   ods output GEEFitCriteria = f;
run;
% MACRO SHUJU (dataset, y);        /* 8 */
data &dataset;
   set &dataset;
   &y = value;
   drop value;
run;
% MEND SHUJU;
% SHUJU (b, CS)       % SHUJU (c, IND)
% SHUJU (d, MDEP)     % SHUJU (e, AR1)
% SHUJU (f, UN)
data g;                            /* 9 */
```

```
   class ID;
   model yu = d date xb/dist = bin type3;
   repeated  subject = ID/corr
                     = ind corrw;
run;
ods html close;


ods html;
ods graphics on;
proc genmod data = a descending;  /* 13 */
   class ID;
   model yu = d date xb/dist = bin;
   repeated  subject = ID/corr
                     = ind corrw;
     assess link/ resample = 10000
   seed = 10000
   crpanel;
run;
ods graphics off;
ods html close;


ods html;
ods graphics on;
proc genmod data = a descending;  /* 14 */
   class ID;
   model yu = d date xb/dist = bin;
   repeated  subject = ID/corr
                     = ind corrw;
   assess var = (date)/resample = 10000
   seed = 10000
   crpanel;
run;
ods graphics off;
ods html close;


ods html;
ods graphics on;
proc genmod data = a descending;  /* 15 */
   class ID;
   model yu = d date xb/dist = bin;
   repeated  subject = ID/corr
                     = ind corrw;
   assess var = (xb)/resample = 10000
   seed = 10000
   crpanel;
run;
ods graphics off;
ods html close;
```

```
        merge b c d e f;
run;
ods html;
proc print data = g;          /* 10*/
run;
ods html close;
```

【程序说明】 第 1 步为建立数据集 tjfx9_2,将 TJFX9_1.xls 导入进来。第 2 步新生成一个变量 b,其值等于观测时间 date 的平方。第 3 ~ 7 步分别调用 GENMOD 过程,采用 CS、IND、MDEP、AR(1)和 UN 五种作业相关矩阵对资料进行分析。第 3 ~ 7 步所用的语句基本相同,仅在"corr ="后的选项不同,五个过程分别指定了五种作业相关矩阵。第 8 步为建立宏 SHUJU,以实现对数据集中已有变量 value 的更名。第 9 步用来实现对不同数据集的横向合并。第 10 步用来将数据集中的内容输出到 output 窗口中。在调用 GENMOD 过程进行广义估计方程分析时,使用了一个 ods(output delivery system)语句,用来将模型拟合的有关信息输出。第 11 步采用 QIC 最小的 IND 作业相关矩阵拟合资料。第 12 步将没有统计学意义的变量剔除后重新拟合。第 13 ~ 15 步分别绘制预测值、观测时间和性别的累积残差图,并计算观测的累积残差的最大绝对值以及 Kolmogorov-type supremum 检验的 P 值。

【输出结果及解释】

首先给出了使用不同作业相关矩阵的 QIC 和 QICu 的值:

GEE fit criteria	CS	IND	MDEP	AR(1)	UN
QIC(smaller is better)	5754.66	5754.18	7193.22	5755.21	5754.73
QICu(smaller is better)	5736.55	5735.52	6383.41	5737.16	5737.06

根据 QIC 值越小越好的原则,发现 IND 这种作业相关矩阵拟合本资料较好,所以最后的结论应按 IND 作业相关矩阵计算出来的结果来做出。

The GENMOD Procedure

Model Information

Data Set	WORK. A
Distribution	Binomial
Link Function	Logit
Dependent Variable	yu

以上是"模型信息"表,给出了关于模型说明的信息,包括结果变量的分布和连接函数。

Number of Observations Read	4680
Number of Observations Used	4613
Number of Events	3149
Number of Trials	4613
Missing Values	67

以上是 SAS 读入的数据个数、用到的数据个数、缺失值的数量等。

Response Profile

Ordered Value	yu	Total Frequency

| 1 | 1 | 3149 |
| 2 | 0 | 1464 |

PROC GENMOD is modeling the probability that yu = 1.

以上分别给出分类水平和结果变量的概貌。由于使用了 PROC GENMOD 中的"descending"选项，指定对血瘀 =1 的概率进行建模。

Parameter Information

Parameter	Effect
Prm1	Intercept
Prm2	d
Prm3	date
Prm4	age
Prm5	xb
Prm6	xs
Prm7	jzsj

以上是关于参数的信息，包括哪个参数属于分类变量的哪个水平。

GEE Model Information

Correlation Structure	Independent
Subject Effect	ID(993 levels)
Number of Clusters	993
Clusters With Missing Values	14
Correlation Matrix Dimension	5
Maximum Cluster Size	5
Minimum Cluster Size	0

以上是广义估计方程模型信息，相关结构为 Independent。由于 993 例受试对象被重复观测，故有 993 个数据串，每个受试对象被重复观测五次。

Working Correlation Matrix

	Col1	Col2	Col3	Col4	Col5
Row1	1.0000	0.0000	0.0000	0.0000	0.0000
Row2	0.0000	1.0000	0.0000	0.0000	0.0000
Row3	0.0000	0.0000	1.0000	0.0000	0.0000
Row4	0.0000	0.0000	0.0000	1.0000	0.0000
Row5	0.0000	0.0000	0.0000	0.0000	1.0000

以上是作业相关矩阵。

GEE Fit Criteria

QIC	5754.1794
QICu	5735.5229

以上是 GEE 拟合资料所对应的临界值(相关结构为 Independent)。

Analysis Of GEE Parameter Estimates

Empirical Standard Error Estimates

Parameter	Estimate	Standard Error	95% Confidence Limits		Z	Pr > |Z|
Intercept	0.9229	0.3983	0.1423	1.7035	2.32	0.0205
d	0.0001	0.0000	0.0001	0.0002	3.75	0.0002
date	-0.0181	0.0039	-0.0257	-0.0106	-4.71	<0.0001
age	0.0015	0.0051	-0.0084	0.0114	0.30	0.7632
xb	-0.2472	0.1173	-0.4772	-0.0172	-2.11	0.0352
xs	-0.0637	0.1173	-0.2935	0.1661	-0.54	0.5868
jzsj	0.0369	0.0753	-0.1108	0.1846	0.49	0.6242

Score Statistics For Type 3 GEE Analysis

Source	DF	Chi-Square	Pr > ChiSq
d	1	13.62	0.0002
date	1	21.38	<0.0001
age	1	0.09	0.7634
xb	1	4.31	0.0378
xs	1	0.29	0.5880
jzsj	1	0.24	0.6260

以上是基于 GEE 得到的拟合模型中参数估计的结果，给出了变量的估计值、标准误、95% 置信区间、Z 值和 P 值。除了年龄（age）、起病形式（xs）和发病距就诊时间（jzsj）外，其他参数的假设检验结果都有统计学意义（$P<0.05$），故需要去掉年龄、起病形式和发病距就诊时间重新拟合模型。

Analysis Of GEE Parameter Estimates

Empirical Standard Error Estimates

Parameter	Estimate	Standard Error	95% Confidence Limits		Z	Pr > |Z|
Intercept	1.1027	0.0819	0.9422	1.2632	13.47	<0.0001
d	0.0001	0.0000	0.0001	0.0002	3.85	0.0001
date	-0.0188	0.0038	-0.0263	-0.0112	-4.88	<0.0001
xb	-0.2488	0.1145	-0.4732	-0.0245	-2.17	0.0297

Score Statistics For Type 3 GEE Analysis

Source	DF	Chi-Square	Pr > ChiSq
d	1	14.33	0.0002
date	1	22.97	<0.0001
xb	1	4.59	0.0321

以上是去掉无统计学意义的变量后重新得到的参数估计的结果，截距项、观测时间（date）、观测时间的二次项（d）和性别（xb）有统计学意义（$P<0.05$）。由观测时间的参数估计值大小可以看出，在目前的观测范围内观测时间的一次项对结果的影响比二次项大。观测时间的参数估计值为负值，说明随着时间的推移，患者的血瘀发生率下降；性别的参数估计值为负值，说明男性较女性更易出现血瘀这个证候。

基于广义估计方程求解得到拟合的以线性形式呈现的多重 logistic 回归方程为

$$\lg\left(\frac{P}{1-P}\right) = 1.1027 + 0.0001\text{date}^2 - 0.0188\text{date} - 0.2488\text{xb}$$

其中，P 为某患者在某天时出现血瘀这个证候的概率；date 为观测时间；xb 为性别。例如，预测某男性患者在第7天出现血瘀的概率，将 date = 7 和 xb = 0 代入上述方程，即可得到此患者在第7天时发生血瘀的概率为72.63%。

	Assessment Summary			
Assessment Variable	Maximum Absolute Value	Replications	Seed	Pr > MaxAbsVal
Link Function	0.3722	10000	10000	0.2051
date	0.2383	10000	10000	0.2092
xb	0.0000	10000	10000	0.3472

以上是模型评价的总结，给出了观测的累积残差的最大绝对值以及 Kolmogorov-type supremum 检验的 P 值，P 值均大于0.05，可以说明拟合的固定效应和连接函数的形式是正确的。

图9-4和图9-5是使用 SAS ODS 绘图技术画出的累积残差图。观测的累积残差以实线表示，模拟的以虚线表示，P 值在每个图中显示。与粗残差图一样，如果模型是正确的，残差在以0为中心的直线周围随机均匀地分布且残差图不呈现任何特殊的趋势。

1. 连接函数

观察的与拟合的结果之间的累积残差图如图9-4所示。

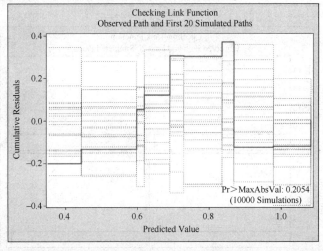

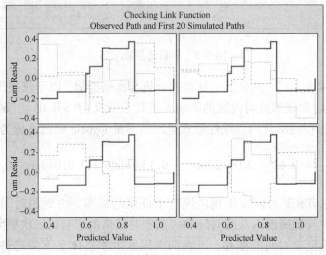

图9-4　累积残差图(一)

2. 性别

由于性别只有两个取值，故性别的累积残差图是一直线，如图 9-5 所示。

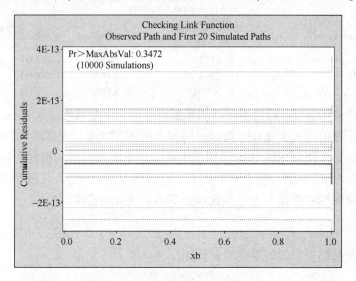

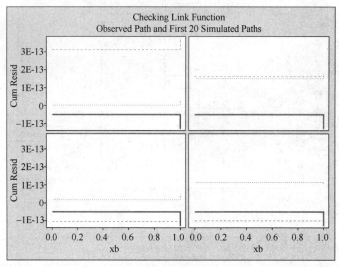

图 9-5　累积残差图(二)

当时间作为连续变量时，其他五个证候的分析与血瘀类似，以下仅列出主要的结果。

(1)内风：性别、起病形式对内风的影响无统计学意义($P > 0.05$)，剔除这两个变量后基于广义估计方程求解得到拟合的以线性形式呈现的多重 logistic 回归方程为：

$$\lg\left(\frac{P}{1-P}\right) = 0.62 + 0.0012\text{date}^2 - 0.1346\text{date} + 0.0104\text{age} - 0.1899\text{jzsj}$$

其中，P 为某患者在某时间点出现内风这个证候的概率。由观测时间的参数估计值大小可以看出，在目前的观测范围内观测时间的一次项对结果的影响比二次项大，观测时间的参数估计值为负值，说明随着时间的推移，患者的内风发生率整体呈下降趋势。年龄的参数为正值，说明年龄越大，内风的发生率越高。发病距就诊时间的参数为负值，说明发病距就诊的时间间隔越久,越不容易出现内风这个证候。

(2)内火:临床医生给出的这五个自变量(观测时间、年龄、性别、起病形式和发病距就诊时间)以及观测时间的二次项对内火的影响均有统计学意义($P < 0.05$),基于广义估计方程求解得到拟合的以线性形式呈现的多重 logistic 回归方程为

$$\lg\left(\frac{P}{1-P}\right) = 1.8811 + 0.0004\text{date}^2 - 0.0468\text{date} - 0.0101\text{age} - 0.426\text{xb}$$

$$- 0.2629\text{xs} - 0.1693\text{jzsj}$$

其中,P 为某患者在某时间点出现内火这个证候的概率。由观测时间的参数估计值大小可以看出,在目前的观测范围内观测时间的一次项对结果的影响比二次项大,观测时间的参数估计值为负值,说明随着时间的推移,患者的内火发生率整体呈下降趋势。年龄的参数为负值,说明年龄越大,内火的发生率越低。性别的参数为负值,说明男性的内火发生率高于女性。起病形式的参数为负值,说明起病形式为渐进加重的患者的内火发生率高于即刻达到高峰的患者。发病距就诊时间的参数为负值,说明发病距就诊的时间间隔越久,越不容易出现内火这个证候。

(3)痰湿:年龄、起病形式和发病距就诊时间对痰湿的影响无统计学意义($P > 0.05$),剔除这三个变量后基于广义估计方程求解得到拟合的以线性形式呈现的多重 logistic 回归方程为

$$\lg\left(\frac{P}{1-P}\right) = 0.6378 + 0.0003\text{date}^2 - 0.0413\text{date} - 0.5579\text{xb}$$

其中,P 为某患者在某时间点出现痰湿这个证候的概率。由观测时间的参数估计值大小可以看出,在目前的观测范围内观测时间的一次项对结果的影响比二次项大,观测时间的参数估计值为负值,说明随着时间的推移,患者的痰湿发生率整体呈下降趋势。性别的参数为负值,说明男性的痰湿发生率高于女性。

(4)气虚:起病形式和发病距就诊时间对痰湿的影响无统计学意义($P > 0.05$),剔除这两个变量后基于广义估计方程求解得到拟合的以线性形式呈现的多重 logistic 回归方程为

$$\lg\left(\frac{P}{1-P}\right) = -1.3845 + 0.0001\text{date}^2 - 0.0149\text{date} + 0.0158\text{age} + 0.6155\text{xb}$$

其中,P 为某患者在某时间点出现气虚这个证候的概率。由观测时间的参数估计值大小可以看出,在目前的观测范围内观测时间的一次项对结果的影响比二次项大,观测时间的参数估计值为负值,说明随着时间的推移,患者的气虚发生率整体呈下降趋势。年龄的参数为正值,说明年龄越大,气虚的发生率越高。性别的参数为正值,说明男性的气虚发生率低于女性。

(5)阴虚:除截距项、观测时间和一次项和二次项外,患者的年龄、性别、起病形式和发病距就诊时间对阴虚的影响均无统计学意义($P > 0.05$),剔除这四个变量后基于广义估计方程求解得到拟合的以线性形式呈现的多重 logistic 回归方程为

$$\lg\left(\frac{P}{1-P}\right) = -0.9365 + 0.0002\text{date}^2 - 0.0233\text{date}$$

其中,P 为某患者在某时间点出现阴虚这个证候的概率。由观测时间的参数估计值大小

可以看出，在目前的观测范围内观测时间的一次项对结果的影响比二次项大，观测时间的参数估计值为负值，说明随着时间的推移，患者的阴虚发生率整体呈下降趋势。

由观测时间(天)作为连续变量得出的模型与观测时间作为分类变量相比，它可以预测任意时间点某证候发生的概率，重在看发生概率随时间的推移的变化规律，是站在全局的角度来看问题。

根据求出的这六个证候相应的参数估计值，绘制各证候发生率的预测图(横轴为观测时间，纵轴为证候的发生率)。

图9-6 所示是以年龄为中位数(68 岁)、性别为 0(男性)，起病形式为 0(渐进加重)，且不考虑发病距就诊时间画出的观测时间作为连续变量时不同时间点各证候的发生率预测图。可以看出，内风的发生率先下降，后平缓上升；内火的发生率随时间逐渐下降，28 天后较平缓；痰湿的发生率先下降明显(第 1～14 天)后较平缓(第 14～28 天)；血瘀、气虚的发生率呈下降趋势，但幅度不大；阴虚的发生率较其他证候要低，整体呈下降趋势但变化不大。以时间作为连续变量基于广义估计方程求解模型中参数时，建议选取的时间点密集一些且间隔不要太长。

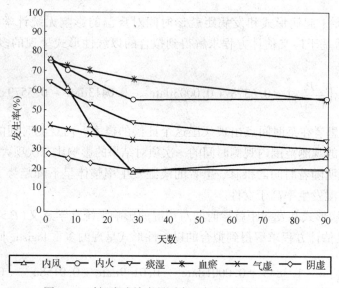

图9-6　时间为连续变量时各证候发生率的预测图

9.4.3　对例9-2进行分析

基于广义估计方程对例9-2进行分析，SAS 程序(程序名为 TJFX9_3.SAS)如下：

```
proc import out =work.tjfx9_3     /* 1*/
    datafile = "'D:\TJFX\TJFX9_2.xls"
    dbms =excel replace;
    range = "sheet";
    getnames =yes;
    mixed =no;
    scantext =yes;
    usedate =yes;

ods html;
proc genmod data =tjfx9_3;          /* 2*/
    class ID date(ref ='1' param =ref);
    model yu =date age xb xs jzsj/dist
            =mult type3;
    repeated subject =ID/type
                =ind within =date;
run;
```

```
        scantime = yes;                    ods html close;
    run;
                                           ods html;
                                           proc genmod data = tjfx9_3;        /* 3 */
                                              class ID date(ref = '1' param = ref);
                                              model yu = date/dist = mult type3;
                                              repeated subject = ID/type
                                                                = ind within = date;
                                           run;
                                           ods html close;
```

【程序说明】　第 1 步为建立数据集 tjfx9_3，将 TJFX9_2. xls 导入进来。第 2 步调用 GEN-MOD 过程对模型进行拟合，"dist"选项指定模型中反应变量的概率分布，系统默认为正态分布，因为该资料结果变量是多值名义的，故定义 dist = mult，即分布类型为多项式分布，默认连接函数为 cumulative logit。"type3"选项可以得到 model 语句中每个变量的 type3 统计量，对于广义估计方程，这个选项默认计算似然比统计量或得分统计量。由于 GENMOD 过程只可拟合独立分布的等级反应变量模型，故 repeat 语句中"type = ind within = date"可以省略。第 3 步将没有统计学意义的变量剔除后重新拟合最终模型。

【输出结果及解释】

Model Information

Data Set	WORK. TJFX9_3
Distribution	Multinomial
Link Function	Cumulative Logit
Dependent Variable	yu　　　　yu

以上是模型信息，给出数据集的名称、模型中反应变量的概率分布、连接函数和结果变量。

Response Profile

Ordered Value	yu	Total Frequency
1	1	1043
2	2	1312
3	3	679
4	4	170
5	5	22
6	6	2

以上是反应变量概貌。

GEE Model Information

Correlation Structure	Independent
Within-Subject Effect	date (5 levels)
Subject Effect	ID (772 levels)
Number of Clusters	772
Clusters With Missing Values	13
Correlation Matrix Dimension	5

Maximum Cluster Size		5
Minimum Cluster Size		0

以上是广义估计方程模型信息，包括相关结构等。

算法收敛，拟合统计量为

GEE Fit Criteria

QIC	8056.7015
QICu	8038.8127

Analysis Of GEE Parameter Estimates
Empirical Standard Error Estimates

Parameter		Estimate	Standard Error	95% Confidence Limits		Z	Pr > |Z|
Intercept1		−0.3907	0.3939	−1.1626	0.3812	−0.99	0.3212
Intercept2		1.3720	0.3974	0.5932	2.1508	3.45	0.0006
Intercept3		3.1489	0.4081	2.3490	3.9488	7.72	<0.0001
Intercept4		5.2990	0.4924	4.3338	6.2641	10.76	<0.0001
Intercept5		7.7910	0.8559	6.1133	9.4686	9.10	<0.0001
date	7	0.4753	0.0667	0.3446	0.6059	7.13	<0.0001
date	14	0.6238	0.0756	0.4756	0.7719	8.25	<0.0001
date	28	0.6450	0.0823	0.4838	0.8063	7.84	<0.0001
date	90	0.6084	0.0913	0.4295	0.7873	6.67	<0.0001
age		−0.0097	0.0050	−0.0194	0.0001	−1.94	0.0522
xb		0.0398	0.1161	−0.1877	0.2673	0.34	0.7316
xs		−0.0028	0.1128	−0.2239	0.2182	−0.03	0.9799
jzsj		−0.0737	0.0733	−0.2174	0.0701	−1.00	0.3152

Score Statistics For Type 3 GEE Analysis

Source	DF	Chi-Square	Pr > ChiSq
date	4	84.70	<0.0001
age	1	3.75	0.0527
xb	1	0.12	0.7318
xs	1	0.00	0.9800
jzsj	1	0.97	0.3253

以上是基于 GEE 求解得到模型中参数估计的结果，给出了变量的估计值、标准误、95% 置信区间、Z 值和 P 值。除了观测时间（date）外，其他参数的假设检验都无统计学意义（$P > 0.05$），故需要去掉年龄、性别、起病形式和发病距就诊时间重新拟合模型。

Analysis Of GEE Parameter Estimates
Empirical Standard Error Estimates

Parameter	Estimate	Standard Error	95% Confidence Limits		Z	Pr > |Z|
Intercept1	−1.1923	0.0768	−1.3428	−1.0418	−15.53	<0.0001
Intercept2	0.5507	0.0703	0.4129	0.6884	7.84	<0.0001
Intercept3	2.2998	0.1090	2.0862	2.5135	21.10	<0.0001
Intercept4	4.4167	0.2562	3.9145	4.9188	17.24	<0.0001
Intercept5	6.9895	0.7086	5.6006	8.3784	9.86	<0.0001

date	7	0.4810	0.0655	0.3526	0.6093	7.35	< 0.0001
date	14	0.6194	0.0740	0.4744	0.7644	8.37	< 0.0001
date	28	0.6483	0.0810	0.4896	0.8071	8.01	< 0.0001
date	90	0.6190	0.0905	0.4417	0.7964	6.84	< 0.0001

Score Statistics For Type 3 GEE Analysis

Source	DF	Chi-Square	Pr > ChiSq
date	4	88.19	< 0.0001

以上是去掉无统计学意义的变量后重新得到的参数估计结果，截距项、各观测时间点有统计学意义（$P < 0.05$）。时间点的参数值为每个时间点与第一个时间点相比的值，可以看出，随着时间的推移，血瘀的发生率呈上升-下降趋势。

以结果变量取值等于 1（血瘀程度最轻）为例，基于广义估计方程求解得到拟合的以线性形式呈现的多重 logistic 回归方程为

$$\lg\left(\frac{P_1}{1-P_1}\right) = -1.1923 + 0.481\text{date}7 + 0.6194\text{date}14 + 0.6483\text{date}28 + 0.619\text{date}90$$

其中，P_1 为某患者在某时间点血瘀最轻的概率；date7 为第 7 天，date14 为第 14 天，date28 为第 28 天，date90 为第 90 天，时间变量可能的取值为 0 或 1（对哪天进行预测，哪天的时间变量就等于 1，其他天的时间变量均为 0）。例如，预测某患者在第 7 天出现血瘀最轻的概率，将 date7 = 1、date14 = 0、date28 = 0、date90 = 0 代入上述方程，即可得到此患者在第 7 天时出现血瘀最轻的概率为 7.76%。

9.5　广义估计方程基本概念

广义线性模型（generalized linear model）最初是由 Wedderburn 和 Nelder 在 20 世纪 70 年代构建的，是传统线性模型（traditional linear model）的推广。它涵盖了医学统计中经常使用的大部分模型，包括线性回归模型、logistic 回归模型和对数线性模型。作为基于似然函数的模型，广义线性模型假定个体或观测间相互独立。由于同一个个体得到的重复测量数据缺乏独立性，直接对纵向数据运用广义线性模型是不恰当的，需要对广义线性模型进行扩展，有三种方式：①边际模型（marginal models）或总体平均模型（Population-Averaged Models，PA）；②随机模型（random models）或特定个体模型（Subject-Specific Models，SS）；③转移模型（transition models）或反应条件模型（response conditional models）。这些模型不仅在重复测量间相关类型上不同，并且有可辨别的不同解释的回归参数，这些不同解释反映了这些模型的推论的不同目标。随着计算机的高速发展，在近 30 年，人们开始关注于离散纵向数据的分析方法。

在 20 世纪 80 年代中期，标志性的发展是 Liang and Zeger（1986）提出广义估计方程（Generalized Estimating Equations，GEE）方法用于分析纵向离散数据。高燕宁等（1994）首先将该方法介绍到国内。GEE 是广义线性模型的扩展，它将受试对象内部相关性考虑进来产生更可靠的统计推断，GEE 通过指定观测的作业相关矩阵来解决重复观测中不可避免的相关性问题。并且，GEE 可以处理完全随机缺失（Missing Completely at Random，MCAR）数据，即不需要所有观测数据完整。在过去的 20 多年间，广义估计方程被证明是用于纵向数据分析的非常有效的方法，特别是当结果变量是离散（如二值、多值有序或计数）的时候。

可以通过使用 SAS 9.2，调用 PROC GENMOD 过程进行广义估计方程分析，根据准似然独

立准则(QIC)统计量进行模型选择,计算观测的累积残差的最大绝对值以及 Kolmogorov- type supremum 检验的 P 值,累积残差图可以使用 SAS ODS 绘图技术画出。最后可以通过调用 PROC GPLOT 过程绘制不同时间点各证候的发生率预测图。

9.6　原理概述

9.6.1　简要介绍

广义估计方程分为 GEE1 和 GEE2 两种。所有假定估计方程回归参数和相关参数正交的 GEE 模型,称为 GEE1。GEE2 与 GEE1 的不同在于 GEE2 是非正交的。当相关参数被错误指定时,GEE1 也可以给出参数的一致性估计。对于 GEE2,不仅要对回归参数给出作业相关矩阵,还必须对相关参数给出作业协方差矩阵,如果数据不是二值的并且分析的重点包括相关的解释,那么 GEE2 模型要比 GEE1 模型好。需要注意的是,由于模型的复杂性增加,GEE2 模型与类似的 GEE1 模型相比不太容易收敛。为了得到回归参数的一致性估计值,我们重点关注 GEE1。

假定 N 个个体随时间被重复测量。Y_{ij} 表示第 i 个个体的第 j 个观测值($i = 1, 2, \cdots, N$; $j = 1, 2, \cdots, n_i$),协变量用 X_{ij} 表示。对不同受试对象进行测量的结果被假定是相互独立的,测自同一个受试对象身上的数值允许存在相关性。

GEE 模型包括的三个部分。

(1)系统部分:每个结果变量的边际期望 $E(Y_{ij} \mid X_{ij}) = \mu_{ij}$ 通过连接函数 $g(\cdot)$ 建立结果变量与协变量间的函数关系,即

$$g(\mu_{ij}) = h^{-1}(\mu_{ij}) = X'_{ij}\beta \tag{9-1}$$

式中,β 是 $p \times 1$ 维参数向量。

(2)随机部分:建立 Y_{ij} 的方差与边际期望间的函数关系,即方差可以由均数的函数表示。

$$\mathrm{Var}(Y_{ij}) = \phi \nu(\mu_{ij}) \tag{9-2}$$

式中,$\nu(\mu_{ij})$ 为方差函数;ϕ 为离散参数(dispersion parameter),它是已知的或者需要被估计。

(3)相关部分:除了上面两个与广义线性模型相同的部分外,还需要对相同受试对象的观测选择相关结构,通过指定作业相关矩阵实现。

对每个 i,定义 $n_i \times n_i$ 对角矩阵

$$A_i = \begin{pmatrix} V(\mu_{i1}) & 0 & \cdots & 0 \\ 0 & V(\mu_{i2}) & \cdots & 0 \\ \vdots & \vdots & \vdots & \vdots \\ 0 & 0 & \cdots & V(\mu_{in_i}) \end{pmatrix} \tag{9-3}$$

V_i 为 Y_i 的方差-协方差矩阵,记为

$$V_i = \phi A_i^{\frac{1}{2}} R_i(\alpha) A_i^{\frac{1}{2}} \tag{9-4}$$

式中,$R_i(\alpha)$ 为个体 i 的作业相关矩阵,其中 α 是相关参数。

用于估计参数 β 的广义估计方程为

$$U(\boldsymbol{\beta}) = \sum_{i=1}^{N} \boldsymbol{D}_i' \boldsymbol{V}_i^{-1} \left[\boldsymbol{Y}_i - \boldsymbol{\mu}_i(\boldsymbol{\beta}) \right] = 0 \tag{9-5}$$

式中，$\boldsymbol{Y}_i$ 表示反应的 $n_i \times 1$ 维向量；$\boldsymbol{\mu}_i$ 表示均值的 $n_i \times 1$ 维向量；$\boldsymbol{D}_i'$ 为 $\boldsymbol{D}_i$ 的转置矩阵；$\boldsymbol{D}_i$ 由下式定义：

$$\boldsymbol{D}_i = \frac{\partial \boldsymbol{\mu}_i}{\partial \boldsymbol{\beta}} \tag{9-6}$$

9.6.2 作业相关矩阵

作业相关矩阵表示结果变量的各次重复测量值两两之间相关性的大小，它是广义估计方程中的一个重要概念。常见的作业相关矩阵形式见表9-3。

表9-3 常见的作业相关矩阵

结　构	矩　阵	简　化　型
独立 （Independence） IND	$\begin{pmatrix} 1 & 0 & \cdots & 0 \\ 0 & 1 & \cdots & 0 \\ \vdots & \vdots & \vdots & \vdots \\ 0 & 0 & \cdots & 1 \end{pmatrix}$	$\mathrm{Corr}(Y_{ij}, Y_{ik}) = \begin{cases} 1 & j = k \\ 0 & j \neq k \end{cases}$
可交换的 （Exchangeable） EXCH|CS	$\begin{pmatrix} 1 & \alpha & \cdots & \alpha \\ \alpha & 1 & \cdots & \alpha \\ \vdots & \vdots & \vdots & \vdots \\ \alpha & \alpha & \cdots & 1 \end{pmatrix}$	$\mathrm{Corr}(Y_{ij}, Y_{ik}) = \begin{cases} 1 & j = k \\ \alpha & j \neq k \end{cases}$
不确定型 （Unstructured） UN	$\begin{pmatrix} 1 & \rho_{1,2} & \cdots & \rho_{1,t} \\ \rho_{1,2} & 1 & \cdots & \rho_{2,t} \\ \vdots & \vdots & \vdots & \vdots \\ \rho_{1,t} & \rho_{2,t} & \cdots & 1 \end{pmatrix}$	$\mathrm{Corr}(Y_{ij}, Y_{ik}) = \begin{cases} 1 & j = k \\ \alpha_{jk} & j \neq k \end{cases}$
一阶自回归 （First-order auto-regressive） AR(1)	$\begin{pmatrix} 1 & \rho & \cdots & \rho^{t-1} \\ \rho & 1 & \cdots & \rho^{t-2} \\ \vdots & \vdots & \vdots & \vdots \\ \rho^{t-1} & \rho^{t-2} & \cdots & 1 \end{pmatrix}$	$\mathrm{Corr}(Y_{ij}, Y_{i,j+t}) = \alpha^t$ for $t = 0, 1, 2, \cdots, n_i - j$
M 阶相关 （M-dependent） MDEP	$\begin{pmatrix} 1 & \rho_1 & \cdots & \rho_t \\ \rho_1 & 1 & \cdots & \rho_{t-2} \\ \vdots & \vdots & \vdots & \vdots \\ \rho_{t-1} & \rho_{t-2} & \cdots & 1 \end{pmatrix}$	$\mathrm{Corr}(Y_{ij}, Y_{i,j+t}) = \begin{cases} 1 & t = 0 \\ \alpha_t & t = 1, 2, \cdots, m \\ 0 & t > m \end{cases}$

Carey、Zeger 和 Diggle（1993）提出，当结果变量是二分类变量时，Alternating Logistic Regression（ALR）算法也可以解释测量间相关性的大小。成对观测间的相关为

$$\mathrm{Corr}(Y_{ij}, Y_{ik}) = \frac{P(Y_{ij} = 1, Y_{ik} = 1) - \mu_{ij}\mu_{ik}}{\sqrt{\mu_{ij}(1 - \mu_{ij})\mu_{ik}(1 - \mu_{ik})}} \tag{9-7}$$

由于 $\mu_{ij} = \mathrm{Pr}(Y_{ij} = 1)$，依据概率的基本特征，分子中的联合概率满足下面的限定：

$$\max(0, \mu_{ij} + \mu_{ik} - 1) \leq \mathrm{Pr}(Y_{ij} = 1, Y_{ik} = 1) \leq \min(\mu_{ij}, \mu_{ik}) \tag{9-8}$$

这意味着相关依赖于数据的均值被适当的限制。然而，比值比没有这个限制。

比值比，被定义为

$$\mathrm{OR}(Y_{ij}, Y_{ik}) = \frac{\mathrm{Pr}(Y_{ij} = 1, Y_{ik} = 1)\mathrm{Pr}(Y_{ij} = 0, Y_{ik} = 0)}{\mathrm{Pr}(Y_{ij} = 1, Y_{ik} = 0)\mathrm{Pr}(Y_{ij} = 0, Y_{ik} = 1)} \tag{9-9}$$

并且在一些情况下，比值比用于二分类数据的相关性的估计是首选的。

ALR 运算法则寻找模拟比值比的算法，$\gamma_{ijk} = \lg[\,OR(Y_{ij}, Y_{ik})\,]$，如 $\gamma_{ijk} = z'_{ijk}\boldsymbol{\alpha}$，其中 $\boldsymbol{\alpha}$ 是回归参数的 $q \times 1$ 维向量，z_{ijk} 是固定的特定的系数向量。参数 γ_{ijk} 的取值范围为 $(-\infty, \infty)$ 之间，$\gamma_{ijk} = 0$ 意味着不存在相关性。

总的来说，ALR 算法有下面一些特征：

(1) 此方法得到回归系数的估计值和标准误以及对数比值比。

(2) 假定 $\boldsymbol{\beta}$ 和 $\boldsymbol{\alpha}$ 正交。

(3) 即使考察相关参数，由于 $\boldsymbol{\beta}$ 和 $\boldsymbol{\alpha}$ 被假定正交，估计方程还是 GEE1。

9.6.3　参数估计

广义估计方程依赖 β、α 和 ϕ 三个未知参数。通过假定独立性，由广义线性模型计算 β 的初始估计值。

给定当前 $\hat{\alpha}$ 和 $\hat{\phi}$，通过式(9-10)更新 β

$$\beta_{r+1} = \beta_r + \Big[\sum_{i=1}^{N} \frac{\partial \mu_i}{\partial \beta}' V_i^{-1} \frac{\partial \mu_i}{\partial \beta}\Big]^{-1} \Big[\sum_{i=1}^{N} \frac{\partial \mu_i}{\partial \beta}' V_i^{-1}(Y_i - \mu_i)\Big] \tag{9-10}$$

式中，r 表示迭代数。

α 和 ϕ 的估计如下。

给定当前 $\hat{\beta}$，由式(9-11)定义的 Pearson 残差估计 α 和 ϕ。

$$\hat{r}_{ij} = \frac{Y_{ij} - \hat{\mu}_{ij}}{\sqrt{\hat{V}_{ij}}} \tag{9-11}$$

式中，$\hat{V}_{ij}$ 是矩阵 $\hat{V}_i = \hat{\phi}^{\frac{1}{2}} \hat{A}_i^{1/2} R_i(\hat{\alpha}) \hat{A}_i^{1/2}$ 的元素，它依赖于 β、α 和 ϕ 的当前值。

离散参数 ϕ 通过等式(9-12)估计：

$$\hat{\phi} = \frac{1}{M-p} \sum_{i=1}^{N} \sum_{j=1}^{n_i} \hat{r}_{ij}^2 \tag{9-12}$$

式中，$M = \sum_{i=1}^{N} n_i$ 是测量的总数，p 是回归参数的数量。

相关参数 α 的估计值依赖 $R_i(\alpha)$ 的选择，不同的结构其估计等式不同。

对于可交换的(EXCH|CS)结构，单个参数 α 通过下式估计：

$$\hat{\alpha} = \frac{\sum_{i=1}^{N} \Big(\sum_{j=1}^{n_i} \sum_{k=1}^{n_i} \hat{r}_{ij} \hat{r}_{ik} - \sum_{j=1}^{n_i} ij^2\Big)}{\phi\Big[\sum_{i=1}^{N} n_i(n_i - 1) - p\Big]} \tag{9-13}$$

对于 AR(1)结构，单个参数 α 通过下式估计：

$$\hat{\alpha} = \frac{\sum_{i=1}^{N} \sum_{j=1}^{n_i-1} \hat{r}_{ij} \hat{r}_{i,j+1}}{\hat{\phi}\Big[\sum_{i=1}^{N} (n_i - 1) - p\Big]} \tag{9-14}$$

概括起来，GEE 估计包括下面两步，重复至收敛：

（1）给定一个 β 的估计，由假定"作业"相关矩阵得到 α 和 ϕ 的估计。

（2）给定 α 和 ϕ 的估计，通过式（9-10）计算 β 的估计。

9.6.4　模型评价

数据的分析包括重要的最终检查，即选择的模型是否很好地拟合了数据。

1. QIC 准则

AIC（Akaike Information Criterion）、BIC（Bayesian Information Criterion）是似然模型选择的拟合优度统计量，而广义估计方程是在拟似然的基础上建立的，不适于用 AIC 和 BIC 准则进行模型选择。QIC（Quasi-likelihood Information Criterion）由 Pan（2001）提出，作为 AIC 的修正用于 GEE 模型评价。

QIC 被定义为

$$QIC(R) = -2Q[\hat{\beta}(R), \phi] + 2\mathrm{trace}(\hat{\Omega}_I \hat{V}_R) \tag{9-15}$$

式中，$\hat{\beta}(R)$ 是指由作业相关为 R 的 GEE 得到的参数估计；$\hat{V}_R$ 是稳健的协方差估计；$\hat{\Omega}_I$ 为在独立作业相关假定下基于模型的协方差估计的逆。

QIC 的近似值为

$$QIC_u(R) = -2Q[\hat{\beta}(R), \phi] + 2p \tag{9-16}$$

式中，p 是模型中参数的个数。

QIC 和 QIC_u 可以由 SAS 9.2 中的 PROC GENMOD 过程得到。在 PA-GEE 模型中 QIC 是选择最佳作业相关结构的特别有用的统计量，同样，QIC 也可用于模型选择。然而，QIC_u 仅适用于模型选择。在模型选择中，有最小 QIC 值的模型是最适合的，且 QIC 值越小表示相关结构越好。

2. 累积残差（cumulative residuals）

Lin、Wei 和 Ying（2002）为了检查 GEE 的连续协变量和连接函数的函数形式，基于累积残差以及残差合计提出了一种用于模型评价的累积残差方法。对于 GEE 模型，其累积过程的渐近零假设是均值为零的高斯过程，可以通过模拟实现。并且，观测的累积残差的最大绝对值以及 Kolmogorov-type supremum 检验的 P 值可以被计算。

不同函数形式的累积残差图可以使用 SAS ODS 绘图技术画出，观测的累积残差以实线表示，模拟的以虚线表示，P 值在每个图中显示。与粗残差图一样，如果模型是正确的，残差在以 0 为中心的直线周围随机均匀地分布并且残差图不呈现出任何特殊的趋势。

9.7　本章小结

广义估计方程是用于估计重复测量数据方差分析模型中参数的非常有效的方法，特别是当结果变量是定性（如二值、有序或计数）资料时候，它可以解决重复测量数据间存在的相关性问题。本章给出了广义估计方程所用数据结构、对数据结构的分析及用到的软件和过程，概括介绍了与广义估计方程分析有关的一些基本概念和有关内容，通过实例详细介绍了用 SAS 软件实现基于广义估计方程求解重复测量方差分析模型中参数的具体方法和结果解释。

参 考 文 献

[1] Hardin JW, Hilbe JM. Generalized estimating equations[M]. New York：Chapman & Hall/CRC Press, 2003：55-180.

[2] Fitzmaurice G, Davidian M, Verbeke G, et al. Longitudinal data analysis[M]. Boca Raton, FL：Chapman & Hall/CRC Press, 2009：1-78.

[3] SAS Institute Inc. SAS/STAT 9.2 user's guide. Cary, NC：SAS Institute Inc., 2008：1982-2070.

[4] 方积乾. 现代医学统计学[M]. 北京：人民卫生出版社, 2002：25-61.

[5] 夏彦, 潘晓平, 刘元元, 等. 广义估计方程在临床试验重复测量资料中的应用[J]. 现代预防医学, 2005, 32(5)：444-445.

[6] 陈启光. 纵向研究中重复测量资料的广义估计方程分析[J]. 中国卫生统计, 1995, 12(1)：22-25.

[7] Lin D, Wei L, Ying Z. Model-checking techniques based on cumulative residuals[J]. Biometrics, 2002(58)：1-12.

[8] 罗天娥, 赵晋芳, 刘桂芬. GENMOD 过程和 GLIMMIX 过程的比较[J]. 中国卫生统计, 2010, 27(2)：196-200.

[9] 罗天娥, 赵晋芳, 刘桂芬. 累积残差在广义估计方程模型诊断中的应用[J]. 中国卫生统计, 2009, 26(4)：387-390.

第 10 章　重复测量设计一元定性资料加权最小二乘法分析

在生物医学研究中，经常会遇见重复测量设计定性资料，如对同一受试对象在不同时间点观测治愈情况等。在同一个受试对象身上重复测得的数据间往往有一定的相关性，若按不同时间点分别对不同处理下得到的数据进行统计分析是不妥当的。本章介绍一种用于同一受试对象在各观测时间点上评价指标取值之间有相关性的定性资料的统计分析方法——加权最小二乘法(Weighted Least Squares，WLS)。

10.1　问题与数据

【例 10-1】　在一项关于缺血性中风病住院患者内风证候的观察研究中，研究者在第 1、7、14 天三个时间点观测患者是否出现"内风"这个证候。内风存在记为 1，不存在记为 0，具体数据见表 10-1，目的是探讨不同时间点患者内风的差别。

表 10-1　缺血性中风病患者在不同时间点内风证候情况

ID	是否出现内风证候			ID	是否出现内风证候		
	时间(天)： 1	7	14		时间(天)： 1	7	14
1	1	0	1	26	1	0	0
2	1	0	0	27	1	0	0
3	1	0	0	28	1	0	0
4	1	1	1	29	1	0	1
5	0	0	1	30	1	0	0
6	1	0	0	31	1	0	0
7	1	1	1	32	1	0	0
8	0	0	0	33	1	0	0
9	0	0	1	34	1	1	0
10	1	0	1	35	1	1	1
11	1	0	0	36	1	1	1
12	1	0	0	37	1	1	0
13	1	1	1	38	1	0	0
14	0	0	1	39	1	0	0
15	1	1	1	40	1	1	1
16	1	0	0	41	1	0	0
17	1	0	0	42	1	0	0
18	1	0	1	43	0	1	0
19	0	0	0	44	0	0	0
20	1	0	0	45	1	0	0
21	1	1	1	46	1	0	0
22	1	0	0	47	1	1	0
23	0	0	0	48	0	0	0
24	1	0	0	49	1	0	0
25	1	0	0	50	1	1	1

【例10-2】 在一项关于缺血性中风病住院患者内风证候的观察研究中，患者按性别分为两组（0为男性，1为女性）。研究者在第1、7、14天三个时间点观测患者内风证候情况，内风存在记为1，不存在记为0，具体数据见表10-2。

表10-2 缺血性中风病患者在不同时间点内风证候情况

ID	性别	是否出现内风证候			ID	性别	是否出现内风证候		
		时间（天）：1	7	14			时间（天）：1	7	14
1	0	1	0	0	26	1	1	0	1
2	0	1	1	1	27	1	1	0	1
3	0	0	1	1	28	1	1	0	1
4	0	1	0	0	29	1	1	0	0
5	0	1	1	1	30	1	1	0	0
6	0	0	0	0	31	1	1	1	1
7	0	0	0	1	32	1	1	0	0
8	0	1	0	0	33	1	1	0	0
9	0	1	1	1	34	1	1	0	0
10	0	1	0	0	35	1	1	0	1
11	0	1	0	0	36	1	1	1	1
12	0	1	0	1	37	1	1	0	0
13	0	1	0	0	38	1	0	0	0
14	0	1	0	0	39	1	1	0	0
15	0	1	1	1	40	1	1	1	0
16	0				41	1	1	1	1
17	0	0	0	0	42	1	1	1	0
18	0	1	0	0	43	1	1	0	1
19	0	1	0	0	44	1	1	1	1
20	0	1	0	0	45	1	0	1	0
21	0	1	0	0	46	1	1	1	1
22	0	1	0	0	47	1	1	0	0
23	0	1	0	0	48	1	1	0	0
24	0	1	0	0	49	1	1	1	0
25	0	1	0	0	50	1	1	0	0

【例10-3】 在一项关于缺血性中风病住院患者血瘀证候的观察研究中，患者按性别分为两组（0为男性，1为女性）。研究者在第1、7、14天三个时间点观测患者血瘀证候情况。血瘀按轻重程度从1至4排序，4表示最重的程度，具体数据见表10-3。

表10-3 缺血性中风病患者在不同时间点血瘀证候情况

ID	性别	血瘀证候得分			ID	性别	血瘀证候得分		
		时间（天）：1	7	14			时间（天）：1	7	14
1	0	1	2	3	26	1	3	4	3
2	0	4	4	3	27	1	1	2	3
3	0	2	1	3	28	1	3	4	4
4	0	3	2	2	29	1	2	2	2
5	0	2	2	2	30	1	4	2	4
6	0	3	3	3	31	1	3	3	3
7	0	2	4	4	32	1	2	1	2

ID	性别	血瘀证候得分			ID	性别	血瘀证候得分		
		时间(天):	1	7	14			时间(天):	1	7	14

ID	性别	时间(天):	1	7	14	ID	性别	时间(天):	1	7	14
8	0		4	3	3	33	1		3	2	3
9	0		4	2	3	34	1		2	3	3
10	0		1	3	3	35	1		3	3	3
11	0		1	2	2	36	1		3	3	3
12	0		2	2	3	37	1		3	2	3
13	0		2	2	3	38	1		4	3	4
14	0		3	1	2	39	1		2	1	2
15	0		4	4	4	40	1		3	1	1
16	0		4	4	4	41	1		2	1	2
17	0		4	3	3	42	1		2	1	1
18	0		1	1	1	43	1		4	3	3
19	0		2	2	2	44	1		2	1	2
20	0		2	3	2	45	1		2	1	3
21	0		4	4	4	46	1		1	1	2
22	0		2	2	2	47	1		2	1	2
23	0		3	2	2	48	1		2	2	1
24	0		2	2	2	49	1		2	2	4
25	0		4	2	2	50	1		4	4	4

10.2 对数据结构的分析

对于例10-1,研究者对每位受试对象在三个不同时间点观察内风证候是否存在,因此观测时间是一个重复测量因素,结果变量内风为二值变量(存在、不存在),并且"观测时间"是唯一的试验因素,因此,该数据对应的设计类型为结果变量为二值变量且具有一个重复测量因素的单因素设计。

对于例10-2,受试对象根据性别分为两组,研究者对每位受试对象在三个不同时间点观察内风证候是否存在,因此观测时间是一个重复测量因素,结果变量内风为二值变量(存在、不存在),试验涉及两个实验因素,即"观测时间"和"性别",因此,该数据对应的设计类型为结果变量为二值变量且具有一个重复测量因素的两因素设计。

对于例10-3,受试对象根据性别分为两组,研究者对每位受试对象在三个不同时间点观察血瘀证候情况,因此观测时间是一个重复测量因素,结果变量血瘀为多值有序变量(取值1~4),试验涉及两个试验因素,即"观测时间"和"性别",因此,该数据对应的设计类型为结果变量为多值有序变量且具有一个重复测量因素的两因素设计。

10.3 统计分析目的与分析方法选择

例10-1~例10-3为重复测量设计一元定性资料(结果为二值和多值有序变量),数据是均衡的,即每位受试对象被重复观测的次数是一样多的,且没有缺失数据,适合选用加权最小二乘法构造估计方程,据此,可求解出拟合重复测量设计一元定性资料的方差分析模型中的参数的数值。

10.4　用 SAS 软件对实例进行解析

10.4.1　对例 10-1 进行加权最小二乘分析

对例 10-1 进行加权最小二乘法分析，SAS 程序（程序名为 TJFX10_1. SAS）如下：

```
data tjfx10_1;                   /* 1*/
  input t1 t2 t3 @@ ;
cards;
1 0 1 1 0 1 1 0 0
1 1 1 0 1 1 1 0 0
1 1 1 0 0 0 0 0 1
1 0 1 1 0 0 1 0 0
1 1 1 0 0 1 1 1 1
1 0 0 1 0 0 1 0 1
0 0 0 1 0 0 1 1 1
1 0 0 0 0 0 1 0 0
1 0 0 1 0 0 1 0 0
1 0 0 1 0 1 1 0 0
1 0 0 1 0 1 1 0 0
1 1 1 1 1 1 1 1 1
1 1 0 1 0 0 0 0 0
1 1 1 1 0 0 1 0 0
0 0 0 0 0 0 1 0 0
1 0 0 1 1 0 0 0 0
1 0 0 1 1 1
;
```

```
proc tabulate data = tjfx10_1
order = data;                    /* 2*/
  class t1 t2 t3;
  table t1* t2* t3 all, ' ';
run;

proc catmod data = tjfx10_1
order = data;                    /* 3*/
  response marginals;
  model t1 * t2 * t3 = _response_/de-
sign;
  repeated Time 3 / _response_ =
Time;
run;
```

【程序说明】　第 1 步建立数据集 tjfx10_1，t1、t2、t3 分别代表三个时间点内风证候情况。第 2 步调用 TABULATE 过程将结果汇总为边际频数分布表。第 3 步调用 CATMOD 过程进行加权最小二乘法分析，order = data 语句保证按照数据排列顺序计算；response 语句用来指定反应函数类型，"response marginals;"是对边际分布进行分析；model 语句中等号左边是重复测定的各次变量相乘，等号右边的"_response_"对自变量建立模型；"repeated Time 3"表明对同一位受试对象在三个时间点上重复观测了三次。

【输出结果及解释】

三个时间点数据的汇总

t1	t2	t3	N
1	0	1	6
1	0	0	22
1	1	1	10
1	1	0	2
0	0	1	2
0	0	0	6
0	1	1	1
0	1	0	1
All			50

由上表可以看出，该研究的数据是均衡的，每个受试对象被重复观测的次数是一样的，且没有缺失数据。

Data Summary

Response	t1 * t2 * t3	Response Levels	8
Weight Variable	None	Populations	1
Data Set	TJFX10_1	Total Frequency	50
Frequency Missing	0	Observations	50

以上是对数据的总的描述。可以看出只有 1 个总体，有 50 个受试对象，没有缺失值。

Response Profiles

Response	t1	t2	t3
1	1	0	1
2	1	0	0
3	1	1	1
4	1	1	0
5	0	0	1
6	0	0	0
7	0	1	1
8	0	1	0

以上是结果变量的 8 种可能的取值组合。

Response Functions and Design Matrix

Sample	Function Number	Response Function	Design Matrix 1	2	3
1	1	0.80000	1	1	0
	2	0.72000	1	0	1
	3	0.38000	1	−1	−1

从以上结果可以看出，三个时间点的内风存在率分别为第 1 天 80.0%、第 7 天 72.0%、第 14 天 38.0%。

Analysis of Variance

Source	DF	Chi-Square	Pr > ChiSq
Intercept	1	487.84	<0.0001
Time	2	24.35	<0.0001
Residual	0	.	.

Analysis of Weighted Least Squares Estimates

Effect	Parameter	Estimate	Standard Error	Chi-Square	Pr > ChiSq
Intercept	1	0.6333	0.0287	487.84	<0.0001
Time	2	0.1667	0.0435	14.71	0.0001
	3	0.0867	0.0624	1.93	0.1649

由以上结果可以看出，截距项"Intercept"对结果的影响在 0.05 水平上有统计学意义，表明全体受试对象平均内风存在率为 63.33%，"Time"对结果的影响在 0.05 水平上有统计学意

义，说明三个时间点内风存在率之间有差异，从前面的结果可以看出，第 1 天内风存在率最大，其次为第 7 天，第 14 天最小。

专业结论：三个时间点的内风存在率分别为第 1 天 80.0%、第 7 天 72.0%、第 14 天 38.0%。其中，第 1 天最高，第 14 天最低。

10.4.2　对例 10-2 进行加权最小二乘分析

对例 10-2 进行加权最小二乘法分析，SAS 程序(程序名为 TJFX10_2.SAS)如下：

```
data tjfx10_2;               /* 1*/
  input group t1 t2 t3@@ ;
cards;
0 1 0 0 0 1 1 1 0 0 1 1
0 1 0 0 0 1 1 1 0 0 0 0
0 0 0 1 0 1 0 0 0 1 1 1
0 1 1 0 1 0 0 0 1 0 1
0 0 0 0 0 1 0 0 0 1 1 1
0 1 0 0 0 0 0 0 0 1 0 0
0 1 0 0 0 1 0 0 0 1 0 0
0 1 0 0 0 1 0 0 0 1 0 0
0 1 0 0 1 1 0 1 1 1 0 1
1 1 0 1 1 1 0 0 1 1 0 0
1 1 1 1 1 0 0 1 1 0 0
1 1 0 0 1 1 0 1 1 1 1 1
1 1 0 0 1 0 0 0 1 1 0 0
1 1 1 0 1 1 1 1 1 1 1 0
1 1 1 1 1 1 1 1 0 0 1 0
1 1 1 1 1 0 0 1 1 1 0
1 1 1 0 1 1 0 0
;
```

```
proc catmod data =tjfx10_2;   /* 2*/
  response marginals;
   model t1 * t2 * t3 = _response_ |
group/design;
   repeated Time3/_response_ =Time;
run;
quit;


proccatmod data = tjfx10_2;    /* 3*/
  response marginals;
   modelt1 * t2 * t3 =group _response
_ /pred =freq;
   repeatedTime 3/_response_ =Time;
run;
quit;
```

【程序说明】　第 1 步建立数据集 tjfx10_2，group 代表组别(按性别分组)。第 2 步调用 CATMOD 过程进行加权最小二乘法分析，"response marginals;"是对边际分布进行分析；model 语句等号右端除"_response_"外增加了"group"，group 与_response_中间的竖线"|"表示同时求二者的交互作用；"repeated Time 3"表明对同一位受试对象在三个时间点上重复观测了三次。第 3 步调用 CATMOD 过程，去掉无统计学意义的交互项，重新拟合模型。

【输出结果及解释】

Data Summary

Response	t1 * t2 * t3	Response Levels	8
Weight Variable	None	Populations	2
Data Set	TJFX10_2	Total Frequency	50
Frequency Missing	0	Observations	50

以上是对数据的总的描述。可以看出有 2 个总体，总共有 50 个受试对象，没有缺失值。

Analysis of Variance

Source	DF	Chi-Square	Pr > ChiSq
Intercept	1	124.29	<0.0001
Time	2	46.64	<0.0001
group	1	2.00	0.1576

| group * Time | 2 | 1.38 | 0.5017 |
| Residual | 0 | . | . |

由以上结果可以看出观测时间（Time）对结果的影响在 0.05 水平上有统计学意义（$\chi^2 =$ 46.64，$P < 0.0001$），性别（group）、性别与时间两因素之间的交互作用对结果变量的影响都没有统计学意义。因此将 P 值最大的项 group * Time 去掉，重新拟合模型。

Analysis of Variance

Source	DF	Chi-Square	Pr > ChiSq
Intercept	1	124.39	< 0.0001
group	1	2.83	0.0927
Time	2	57.58	< 0.0001
Residual	2	1.38	0.5017

以上是去掉交互项后的方差分析结果，说明观测时间对结果的影响在 0.05 水平上有统计学意义，$\chi^2 = 57.58$，$P = \chi^2 = 2.83$，$P = 0.0927 > 0.05$；对残差的检验 $P = 0.5017$，说明该模型拟合良好。

Analysis of Weighted Least Squares Estimates

Effect	Parameter	Estimate	Standard Error	Chi-Square	Pr > ChiSq
Intercept	1	0.4734	0.0424	124.39	< 0.0001
group	2	0.0636	0.0378	2.83	0.0927
Time	3	− 0.3425	0.0467	53.88	< 0.0001
	4	0.2131	0.0354	36.19	< 0.0001

以上是加权最小二乘估计值结果。结果表明，观测时点间内风存在率的差异具有统计学意义，性别间内风存在率的差异无统计学意义。

10.4.3　对例 10-3 进行加权最小二乘分析

对例 10-3 进行加权最小二乘法分析，SAS 程序（程序名为 TJFX10_3.SAS）如下：

```
data tjfx10_3;              /* 1 */
  input group t1 t2 t3 @@ ;
cards;
0 1 2 3 0 4 4 3 0 2 1 3
0 3 2 2 0 2 2 2 0 2 2 3
0 2 4 4 0 4 3 3 0 4 2 3
0 1 3 3 0 1 2 2 0 2 2 3
0 2 2 3 0 3 1 2 0 4 4 4
0 4 4 4 0 4 3 3 0 1 1 1
0 2 2 2 0 2 3 2 0 4 4 4
0 2 2 2 0 3 2 2 0 2 2 2
0 4 2 2 1 3 4 3 1 1 2 3
1 3 4 4 1 2 2 2 1 4 2 4
1 3 3 3 1 2 1 2 1 3 2 3
1 2 3 3 1 3 3 3 1 3 3 3
1 3 2 3 1 4 3 4 1 2 1 2
```

```
proc catmod data = tjfx10_3 order =
data;                       /* 2 */
  response means;
  model t1 * t2 * t3 = group _response
  _(group = '0')
          _response_(group = '1');
  repeated Time3/ _response_ = Time;
run;
quit;
```

```
1 3 1 1 1 2 1 2 1 2 1 1
1 4 3 3 1 2 1 2 1 2 1 3
1 1 1 2 1 2 1 2 1 2 2 1
1 2 2 4 1 4 4 4
;
```

【程序说明】 第 1 步建立数据集 tjfx10_3，group 代表组别（按性别分组）。第 2 步调用 CATMOD 过程进行加权最小二乘法分析，由于结果变量为多值有序变量，故使用 response means 语句，说明以平均分进行检验；在三个时间点重复测定血瘀情况，model 语句左边用"t1 * t2 * t3"表示，等号右边为"group"，表示自变量为性别。这里有两个_response_语句，各用于表示男性和女性不同时间点血瘀情况比较。

【输出结果及解释】

Data Summary

Response	t1 * t2 * t3	Response Levels	29
Weight Variable	None	Populations	2
Data Set	TJFX10_3	Total Frequency	50
Frequency Missing	0	Observations	50

以上是资料总结。

Population Profiles

Sample	group	Sample Size
1	0	25
2	1	25

以上是总体概貌。

Analysis of Variance

Source	DF	Chi-Square	Pr > ChiSq
Intercept	1	502.58	< 0.0001
group	1	0.29	0.5925
Time(group = 0)	2	3.46	0.1772
Time(group = 1)	2	13.36	0.0013
Residual	0	.	.

Analysis of Weighted Least Squares Estimates

Effect	Parameter	Estimate	Standard Error	Chi-Square	Pr > ChiSq
Intercept	1	2.5133	0.1121	502.58	< 0.0001
group	2	0.0600	0.1121	0.29	0.5925
Time(group = 0)	3	0.0267	0.1332	0.04	0.8414
	4	− 0.1333	0.0924	2.08	0.1489
Time(group = 1)	5	0.1067	0.1011	1.11	0.2912
	6	− 0.3333	0.0943	12.50	0.0004

以上两个结果分别是方差分析表和加权最小二乘法分析表，加权最小二乘法分析表与方差分析表内容相似，但给出了参数估计值和标准误。

由以上结果可见，性别之间的差别没有统计学意义（$P = 0.5925 > 0.05$）。男性组不同时间点血瘀情况之间的差别没有统计学意义（$P=0.1772>0.05$），女性组不同时间点血瘀情况之间的差别有统计学意义（$P=0.0013<0.05$）。

10.5　加权最小二乘法基本概念

Koch 和 Reinfurt 等人于 1971 年首次应用加权最小二乘法（WLS 法）处理具有重复测量设计的定性资料。Agresti 和 Davis 进一步发展了有关理论，并采用 SAS 软件中的 CATMOD 过程实现了对分类变量的重复测量资料进行分析。其主要内容是在进行参数估计时考虑了重复测量资料具有相关性的特点。它不仅能对结果变量为二值变量的资料进行分析，还可以对结果变量为多值有序变量的资料进行分析。通常情况下，WLS 法对样本的数量有一定的要求，一般要求每组变量的样本含量应大于 25，并要求数据没有缺失值且是平衡的，即每受试对象被重复测量的次数相等。但是，它也有一定的局限性，当自变量中存在连续型变量时 WLS 法就无能为力了。此外，如果重复观测的时点很多，或者结果变量（多值有序）的取值较多，需要估计的参数将会急剧增加，从而严重影响了该方法的实用性。

10.6　加权最小二乘法原理概述

10.6.1　简要介绍

加权最小二乘法作为重复测量资料的分析方法，要求反应变量和协变量均是分类变量，该方法没有假设重复测量间的时间依赖关系，本质上是一种非参数方法。加权最小二乘法为结果分类范围较广的资料提供了一种估计参数的方法，它是以边际合计数（每种可能取值结果组合情况下的观测例数）为出发点进行分析的。

10.6.2　资料结构

可使用加权最小二乘法分析的分类数据大部分可以总结成一张列联表。表中的行表示自变量的各个水平，列表示因变量在自变量各水平上的分布。列联表的一般形式见表 10-4。

表 10-4　列联表的一般形式

组　别	频　数			
	1	2	…	r
1	n_{11}	n_{12}	…	n_{1r}
2	n_{21}	n_{22}	…	n_{2r}
…	…	…		…
s	n_{s1}	n_{s2}	…	n_{sr}

其中，n_{sr} 表示第 s 组中具有第 r 种因变量结果的个体数，每组的各种因变量结果所占比例之和等于 1。

10.6.3　基本模型

令反应函数 $F=f(m)$，则建立的线性模型为

$$F = X'\beta \tag{10-1}$$

式中，X 为已知的设计矩阵；β 为未知参数向量，包含描述因变量之间差异的参数，可以用加权最小二乘法来估计。该方法是考虑到每一个个体在不同时间点上因变量取值的相关性建立起来的。加权最小二乘法求解参数 β 的估计值 $\hat{\beta}$ 的计算公式为

$$\hat{\beta} = [X'V^{-1}(F)X]^{-1}X'V^{-1}(F)F \tag{10-2}$$

加权最小二乘法得到的方程式类似于最小二乘法，式中的 $V^{-1}(F)$ 为反映函数 F 的协方差矩阵的逆矩阵。

10.6.4　模型评价

模型的拟合优度检验用 Wald 统计量，计算公式如下：

$$Q = (F - X'\hat{\beta})'V^{-1}(F)(F - X\hat{\beta}) \tag{10-3}$$

对于足够大的样本（样本含量大于 25），Q 服从卡方分布，自由度等于反应函数的个数减去参数的个数。如果列联表的每行仅有一个反应函数，那么自由度等于列联表的行数与估计出的参数个数的差值。加权最小二乘法分析的初始模型一般为饱和模型，即模型中的参数可以解释所有的变异。在饱和模型中，模型的参数的个数与反应函数的个数相同。

10.7　本章小结

加权最小二乘法是分析重复测量设计定性资料（结果为二值或多值有序）的有效方法，本章给出了加权最小二乘法适用的数据结构、对数据结构的分析和用到的过程，概括介绍了与加权最小二乘法有关的一些基本概念和内容，并通过实例详细介绍了用 SAS 软件实现加权最小二乘法的具体方法和结果解释。

参 考 文 献

[1] 胡良平.医学统计学——运用三型理论分析定量与定性资料[M].北京：人民军医出版社，2009：394-412.

[2] 刘勤，金丕焕.分类数据的统计分析及 SAS 编程[M].上海：复旦大学出版社，2002：152-174.

[3] 余松林，向惠云.重复测量资料分析方法与 SAS 程序[M].北京：科学出版社，2004：193-210.

[4] 胡良平.口腔医学科研设计与统计分析[M].北京：人民军医出版社，2007：187-190.

[5] Stokes ME, Davis CS, Koch CG. Categorical data analysis using the SAS system[M]. 2nd. Cary , NC：SAS Institute Inc, 2000：373-375.

[6] Koch GG, Carr GJ, Amara IA, et al. Categorical data analysis, in statistical methodology in the pharmaceutical Sciences[M]. New York：Marcel Dekker Inc, 1990：391-475.

[7] 宋艳艳，何清波，苏炳华.分类数据的重复测量及其在临床试验中的应用[J].上海第二医科大学学报，2005，25(3)：297-300.

[8] 熊林平，郭祖超.重复测量分类数据的分析[J].中国卫生统计，1997，14(1)：1-3.

第11章 重复测量设计多元定性资料潜在转移模型分析

在生物医学研究中, 对所考察的受试对象进行分类是十分普遍的, 若希望根据不同时间点重复测定的定性结果变量对受试对象进行聚类, 不适合使用传统的聚类分析。本章详细介绍了潜在转移模型分析的方法及原理, 用 SAS 软件对实例进行潜在转移模型分析, 并对输出结果进行解释。

11.1 问题与数据

【例 11-1】 研究者对 993 例缺血性中风病患者在第 1、7、14、28 和 90 天分别观测内风 (Y_1)、内火 (Y_2)、痰湿 (Y_3)、血瘀 (Y_4)、气虚 (Y_5) 和阴虚 (Y_6) 这六个证候。患者各时间点证候情况见表 11-1 (性别: 0 为男性, 1 为女性)。试问: 在不考虑年龄与性别的条件下, 假定时间点间项目反应概率相等, 根据各时间点各证候的情况对患者进行聚类, 分为几类? 可否建立模型对某类中任意患者的证候情况进行预测?

表 11-1 缺血性中风病患者各时间点证候情况

患者编号	年龄	性别	Y_1 Y_2 Y_3 Y_4 Y_5 Y_6 第 1 天	Y_1 Y_2 Y_3 Y_4 Y_5 Y_6 第 7 天	Y_1 Y_2 Y_3 Y_4 Y_5 Y_6 第 14 天	Y_1 Y_2 Y_3 Y_4 Y_5 Y_6 第 28 天	Y_1 Y_2 Y_3 Y_4 Y_5 Y_6 第 90 天
345	57	1	1 1 1 1 1 0	0 1 1 1 0 0	1 1 1 1 1 0	1 1 1 1 0 0	0 1 1 1 0 0
384	74	1	1 0 0 1 0 0	0 0 1 1 1 0	1 1 1 1 0 0	0 0 1 1 0 0	. . . . . .
3214	68	0	1 0 1 1 0 1	0 1 1 1 0 1	0 0 1 1 0 1	0 0 1 1 0 1	0 0 1 1 0 1
8382	85	0	1 0 1 1 0 1	1 0 1 0 1 0	1 0 1 0 1 0	1 1 0 1 1 0	0 0 1 1 1 0
9455	67	0	0 1 0 1 1 1	1 1 1 1 1 1	1 1 1 1 1 0	0 0 0 1 0 0	0 0 1 1 0 0
9918	69	0	1 1 1 1 1 0	1 1 1 1 1 0	0 0 1 1 1 0	0 0 0 1 0 0	0 0 0 0 0 0
11444	71	0	1 0 0 1 1 0	1 0 1 1 1 0	1 0 0 1 1 0	1 1 0 1 1 0	0 0 0 1 1 1
12983	76	0	0 1 1 1 0 0	1 1 0 1 0 0	0 0 0 1 1 0	1 0 0 1 1 0	0 0 0 1 1 0
13351	46	0	0 1 1 1 1 0	1 1 1 1 0 0	1 1 1 1 0 0	0 0 0 1 1 0	0 0 0 1 1 0
14698	75	1	1 0 1 1 0 0	0 1 0 1 1 0	1 1 1 1 1 0	1 1 0 0 1 0	1 0 0 1 0 0
16092	60	1	1 1 1 0 1 1	1 1 1 1 1 0	0 0 0 1 0 0	1 0 1 0 1 1	1 0 1 0 1 1
16195	73	0	1 0 0 1 1 0	1 0 1 1 1 1	1 1 1 1 1 0	1 0 0 1 0 0	1 0 1 1 0 1
17071	60	1	1 0 1 0 1 0	1 1 1 1 0 0	0 0 1 1 0 0		
18471	73	0	1 1 1 1 1 0				
...			......	......	......	......	......
411443002	67	0	0 1 1 1 0 0	0 0 1 0 1 0	0 1 1 1 1 0	0 0 1 1 1 0	0 0 0 0 1 1

注: 表中 0 表示无此证候, 1 表示此证候存在, 缺失以 "." 表示。

【例 11-2】 数据同例 11-1, 试问: 在例 11-1 的基础上, 将受试对象的性别作为分组变量, 假定时点间、组间项目反应概率相等, 对这 993 例缺血性中风病患者进行聚类, 结果如何?

【例 11-3】 数据同例 11-1, 试问: 在例 11-1 的基础上, 将受试对象的性别作为分组变量, 将年龄作为协变量, 假定时点间、组间项目反应概率相等, 对这 993 例缺血性中风病患者进行聚类, 若聚成 3 类, 结果如何?

11.2　对数据结构的分析

例11-1的资料涉及六个证候，即"内风"、"内火"、"痰湿"、"血瘀"、"气虚"和"阴虚"，均是二值结果变量，在五个不同的时间点测定每个受试对象的这六种证候，测定时间为重复测量因素，受试对象未按任何试验因素进行分组，故该资料可称为具有一个重复测量因素的单因素设计六元定性资料。

对于例11-2，受试对象按性别进行分组，结果变量为这六个二值的证候数据，在五个不同的时间点上被重复测定，测定时间是一个重复测量因素，故该资料可称为具有一个重复测量因素的两因素设计六元定性资料。

对于例11-3，受试对象按性别进行分组，在五个不同的时间点上被重复测定这六个二值的证候从而获得数据，考虑患者的年龄（连续变量），将年龄作为协变量，希望消除患者年龄对结果变量的影响，故该资料可称为含一个协变量的具有一个重复测量因素的两因素设计六元定性资料。

11.3　统计分析目的与分析方法选择

例11-1～例11-3的资料均为重复测量设计多元定性资料，研究目的是根据患者六个证候在各时间点上的具体取值情况将这993例缺血性中风病患者进行分类。潜在转移模型分析将潜在类别分析的构架扩展到纵向数据（每个个体在两个或两个以上时间点被重复测量），是一个用于度量阶段连续动态潜在变量并且估计和检验阶段连续模型的潜在类别过程。由于研究结果变量是定性的，目的是根据患者多个时间点的这六个证候（都为二值变量）对受试对象进行聚类，并希望获得每组患者在各时间点的转移概率，故均可选用潜在转移模型分析。

11.4　用 SAS 软件对实例进行解析

对例11-1进行潜在转移模型分析，SAS 程序（程序名为 TJFX11_1. SAS）如下：

```
proc import out=work.tjfx11_1       /* 1*/
  datafile="D:\TJFX\TJFX11_1.xls"
    dbms=excel replace;
    range="sheet";
    getnames=yes;
    mixed=no;
    scantext=yes;
    usedate=yes;
    scantime=yes;
run;

data a;                             /* 2*/
set tjfx11_1;
if feng1=0 then feng1=2;
if feng7=0 then feng7=2;

proc lta data=a;                    /* 9*/
nstatus7;
ntimes4;
items feng1 huo1 tan1 yu1 qi1 yin1
feng7 huo7 tan7 yu7 qi7 yin7
feng14 huo14 tan14 yu14 qi14 yin14
feng28 huo28 tan28 yu28 qi28 yin28;
categories2 2 2 2 2 2 ;
id ID;
measurement times;
seed592667;
run;

proc lta data=a;                    /* 10*/
nstatus8;
```

```
if feng14 =0 then feng14 =2;
if feng28 =0 then feng28 =2;
if feng90 =0 then feng90 =2;
if huo1 =0 then huo1 =2;
if huo7 =0 then huo7 =2;
if huo14 =0 then huo14 =2;
if huo28 =0 then huo28 =2;
if huo90 =0 then huo90 =2;
if tan1 =0 then tan1 =2;
if tan7 =0 then tan7 =2;
if tan14 =0 then tan14 =2;
if tan28 =0 then tan28 =2;
if tan90 =0 then tan90 =2;
if yu1 =0 then yu1 =2;
if yu7 =0 then yu7 =2;
if yu14 =0 then yu14 =2;
if yu28 =0 then yu28 =2;
if yu90 =0 then yu90 =2;
if qi1 =0 then qi1 =2;
if qi7 =0 then qi7 =2;
if qi14 =0 then qi14 =2;
if qi28 =0 then qi28 =2;
if qi90 =0 then qi90 =2;
if yin1 =0 then yin1 =2;
if yin7 =0 then yin7 =2;
if yin14 =0 then yin14 =2;
if yin28 =0 then yin28 =2;
if yin90 =0 then yin90 =2;
run;

proc lta data =a;              /* 3*/
nstatus2;
ntimes5;
items feng1 huo1 tan1 yu1 qi1 yin1
feng7 huo7 tan7 yu7 qi7 yin7
feng14 huo14 tan14 yu14 qi14 yin14
feng28 huo28 tan28 yu28 qi28 yin28
feng90 huo90 tan90 yu90 qi90
yin90;
categories2 2 2 2 2 2 ;
id ID;
measurement times;
seed592667;
run;

proc lta data =a;              /* 4*/
nstatus2;
ntimes4;
items feng1 huo1 tan1 yu1 qi1 yin1
feng7 huo7 tan7 yu7 qi7 yin7
feng14 huo14 tan14 yu14 qi14 yin14
feng28 huo28 tan28 yu28 qi28 yin28;
categories2 2 2 2 2 2 ;
```

```
ntimes4;
items feng1 huo1 tan1 yu1 qi1 yin1
feng7 huo7 tan7 yu7 qi7 yin7
feng14 huo14 tan14 yu14 qi14 yin14
feng28 huo28 tan28 yu28 qi28 yin28;
categories2 2 2 2 2 2 ;
id ID;
measurement times;
seed592667;
run;

proc lta data =a;              /* 11*/
nstatus9;
ntimes4;
items feng1 huo1 tan1 yu1 qi1
yin1 feng7 huo7 tan7 yu7 qi7 yin7
feng14 huo14 tan14 yu14 qi14 yin14
feng28 huo28 tan28 yu28 qi28 yin28;
categories2 2 2 2 2 2 ;
id ID;
measurement times;
seed592667;
run;

proc lta data =a;              /* 12*/
nstatus10;
ntimes4;
items feng1 huo1 tan1 yu1 qi1 yin1
feng7 huo7 tan7 yu7 qi7 yin7
feng14 huo14 tan14 yu14 qi14 yin14
feng28 huo28 tan28 yu28 qi28 yin28;
categories2 2 2 2 2 2 ;
id ID;
measurement times;
seed592667;
run;

proc lta data =a outpost =post1   /* 13*/
outest =est1 outparam =par1;
nstatus7;
ntimes4;
items feng1 huo1 tan1 yu1 qi1 yin1
feng7 huo7 tan7 yu7 qi7 yin7
feng14 huo14 tan14 yu14 qi14 yin14
feng28 huo28 tan28 yu28 qi28 yin28;
categories2 2 2 2 2 2 ;
id ID;
measurement times;
seed592667;
run;

data p;                        /* 14*/
set post1;
```

```
id ID;
measurement times;
seed592667;
run;

proc lta data = a;          /* 5*/
nstatus3;
ntimes4;
items feng1 huo1 tan1 yu1 qi1
yin1
feng7 huo7 tan7 yu7 qi7 yin7
feng14 huo14 tan14 yu14 qi14
yin14 feng28 huo28 tan28 yu28
qi28 yin28;
categories2 2 2 2 2 2 ;
id ID;
measurement times;
seed592667;
run;

proc lta data = a;          /* 6*/
nstatus4;
ntimes4;
items feng1 huo1 tan1 yu1 qi1
yin1
feng7 huo7 tan7 yu7 qi7 yin7
feng14 huo14 tan14 yu14 qi14
yin14 feng28 huo28 tan28 yu28
qi28 yin28;
categories2 2 2 2 2 2 ;
id ID;
measurement times;
seed592667;
run;

proc lta data = a;          /* 7*/
nstatus5;
ntimes4;
items feng1 huo1 tan1 yu1 qi1
yin1
feng7 huo7 tan7 yu7 qi7 yin7
feng14 huo14 tan14 yu14 qi14
yin14 feng28 huo28 tan28 yu28
qi28 yin28;
categories2 2 2 2 2 2 ;
id ID;
measurement times;
seed592667;
run;

proc lta data = a;          /* 8*/
nstatus6;
ntimes4;
items feng1 huo1 tan1 yu1 qi1
yin1
```

```
if POSTPROBSTATUS1T1 > POSTPROBSTATUS2T1 and
POSTPROBSTATUS1T1 > POSTPROBSTATUS3T1 and
POSTPROBSTATUS1T1 > POSTPROBSTATUS4T1 and
POSTPROBSTATUS1T1 > POSTPROBSTATUS5T1 and
POSTPROBSTATUS1T1 > POSTPROBSTATUS6T1 and
POSTPROBSTATUS1T1 > POSTPROBSTATUS7T1 then post
=1;
if POSTPROBSTATUS2T1 > POSTPROBSTATUS1T1 and
POSTPROBSTATUS2T1 > POSTPROBSTATUS3T1 and
POSTPROBSTATUS2T1 > POSTPROBSTATUS4T1 and
POSTPROBSTATUS2T1 > POSTPROBSTATUS5T1 and
POSTPROBSTATUS2T1 > POSTPROBSTATUS6T1 and
POSTPROBSTATUS2T1 > POSTPROBSTATUS7T1 then post
=2;
if POSTPROBSTATUS3T1 > POSTPROBSTATUS1T1 and
POSTPROBSTATUS3T1 > POSTPROBSTATUS2T1 and
POSTPROBSTATUS3T1 > POSTPROBSTATUS4T1 and
POSTPROBSTATUS3T1 > POSTPROBSTATUS5T1 and
POSTPROBSTATUS3T1 > POSTPROBSTATUS6T1 and
POSTPROBSTATUS3T1 > POSTPROBSTATUS7T1 then post
=3;
if POSTPROBSTATUS4T1 > POSTPROBSTATUS1T1 and
POSTPROBSTATUS4T1 > POSTPROBSTATUS2T1 and
POSTPROBSTATUS4T1 > POSTPROBSTATUS3T1 and
POSTPROBSTATUS4T1 > POSTPROBSTATUS5T1 and
POSTPROBSTATUS4T1 > POSTPROBSTATUS6T1 and
POSTPROBSTATUS4T1 > POSTPROBSTATUS7T1 then post
=4;
if POSTPROBSTATUS5T1 > POSTPROBSTATUS1T1 and
POSTPROBSTATUS5T1 > POSTPROBSTATUS2T1 and
POSTPROBSTATUS5T1 > POSTPROBSTATUS3T1 and
POSTPROBSTATUS5T1 > POSTPROBSTATUS4T1 and
POSTPROBSTATUS5T1 > POSTPROBSTATUS6T1 and
POSTPROBSTATUS5T1 > POSTPROBSTATUS7T1 then post
=5;
if POSTPROBSTATUS6T1 > POSTPROBSTATUS1T1 and
POSTPROBSTATUS6T1 > POSTPROBSTATUS2T1 and
POSTPROBSTATUS6T1 > POSTPROBSTATUS3T1 and
POSTPROBSTATUS6T1 > POSTPROBSTATUS4T1 and
POSTPROBSTATUS6T1 > POSTPROBSTATUS5T1 and
POSTPROBSTATUS6T1 > POSTPROBSTATUS7T1 then post
=6;
if POSTPROBSTATUS7T1 > POSTPROBSTATUS1T1 and
POSTPROBSTATUS7T1 > POSTPROBSTATUS2T1 and
POSTPROBSTATUS7T1 > POSTPROBSTATUS3T1 and
POSTPROBSTATUS7T1 > POSTPROBSTATUS4T1 and
POSTPROBSTATUS7T1 > POSTPROBSTATUS5T1 and
POSTPROBSTATUS7T1 > POSTPROBSTATUS6T1 then post
=7;
run;
```

```
feng7 huo7 tan7 yu7 qi7 yin7
feng14 huo14 tan14 yu14 qi14
yin14 feng28 huo28 tan28 yu28
qi28 yin28;
categories 2 2 2 2 2 2 ;
id ID;
measurement times;
seed 592667;
run;
```

【程序说明】　第 1 步建立数据集 tjfx11_1，使用 import 过程将 TJFX11_1. xls 导入进来。LTA 过程的数值要求为 1 ~ 2 的整数，所以第 2 步将证候数据中的 0 转化成 2。第 3 步对 993 例缺血性中风病住院患者(结果变量为第 1、7、14、28 和 90 天五个时间点的内风、内火、痰湿、血瘀、气虚和阴虚情况)进行潜在转移模型分析。由于结果变量过多(五个时间点测定六个证候，在 SAS 中使用 PROC LTA 过程时需代入 5 × 6 = 30 个变量)并存在缺失数据，不能拟合校正 G^2 的饱和模型，输出结果中未给出 G^2、AIC 和 BIC 拟合统计量。由于在第 7 章中不同时间点各证候发生频率图可以看出，28 天后各证候发生频率变化不大，故第 4 ~ 12 步去掉第 90 天的数据，选择第 1、7、14 和 28 天这四天的数据进行潜在转移模型分析，潜在状态数从 2 依次增加到 10。其中，proc lta 为调用潜在转移模型分析；nstatus 语句指定模型中潜在状态的数量；ntimes 语句指定时间点的数量；items 语句列出在每个时间点作为潜在状态的外显变量的分类变量；categories 语句列出 items 语句中时点 1 的每个变量的反应种类的数量。id 语句用于指定分析数据集中的一个或多个变量添加到 outpost SAS 数据集中，它通过和 proc lta 的"outpost"选项联用，使得使用者可以在 SAS 数据集中保存后验概率。measurement 语句后加"times"表示调用时点间测量不变性；通过在 seed 语句中指定正整数可以生成项目反应概率参数的随机初始值。根据潜在转移模型的拟合统计量，选择含七个潜在状态的模型继续研究。第 13 步输出分成七个状态时各个观测的后验概率，以此为分组基础，见数据集 post1。"outpost"选项产生一个包含潜在状态成员后验概率的数据集，等号后面写上这个新数据集的名字 post1；"outest"选项产生一个包含参数估计值和一些拟合统计量的 SAS 数据集，等号后面写上这个新数据集的名字 est1；"outparam"选项产生一个包含参数估计值的不同格式的 SAS 数据集，等号后面写上这个数据集的名字 par1。第 14 步按第一个时间点患者的后验概率的大小对受试对象进行分组。

【输出结果及解释】　潜在转移模型的拟合统计量见表 11-2。

表 11-2　潜在转移模型的拟合结果

潜在类别数	Log-likehood	G^2	AIC	BIC	Degrees of Freedom
2 类	−14529.18	15620.71	15658.71	15751.83	16777196
3 类	−13829.21	14220.79	14296.79	14483.02	16777177
4 类	−13562.52	13687.40	13813.40	14122.14	16777152
5 类	−13318.55	13199.47	13387.47	13848.14	16777121
6 类	**−13047.22**	**12656.80**	**12918.80**	**13560.80**	**16777084**
7 类	−12870.59	12303.55	12651.55	13504.28	16777041
8 类	−12767.97	12098.29	12544.29	13637.16	16776992
9 类	−12661.26	11884.88	12440.88	13803.28	16776937
10 类	−12569.56	11701.49	12379.49	14040.84	16776876

注：粗体字为选择的模型。

可以看出，当潜在状态数为 7 时 BIC 的值最小并且潜在状态的解释性较好，表明七个潜在状态的模型是首选模型，故选择七类别的模型继续进行研究。

表 11-3 是第 1、7、14 和 28 天潜在状态数为 7 时缺血性中风病住院患者的潜在状态概率，表示各时间点每个潜在状态的可能性大小。例如，第 1 天的潜在状态概率值分别是 0.0536、0.0138、0.00370、0.4836、0.0816、0.0628 和 0.2650，潜在状态 4 的比重最大，其次是潜在状态 7，潜在状态 2 最小，概率和等于 1。LTA 中潜在状态概率与 LCA 中潜在类别概率本质上扮演相同的角色，概率值越大说明在潜在变量中的地位就越重，对外显变量（结果变量）的影响就越大，只不过潜在状态概率有每个时点潜在状态概率的向量。

表 11-3　潜在状态概率

状　态	1	2	3	4	5	6	7
第 1 天	0.0536	0.0138	0.0370	0.4863	0.0816	0.0628	0.2650
第 7 天	0.0693	0.1485	0.1410	0.0960	0.1233	0.3160	0.1059
第 14 天	0.0737	0.2199	0.1582	0.0696	0.1308	0.2596	0.0881
第 28 天	0.0870	0.2397	0.1784	0.0640	0.1082	0.2076	0.1151

项目反应概率在 LTA 和 LCA 中扮演同样的角色，区别是 LTA 中每个时点对应一组项目反应概率，用于说明外显变量和潜在状态间的关系，概率值越大说明潜在变量对外显变量的影响就越大。与因子分析中因子载荷连接外显变量和潜在变量一样，它给出潜在状态解释和命名的依据。由表 11-4 可以看出，第 1 天时潜在状态 1 中外显变量"气虚"的概率值最大，为 84.68%，其他外显变量相对来说不是很大，因此，可以把潜在状态 1 命名为"气虚"组；潜在状态 2 中"血瘀"的概率值很大（92.93%），可以把潜在状态 2 称为"血瘀"组；潜在状态 3 中概率值最大的外显变量为"内火"和"痰湿"，故称为"内火＋痰湿"组；潜在状态 4 中"内风"、"内火"、"痰湿"和"血瘀"的概率值都很大，分别为 99.07%、86.76%、79.22% 和73.76%，可以将其命名为"内风＋内火＋痰湿＋血瘀"组；潜在状态 5 中"阴虚"的概率值最大，达到 97.11%，可命名为"阴虚"组；潜在状态 6 中"血瘀"、"内火"和"痰湿"的概率值为93.82%、81.96% 和 73.35%，可以把潜在状态 6 称为"血瘀＋内火＋痰湿"组；潜在状态 7 中概率值最大的外显变量为"血瘀"和"内风"，分别为 97.40% 和 92.03%，因此，可命名为"血瘀＋内风"组。

表 11-4　项目反应概率（证候取值＝1 时）

项　目	状态1	状态2	状态3	状态4	状态5	状态6	状态7
内风（第 1 天）	0.4117	0.0000	0.1433	0.9907	0.2887	0.0531	0.9203
内火（第 1 天）	0.2191	0.0730	0.5828	0.8676	0.4460	0.8196	0.2354
痰湿（第 1 天）	0.3559	0.2523	0.4345	0.7922	0.1848	0.7335	0.4801
血瘀（第 1 天）	0.0000	0.9293	0.0229	0.7376	0.6881	0.9382	0.9740
气虚（第 1 天）	0.8468	0.4884	0.0784	0.4059	0.5439	0.2844	0.6442
阴虚（第 1 天）	0.0541	0.0274	0.0993	0.3178	0.9711	0.2017	0.0696

基于第 1 天患者的最大后验概率将 993 例缺血性中风病患者进行分类的结果如下。

（1）潜在状态 1："气虚"组（52 人）；

（2）潜在状态 2："血瘀"组（16 人）；

（3）潜在状态 3："内火 + 痰湿"组（26 人）；

（4）潜在状态 4："内风 + 内火 + 痰湿 + 血瘀"组（498 人）；

（5）潜在状态 5："阴虚"组（87 人）；

（6）潜在状态 6："血瘀 + 内火 + 痰湿"组（63 人）；

（7）潜在状态 7："血瘀 + 内风"组（251 人）。

为了更好地反映局部与总体的关系，对第 1 天这 993 例缺血性中风病患者的聚类情况绘制饼图，如图 11-1 所示。

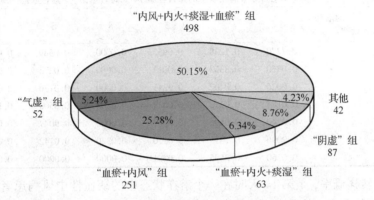

图 11-1　第 1 天 993 例患者聚类情况

由图 11-1 可以看出，"内风 + 内火 + 痰湿 + 血瘀"组患者的所占百分比最大，达到 50.15%；其次是"血瘀 + 内风"组，为 25.28%；排在第三位的是"阴虚"组，占 8.76%，各组患者所占百分比的和为 100%。

表 11-5 为第 1 天在一个潜在状态中的缺血性中风病患者在第 7 天时转至另一潜在状态的概率，通常以矩阵的方式排列。例如，第 1 天属于潜在状态 1 的受试对象在第 7 天有 97.79% 还在潜在状态 1 中，2.02% 转至潜在状态 3，0.19% 转至潜在状态 5。转移概率矩阵的对角元素表示入院当天潜在状态为 s 的个体在第 7 天时潜在状态仍为 s 的概率。需要注意的是，时间点 t 潜在状态为 s_t 的个体，在时间点 $t+1$ 时每个个体仅在一个潜在状态 s_{t+1} 中，在每个时间点每个个体属于一个且仅属于一个潜在状态，即转移概率矩阵的每行总和为 1。

表 11-5　第 1 天在第 i 个潜在状态的患者在第 7 天时转至第 j 个潜在状态的概率

第 1 天的潜在状态	入院当天在第 i 个潜在状态的患者在第 7 天时转至第 j 个潜在状态的概率						
	第 7 天的潜在状态：	1	2	3	4	5	6	7
1		0.9779	0.0000	0.0202	0.0000	0.0019	0.0000	0.0000
2		0.0000	0.9887	0.0113	0.0000	0.0000	0.0000	0.0000
3		0.0000	0.0000	0.9766	0.0000	0.0234	0.0000	0.0000
4		0.0000	0.0000	0.2086	0.1937	0.0788	0.5083	0.0106
5		0.0000	0.0330	0.0000	0.0114	0.9555	0.0000	0.0000
6		0.0000	0.0696	0.0349	0.0000	0.0000	0.8955	0.0000
7		0.0636	0.4825	0.0000	0.0033	0.0225	0.0478	0.3804

表 11-6 为第 7 天时在一个潜在状态中的缺血性中风病患者在第 14 天时转至另一潜在状态的概率，通常以矩阵的方式排列。例如，第 7 天属于潜在状态 1 的受试对象在第 14 天有 72.20% 还在潜在状态 1 中，12.38% 转至潜在状态 2，9.53 % 转至潜在状态 3，5.89% 转至潜在状态 5。转移概率矩阵的对角元素表示第 7 天潜在状态为 s 的个体在第 14 天潜在状态仍为 s 的概率。

表 11-6 第 7 天在第 i 个潜在状态的患者在第 14 天时转至第 j 个潜在状态的概率

第 7 天的潜在状态	第 7 天在第 i 个潜在状态的患者在第 14 天时转至第 j 个潜在状态的概率						
	第 14 天的潜在状态： 1	2	3	4	5	6	7
1	0.7220	0.1238	0.0953	0.0000	0.0589	0.0000	0.0000
2	0.0860	0.8333	0.0013	0.0000	0.0273	0.0000	0.0520
3	0.0026	0.0402	0.9241	0.0000	0.0130	0.0201	0.0000
4	0.0185	0.0372	0.0029	0.6203	0.0503	0.1376	0.1332
5	0.0240	0.0506	0.0207	0.0000	0.9047	0.0000	0.0000
6	0.0096	0.1411	0.0550	0.0320	0.0142	0.7443	0.0037
7	0.0260	0.2595	0.0081	0.0000	0.0000	0.0791	0.6273

表 11-7 为转移概率，是第 14 天时在一个潜在状态中的缺血性中风病患者在第 28 天时转至另一潜在状态的概率，通常以矩阵的方式排列。例如，第 14 天属于潜在状态 1 的受试对象在第 28 天有 77.93% 还在潜在状态 1 中，5.63% 转至潜在状态 2，4.20 % 转至潜在状态 3，6.76% 转至潜在状态 6，5.48% 转至潜在状态 7。转移概率矩阵的对角元素表示第 14 天潜在状态为 s 的个体在第 28 天时潜在状态仍为 s 的概率。

表 11-7 第 14 天在第 i 个潜在状态的患者在第 28 天时转至第 j 个潜在状态的概率

第 14 天的潜在状态	第 14 天在第 i 个潜在状态的患者在第 28 天时转至第 j 个潜在状态的概率						
	第 28 天的潜在状态： 1	2	3	4	5	6	7
1	0.7793	0.0563	0.0420	0.0000	0.0000	0.0676	0.0548
2	0.0122	0.8290	0.0443	0.0051	0.0031	0.0000	0.1063
3	0.0153	0.0214	0.9633	0.0000	0.0000	0.0000	0.0000
4	0.0919	0.0118	0.0000	0.7171	0.0000	0.1420	0.0372
5	0.0291	0.0826	0.0445	0.0000	0.7496	0.0402	0.0541
6	0.0289	0.0635	0.0283	0.0498	0.0227	0.7160	0.0908
7	0.0768	0.2466	0.0000	0.0000	0.0409	0.0177	0.6179

由表 11-5 ~ 表 11-7 可以看出，第 1 天占百分比最大的潜在状态 4（"内风 + 内火 + 痰湿 + 血瘀"组）中的患者随时间推移，第 7 天时仍在潜在状态 4 中的概率是 19.37%，有很大一部分（50.83%）转至潜在状态 6（"血瘀 + 内火 + 痰湿"组），在第 14 天又有 13.76% 转至潜在状态 6，第 28 天时由潜在状态 4 转至潜在状态 6 的概率为 14.20%，可见，潜在状态 4 中的患者有逐步向潜在状态 6 转移的趋势。同样，第 1 天百分比排在第二位的潜在状态 7（"血瘀 + 内风"组）中的患者第 7 天时仍在该潜在状态的概率为 38.04%，48.25% 的患者转至潜在状态 2（"血瘀"组），第 14 天时又有 25.95% 转至潜在状态 2，第 28 天由潜在状态 7 转至潜在状态 2 的概率为 24.66%，潜在状态 7 中的患者有逐渐向潜在状态 2 转移的趋势。通过这两组患者的转移概率可以看出，风证随时间推移逐渐减轻或消失。

从转移概率可以看出，中风病证候要素组合随时间推移的变化有一定稳定性，每个时点多数患者保持原有证候组合不变，如入院当天为"内火＋痰湿"组的患者在第 7 天仍为该类型的概率为 97.66%，第 14 天还属于该类型的概率为 97.66%×92.41%＝90.25%，第 28 天仍然属于该类型的概率为 90.25%×96.33%＝86.94%，这可能与患者的体质有关。

为了更直观地说明转移概率的情况，以在第 1 天所占百分比最大的潜在状态 4（"内风＋内火＋痰湿＋血瘀"组）中的患者为例，根据各时间点的转移概率绘制树状图，对患者在第 1、7、14 和 28 天共四个时间点进行观测，每层代表一个时间点，如图 11-2 所示。

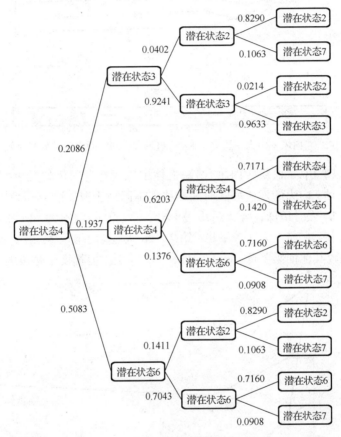

图 11-2　潜在状态 4 中的患者转至其他潜在状态的树状图

图 11-2 所示为第 1 天在潜在状态 4（"内风＋内火＋痰湿＋血瘀"组）中的患者在各时间点（第 7、14、28 天）转至其他潜在状态的树状图。由于潜在状态数目较多，在每个时间点仅列出与上一个时间点对应的潜在状态转移概率较大的 2～3 个潜在状态，连线上的数字表示前一个时间点的潜在状态在后一个时间点转至某一潜在状态的概率。

根据观测的各时间点各证候的发生频率，分别对占百分比最大的"内风＋内火＋痰湿＋血瘀"组和"血瘀＋内风"组的患者绘制线图，如图 11-3 所示。

由图 11-3 可以看出，"内风＋内火＋痰湿＋血瘀"组缺血性中风病患者内风的发生率在前 7 天下降显著，第 14 天达到最低点，后轻微波动；内火的发生率呈逐渐下降的趋势；痰湿的发生率随时间推移逐渐下降，在前 14 天下降幅度较大；血瘀的发生率整体呈下降趋势，但变化幅度不是很大；气虚的发生率随时间波动，第 14 天最低；阴虚的发生率整体来说较其他证候要低，前 7 天变化不大，7 天后逐渐下降。

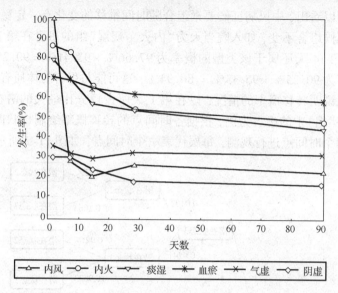

图 11-3 "内风 + 内火 + 痰湿 + 血瘀"组患者不同时间点各证候发生频率图

由图 11-4 可以看出，"血瘀 + 内风"组缺血性中风病患者内风的发生率在前 14 天下降显著，14 天后出现波动；内火的发生率随时间推移先下降后上升，第 14 天时最低；痰湿的发生率也是先下降，第 14 天时最低，14 天后缓慢上升，但上升幅度不大；血瘀的发生率整体呈下降趋势；气虚的发生率在前 7 天比较平稳，第 7 ~ 28 天逐渐下降，第 28 天时最低，28 天后上升；阴虚的发生率较其他证候要低，随时间推移逐渐上升，但幅度不是很大。

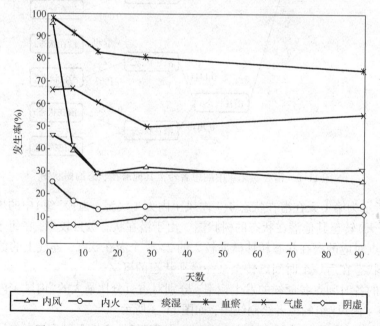

图 11-4 "血瘀 + 内风"组患者不同时间点各证候发生频率图

图 11-5 ~ 图 11-10 所示分别为"内风 + 内火 + 痰湿 + 血瘀"组和"血瘀 + 内风"组缺血性中风病患者内风、内火、痰湿、血瘀、气虚和阴虚发生率的情况。

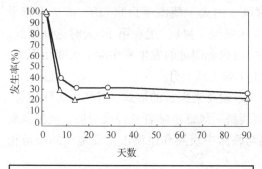

图 11-5　两组患者不同时间点内风发生频率图

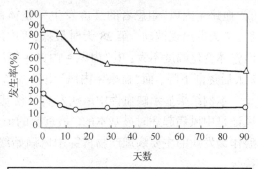

图 11-6　两组患者不同时间点内火发生频率图

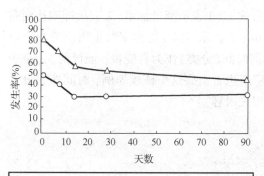

图 11-7　两组患者不同时间点痰湿发生频率图

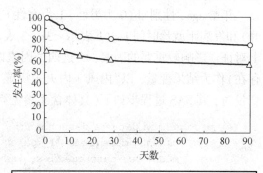

图 11-8　两组患者不同时间点血瘀发生频率图

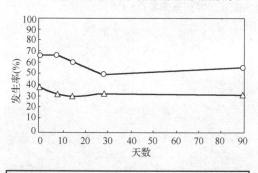

图 11-9　两组患者不同时间点气虚发生频率图

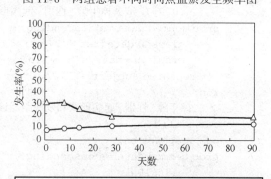

图 11-10　两组患者不同时间点阴虚发生频率图

可以看出，经潜在转移模型分析，将缺血性中风病住院患者根据六个证候各时间点的情况共聚成七类，选择百分比最大的"内风 + 内火 + 痰湿 + 血瘀"组和"血瘀 + 内风"组患者进行探索，这两组患者各证候的发生率及随时间的变化趋势是有所区别的：①两组患者内风的发生率基本接近，从第 7 天开始"内风 + 内火 + 痰湿 + 血瘀"组低于"血瘀 + 内风"组；②"内风 + 内火 + 痰湿 + 血瘀"组患者的内火发生率整体高出"血瘀 + 内风"组患者很多，且呈逐渐下降趋势，而"血瘀 + 内风"组则先下降后上升，第 14 天时最低；③"内风 + 内火 + 痰湿 + 血瘀"组患者的痰湿发生率同样普遍高于"血瘀 + 内风"组，并随时间推移逐渐下降，而"血瘀 + 内风"组则先下降后缓慢上升，第 14 天时最低；④两组患者的血瘀发生率随时间推移下降，"血瘀 + 内风"组患者的血瘀发生率相对来说变化较"内风 + 内火 + 痰湿 + 血瘀"组患者变化幅度稍大一些；

⑤"血瘀＋内风"组患者的气虚发生率整体高于"内风＋内火＋痰湿＋血瘀"组，前 7 天较平稳，7 天后出现波动，第 28 天时最低，"内风＋内火＋痰湿＋血瘀"组在第 14 天时达到最低，但整体变化幅度不大；⑥"内风＋内火＋痰湿＋血瘀"组患者阴虚的发生率在前 7 天变化不大，7 天后逐渐下降，而"血瘀＋内风"组患者的气虚发生率则逐渐上升。

本例结果显示缺血性中风病发病过程基本为多个证候要素组合的形式，与临床实际相符。风证是中风病起病时最基本的、最重要的证候，病情缓解后风证也随着减轻或消失。痰湿和血瘀作为发病的主要病理产物贯穿中风病始终，这也与临床中痰湿和血瘀占主要地位的报道相符合。

若希望建立模型对某类中任意患者的证候情况进行预测，可在对受试对象聚类后联合使用广义估计方程来分析。

年龄 age、性别 xb（0 为男性，1 为女性）、起病形式 xs（0 表示渐进加重，1 表示即刻达到高峰）和发病距就诊时间 jzsj（1 表示 <3h，2 表示 3～6h，3 表示 >6h）是临床医生给出的在专业上对证候影响较重要的因素，将这四个因素以及观测时间（分类）作为自变量，证候情况（是否存在）作为结果变量，以"内风＋内火＋痰湿＋血瘀"组患者血瘀这个证候为例，时间作为分类变量时，其 SAS 过程步如下（具体含义参见第 9 章相关内容）：

```
proc genmod data = a descending;
    classID date(ref = '1' param = ref);
    model yu = date age xb xs jzsj/dist = bin;
    repeated subject = ID /corr = ind corrw;
run;
/* 除年龄、性别、起病形式和发病距就诊时间外，其他参数的假设检验都有统计学意义
   (P<0.05)，故去掉年龄、性别、起病形式和发病距就诊时间重新拟合*/
proc genmod data = a descending;
    classID date(ref = '1' param = ref);
    model yu = date/dist = bin type3;
    repeated subject = ID /corr = ind corrw;
run;
/* 去掉年龄、性别、起病形式和发病距就诊时间*/
ods html;
ods graphics on;
proc genmod data = a descending;
    classID date;
    model yu = date/dist = bin type3;
    repeated subject = ID /corr = ind corrw;
    assess link/ resample = 10000
    seed = 10000
    crpanel;
run;
ods graphics off;
ods html close;
/* 画累积残差图，横坐标为 predicted value*/
```

【输出结果及解释】

Analysis Of GEE Parameter Estimates

Empirical Standard Error Estimates

Parameter	Estimate	Standard Error	95% Confidence Limits	Z	Pr > |Z|

Intercept		0.8416	0.0977	0.6501	1.0330	8.62	<0.0001
date	7	−0.0566	0.0895	−0.2320	0.1188	−0.63	0.5270
date	14	−0.2467	0.0979	−0.4385	−0.0548	−2.52	0.0117
date	28	−0.3855	0.1068	−0.5948	−0.1763	−3.61	0.0003
date	90	−0.5175	0.1078	−0.7289	−0.3062	−4.80	<0.0001

Score Statistics For Type 3 GEE Analysis

Source	DF	Chi-Square	Pr > ChiSq
date	4	27.44	<0.0001

以上是去掉无统计学意义的变量后重新得到的参数估计结果，截距项、观测时间点有统计学意义（$P<0.05$）。时间点的参数值为每个时间点与第一个时间点相比的值，可以看出，随着时间的推移，血瘀的发生率呈下降趋势。

基于广义估计方程求解，得到拟合的多重 logistic 回归方程为

$$\lg\left(\frac{P}{1-P}\right) = 0.8416 - 0.0566\text{date7} - 0.2467\text{date14} - 0.3855\text{date28} - 0.5175\text{date90}$$

其中，P 为"内风+内火+痰湿+血瘀"组某患者在某天时出现血瘀这个证候的概率；date7 为第 7 天，date14 为第 14 天，date28 为第 28 天，date90 为第 90 天，可能的取值为 0 或 1。

Assessment Summary

Assessment Variable	Maximum Absolute Value	Replications	Seed	Pr > MaxAbsVal
Link Function	0.0000	10000	10000	0.3389

以上是模型评价的总结，给出了观测的累积残差的最大绝对值以及 Kolmogorov-type supremum 检验的 P 值，P 值大于 0.05，可以说明拟合的连接函数的形式是正确的。

图 11-11 是使用 SAS ODS 绘图技术画出的累积残差图。观测的累积残差以实线表示，模拟的以虚线表示，P 值在图中显示。与粗残差图一样，如果模型是正确的，残差在以 0 为中心的周围并且残差图不呈现出任何确定性的趋向。

当时间作为分类变量时，"内风+内火+痰湿+血瘀"组患者其他五个证候的分析与血瘀类似，以下仅列出主要的结果。

1. 内风

这组患者入院当天的内风证候数据都为 1（入院当天都有内风），对方差函数的计算有影响，去掉入院当天的数据重新拟合（以第 7 天为参考）。性别、起病形式和发病距就诊时间对"内风+内火+痰湿+血瘀"组患者内风的影响无统计学意义（$P>0.05$），基于广义估计方程求解并剔除这三个变量后得到的最终拟合的多重 logistic 回归方程为

$$Z = \lg\left(\frac{P}{1-P}\right) = -2.1152 - 0.4201\text{date14} - 0.1011\text{date28} - 0.2708\text{date90} + 0.0175\text{age}$$

其中，P 为"内风+内火+痰湿+血瘀"组某患者在某时间点出现内风这个证候的概率，age 为年龄。时间点的参数值为第 14、28、90 天与第 7 天相比的值（第 14 天的参数值为 −0.4201，与第 7 天 0 相比要小；第 28 天的参数值为 −0.1011，比第 14 天的参数值升高了一些；第 90 天的参数值为 −0.2708，相比第 28 天下降，但比第 14 天要高）。可以看出，随着时间的推移，"内风+内火+痰湿+血瘀"组患者内风的发生率从第 7 天开始呈波动趋势（下降－上升－下降）。年龄的参数为正，说明年龄越大，内风的发生率越高。

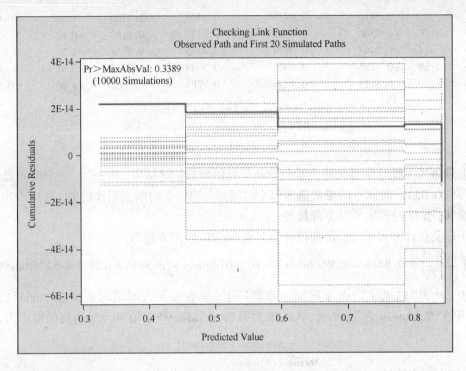

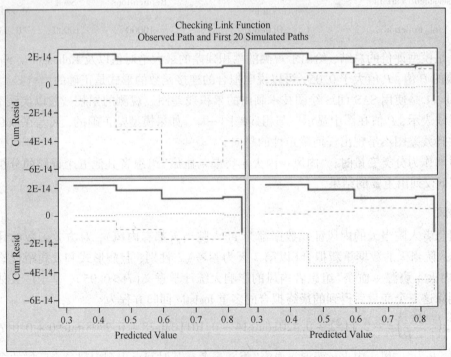

图 11-11　累积残差图

2. 内火

年龄、起病形式和发病距就诊时间对"内风＋内火＋痰湿＋血瘀"组患者内火的影响无统计学意义（$P > 0.05$），基于广义估计方程求解并剔除这三个变量后得到的最终拟合的多重 logistic 回归方程为

$$Z = \lg\left(\frac{P}{1-P}\right) = 1.8347 - 0.2072\text{date7} - 1.1213\text{date14} - 1.6064\text{date28}$$
$$- 1.8833\text{date90} - 0.2488\text{xb}$$

其中，P 为"内风 + 内火 + 痰湿 + 血瘀"组某患者在某时间点出现内火这个证候的概率。时间点的参数值为每个时间点与第一个时间点相比的值，可以看出，随着时间的推移，"内风 + 内火 + 痰湿 + 血瘀"组患者内火的发生率整体呈下降的趋势。性别的参数为负，说明男性的内火发生率高于女性。

3. 痰湿

起病形式和发病距就诊时间对"内风 + 内火 + 痰湿 + 血瘀"组患者痰湿的影响无统计学意义（$P > 0.05$），基于广义估计方程求解并剔除这两个变量后得到的最终拟合的多重 logistic 回归方程为

$$Z = \lg\left(\frac{P}{1-P}\right) = -0.5073\text{date7} - 1.029\text{date14} - 1.1717\text{date28} - 1.5517\text{date90}$$
$$+ 0.0217\text{age} - 0.3859\text{xb}$$

其中，P 为"内风 + 内火 + 痰湿 + 血瘀"组某患者在某时间点出现痰湿这个证候的概率。时间点的参数值为每个时间点与第一个时间点相比的值，可以看出，随着时间的推移，"内风 + 内火 + 痰湿 + 血瘀"组患者痰湿的发生率整体呈下降的趋势。年龄的参数为正，说明年龄越大，痰湿的发生率越高。性别的参数为负，说明男性的痰湿发生率高于女性。

4. 气虚

起病形式对"内风 + 内火 + 痰湿 + 血瘀"组患者气虚的影响无统计学意义（$P > 0.05$），基于广义估计方程求解并剔除这一个变量后得到的最终拟合的多重 logistic 回归方程为

$$Z = \lg\left(\frac{P}{1-P}\right) = -1.5198 - 0.1892\text{date7} - 0.2849\text{date14} - 0.135\text{date28} - 0.1519\text{date90}$$
$$+ 0.0176\text{age} + 0.5685\text{xb} - 0.1723\text{jzsj}$$

其中，P 为"内风 + 内火 + 痰湿 + 血瘀"组某患者在某时间点出现气虚这个证候的概率。时间点的参数值为每个时间点与第一个时间点相比的值，可以看出，随着时间的推移，"内风 + 内火 + 痰湿 + 血瘀"组患者气虚的发生率先下降后上升再下降。年龄的参数为正，说明年龄越大，气虚的发生率越高。性别的参数为正，说明男性的气虚发生率低于女性。发病距就诊时间的参数为负，说明发病距就诊的时间间隔越久，越不容易出现气虚这个证候。

5. 阴虚

年龄、性别、起病形式和发病距就诊时间对"内风 + 内火 + 痰湿 + 血瘀"组患者阴虚的影响无统计学意义（$P > 0.05$），基于广义估计方程求解并剔除这四个变量后得到的最终拟合的多重 logistic 回归方程为：

$$Z = \lg\left(\frac{P}{1-P}\right) = -0.8703 + 0.0112\text{date7} - 0.3108\text{date14} - 0.6974\text{date28} - 0.7994\text{date90}$$

其中，P 为"内风 + 内火 + 痰湿 + 血瘀"组某患者在某时间点出现阴虚这个证候的概率。时间点的参数值为每个时间点与第一个时间点相比的值，可以看出，随着时间的推移，"内风 + 内火 + 痰湿 + 血瘀"组患者阴虚的发生率先上升后下降。

根据求出的这六个证候相应的参数估计值，绘制时间作为分类变量时"内风＋内火＋痰湿＋血瘀"组患者各证候发生率的预测图（横轴为观测时间，纵轴为证候的预测发生率）。

图 11-12 所示是以年龄为中位数（"内风＋内火＋痰湿＋血瘀"组患者年龄的中位数为 67 岁）、性别为 0（男性），起病形式为 0（渐进加重），且不考虑发病距就诊时间画出的时间作为分类变量时"内风＋内火＋痰湿＋血瘀"组患者不同时间点各证候的发生率预测图。可以看出：①"内风＋内火＋痰湿＋血瘀"组患者内风的发生率在前 7 天下降显著，第 14 天达到最低点，后轻微波动；②内火的发生率呈逐渐下降的趋势；③痰湿的发生率随时间推移逐渐下降，前 14 天下降幅度较大；④血瘀的发生率整体呈下降趋势，但变化幅度不是很大；⑤气虚的发生率随时间波动，第 14 天最低；⑥阴虚的发生率整体来说较其他证候要低，前 7 天变化不大，7 天后逐渐下降。

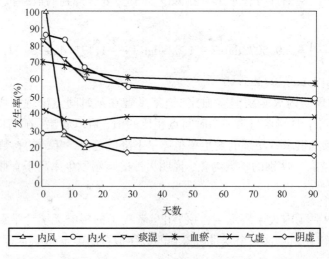

图 11-12　时间为分类变量时"内风＋内火＋痰湿＋血瘀"组患者各证候的发生率预测图

以上经潜在转移模型分析对患者聚类后联合广义估计方程获得的结果与第 8 章仅用广义估计方程获得的结果相比，可以更准确地得出各特征人群证候随时间的变化趋势。若患者未分组，有可能会掩盖某些患者真实的证候变化趋势。

对例 11-2 进行潜在转移模型分析，SAS 程序（程序名为 TJFX11_2. SAS）如下：

```
proc import out = work.tjfx11_2
                            /* 1*/
    datafile = "'D:\TJFX\
            TJFX11_1.xls"
    dbms = excel replace;
    range = "sheet";
    getnames = yes;
    mixed = no;
    scantext = yes;
    usedate = yes;
    scantime = yes;
run;

data a;                      /* 2*/
set tjfx11_2;
if feng1 = 0 then feng1 = 2;

proc lta data = a;           /* 7*/
nstatus6;
ntimes4;
items feng1 huo1 tan1 yu1 qi1 yin1
feng7 huo7 tan7 yu7 qi7 yin7
feng14 huo14 tan14 yu14 qi14 yin14
feng28 huo28 tan28 yu28 qi28 yin28;
categories2 2 2 2 2 2 ;
id ID;
groups xb;
groupnames male female;
measurement times groups;
seed 592667;
run;
```

```
if feng7 =0 then feng7 =2;
if feng14 =0 then feng14 =2;
if feng28 =0 then feng28 =2;
if feng90 =0 then feng90 =2;
if huo1 =0 then huo1 =2;
if huo7 =0 then huo7 =2;
if huo14 =0 then huo14 =2;
if huo28 =0 then huo28 =2;
if huo90 =0 then huo90 =2;
if tan1 =0 then tan1 =2;
if tan7 =0 then tan7 =2;
if tan14 =0 then tan14 =2;
if tan28 =0 then tan28 =2;
if tan90 =0 then tan90 =2;
if yu1 =0 then yu1 =2;
if yu7 =0 then yu7 =2;
if yu14 =0 then yu14 =2;
if yu28 =0 then yu28 =2;
if yu90 =0 then yu90 =2;
if qi1 =0 then qi1 =2;
if qi7 =0 then qi7 =2;
if qi14 =0 then qi14 =2;
if qi28 =0 then qi28 =2;
if qi90 =0 then qi90 =2;
if yin1 =0 then yin1 =2;
if yin7 =0 then yin7 =2;
if yin14 =0 then yin14 =2;
if yin28 =0 then yin28 =2;
if yin90 =0 then yin90 =2;
if xb =0 then xb =2;
run;

proc lta data =a;            /* 3*/
nstatus2;
ntimes4;
items feng1 huo1 tan1 yu1 qi1
yin1  feng7  huo7  tan7  yu7
qi7 yin7
feng14 huo14 tan14 yu14 qi14
yin14 feng28 huo28 tan28 yu28
qi28 yin28;
categories2 2 2 2 2 2 ;
id ID;
groups xb;
groupnames male female;
measurement times groups;
seed592667;
run;

proc lta data =a;            /* 4*/
nstatus3;
ntimes4;
items feng1 huo1 tan1 yu1 qi1
yin1  feng7  huo7  tan7  yu7
qi7 yin7
```

```
proc lta data =a;                    /* 8*/
nstatus7;
ntimes4;
items feng1 huo1 tan1 yu1 qi1 yin1
feng7 huo7 tan7 yu7 qi7 yin7
feng14 huo14 tan14 yu14 qi14 yin14
feng28 huo28 tan28 yu28 qi28 yin28;
categories2 2 2 2 2 2 ;
id ID;
groups xb;
groupnames male female;
measurement times groups;
seed592667;
run;

proc lta data =a;                    /* 9*/
nstatus8;
ntimes4;
items feng1 huo1 tan1 yu1 qi1 yin1
feng7 huo7 tan7 yu7 qi7 yin7
feng14 huo14 tan14 yu14 qi14 yin14
feng28 huo28 tan28 yu28 qi28 yin28;
categories2 2 2 2 2 2 ;
id ID;
groups xb;
groupnames male female;
measurement times groups;
seed592667;
run;

proc lta data =a outpost =post1      /* 10*/
outest =est1 outparam =par1;
nstatus6;
ntimes4;
items feng1 huo1 tan1 yu1 qi1 yin1
feng7 huo7 tan7 yu7 qi7 yin7
feng14 huo14 tan14 yu14 qi14 yin14
feng28 huo28 tan28 yu28 qi28 yin28;
categories2 2 2 2 2 2 ;
id ID;
groups xb;
groupnames male female;
measurement times groups;
seed592667;
run;

data p;                              /* 11*/
set post1;
if POSTPROBSTATUS1T1 >POSTPROBSTATUS2T1 and
POSTPROBSTATUS1T1 >POSTPROBSTATUS3T1 and
POSTPROBSTATUS1T1 >POSTPROBSTATUS4T1 and
POSTPROBSTATUS1T1 >POSTPROBSTATUS5T1 and
POSTPROBSTATUS1T1 >POSTPROBSTATUS6T1 then post
=1;
```

```
feng14 huo14 tan14 yu14 qi14
yin14 feng28 huo28 tan28 yu28
qi28 yin28;
categories2 2 2 2 2 2;
id ID;
groups xb;
groupnames male female;
measurement times groups;
seed592667;
run;

proc lta data = a;        /* 5*/
nstatus4;
ntimes4;
items feng1 huo1 tan1 yu1 qi1
yin1 feng7 huo7 tan7 yu7
qi7 yin7
feng14 huo14 tan14 yu14 qi14
yin14 feng28 huo28 tan28 yu28
qi28 yin28;
categories2 2 2 2 2 2;
id ID;
groups xb;
groupnames male female;
measurement times groups;
seed592667;
run;

proc lta data = a;        /* 6*/
nstatus5;
ntimes4;
items feng1 huo1 tan1 yu1 qi1
yin1 feng7 huo7 tan7 yu7
qi7 yin7
feng14 huo14 tan14 yu14 qi14
yin14 feng28 huo28 tan28 yu28
qi28 yin28;
categories2 2 2 2 2 2;
id ID;
groups xb;
groupnames male female;
measurement times groups;
seed592667;
run;
```

```
if POSTPROBSTATUS2T1 > POSTPROBSTATUS1T1 and
POSTPROBSTATUS2T1 > POSTPROBSTATUS3T1 and
POSTPROBSTATUS2T1 > POSTPROBSTATUS4T1 and
POSTPROBSTATUS2T1 > POSTPROBSTATUS5T1 and
POSTPROBSTATUS2T1 > POSTPROBSTATUS6T1
then post = 2;
if POSTPROBSTATUS3T1 > POSTPROBSTATUS1T1 and
POSTPROBSTATUS3T1 > POSTPROBSTATUS2T1 and
POSTPROBSTATUS3T1 > POSTPROBSTATUS4T1 and
POSTPROBSTATUS3T1 > POSTPROBSTATUS5T1 and
POSTPROBSTATUS3T1 > POSTPROBSTATUS6T1
then post = 3;
if POSTPROBSTATUS4T1 > POSTPROBSTATUS1T1 and
POSTPROBSTATUS4T1 > POSTPROBSTATUS2T1 and
POSTPROBSTATUS4T1 > POSTPROBSTATUS3T1 and
POSTPROBSTATUS4T1 > POSTPROBSTATUS5T1 and
POSTPROBSTATUS4T1 > POSTPROBSTATUS6T1
then post = 4;
if POSTPROBSTATUS5T1 > POSTPROBSTATUS1T1 and
POSTPROBSTATUS5T1 > POSTPROBSTATUS2T1 and
POSTPROBSTATUS5T1 > POSTPROBSTATUS3T1 and
POSTPROBSTATUS5T1 > POSTPROBSTATUS4T1 and
POSTPROBSTATUS5T1 > POSTPROBSTATUS6T1
then post = 5;
if POSTPROBSTATUS6T1 > POSTPROBSTATUS1T1 and
POSTPROBSTATUS6T1 > POSTPROBSTATUS2T1 and
POSTPROBSTATUS6T1 > POSTPROBSTATUS3T1 and
POSTPROBSTATUS6T1 > POSTPROBSTATUS4T1 and
POSTPROBSTATUS6T1 > POSTPROBSTATUS5T1
then post = 6;
run;
```

【程序说明】 第 1 步建立数据集 tjfx11_2，使用 import 过程将 TJFX11_1. xls 导入进来。LTA 过程的数值要求为 1~2 的整数，所以第 2 步将证候和性别编码中的 0 转化成 2。第 3~9 步对 993 例缺血性中风病住院患者(结果变量为第 1、7、14、28 天四个时间点内风、内火、痰湿、血瘀、气虚和阴虚情况)进行潜在转移模型分析，潜在状态数依次从 2 增加到 8。过程中的语句和选项含义同 tjfx11_1. sas。由于例 11-2 纳入了分组变量性别，故增加 groups 语句，指定分组变量；groupnames 语句为每个组命名；measurement 语句调用时间点间和组间测量不变性。根据潜在转移模型的拟合统计量，选择含六个潜在状态的模型继续研究。第 10 步输出分成六类时各个观测的后验概率，以此为分组基础，见数据集 post1。第 11 步按第一个时间点患者的后验概率的大小对受试对象进行分组。

【输出结果及解释】　潜在转移模型的拟合统计量见表 11-8。

表 11-8　潜在转移模型的拟合结果

潜在类别数	Log- likelihood	G^2	AIC	BIC	Degrees of Freedom
2 类	− 14522. 80	16796. 09	16848. 09	16975. 51	33554405
3 类	− 13819. 29	15389. 07	15505. 07	15789. 32	33554373
4 类	− 13530. 02	14810. 54	15014. 54	15514. 41	33554329
5 类	− 13262. 48	14275. 47	14591. 47	15365. 78	33554273
6 类	**− 13015. 61**	**13781. 72**	**14233. 72**	**15341. 28**	**33554205**
7 类	− 12881. 36	13513. 22	14125. 22	15624. 84	33554125
8 类	− 12657. 20	13064. 90	13860. 90	15811. 39	33550433

注：粗体字为选择的模型。

本例使用贝叶斯信息准则（BIC）对模型的好坏进行判断，选择有最小 BIC 的模型。可以看出，当潜在状态数为 6 时 BIC 的值最小并且潜在状态的解释性较好，表明六个潜在状态的模型是首选模型，故选择六类别的模型继续进行研究。

数据和模型总结以及拟合统计量

（EM Algorithm）

Number of subjects in dataset：　　　993

Number of subjects in analysis：　　　993

以上是数据集中和要分析的受试对象的数量。

Number of measurement items per time：　6

Response categories per item：　　2 2 2 2 2 2

Number of occasions（times）：　　4

Number of groups in the data：　　2

Number of latent statuses：　　　6

以上是每个时间点项目的数量、每个项目的反应种类、时点数、组数和潜在状态数。

Rho starting values were randomly generated（seed = 592667）.

Parameter restrictions：Rho（measurement）parameters were constrained to be equal across groups and time.

以上是限定项目反应概率在组间和时点间相等。

The model converged in 382 iterations.

Maximum number of iterations：5000

Convergence method：maximum absolute deviation（MAD）

Convergence criterion：　0. 000001000

==

Fit statistics：

==

Log-likelihood: -13015.61

G-squared: 13781.72

AIC: 14233.72

BIC: 15341.28

Degrees of freedom: 33554205

由以上结果可见，拟合统计量中对数似然值为 -13015.61，$G^2 = 13781.72$，AIC $= 14233.72$，BIC $= 15341.28$，自由度为 33554205。

表 11-9 是第 1、7、14 和 28 天潜在状态数为 6 时缺血性中风病住院男性患者的潜在状态概率，表示各时间点每个潜在状态的可能性大小。例如，第 1 天的潜在状态概率值分别是 0.1299、0.111、0.0671、0.5228、0.0491 和 0.1201，潜在状态 4 的比重最大，其次是潜在状态 1，潜在状态 5 最小，概率和等于 1。概率值越大说明在潜在变量中的地位就越重，对外显变量（结果变量）的影响就越大。

表 11-9　男性组潜在状态概率

状　　态	1	2	3	4	5	6
第 1 天	0.1299	0.1110	0.0671	0.5228	0.0491	0.1201
第 7 天	0.1743	0.2181	0.1197	0.1280	0.2358	0.1242
第 14 天	0.1971	0.3027	0.1967	0.0779	0.1653	0.0602
第 28 天	0.1522	0.3240	0.2562	0.0718	0.1331	0.0596

表 11-10 是第 1、7、14 和 28 天潜在状态数为 6 时缺血性中风病住院女性患者的潜在状态概率。例如，第 1 天的潜在状态概率值分别是 0.0657、0.0686、0.0456、0.6286、0.0733 和 0.1182，潜在状态 4 的比重最大，其次是潜在状态 6，潜在状态 3 最小，概率和等于 1。

表 11-10　女性组潜在状态概率

状　　态	1	2	3	4	5	6
第 1 天	0.0657	0.0686	0.0456	0.6286	0.0733	0.1182
第 7 天	0.0979	0.1663	0.0717	0.1487	0.3693	0.1461
第 14 天	0.0999	0.1901	0.1447	0.1098	0.3434	0.1122
第 28 天	0.0899	0.2468	0.1684	0.1200	0.2711	0.1038

项目反应概率用于说明外显变量和潜在状态间的关系，概率值越大说明潜在变量对外显变量的影响就越大。和因子分析中因子载荷连接外显变量和潜在变量一样，它给出潜在状态解释和命名的依据。由表 11-11 可以看出，第 1 天时潜在状态 1 中外显变量"阴虚"的概率值最大，为 96.77%，其他外显变量相对来说不是很大，因此，可以把潜在状态 1 命名为"阴虚"组；潜在状态 2 中"血瘀"的概率值很大（97.28%），可以把潜在状态 2 称为"血瘀"组；潜在状态 3 中概率值各证候的概率值都不是很大，故可称为"无明显证候"组；潜在状态 4 中"内风"的概率值达 100.00%，可以将其命名为"内风"组；潜在状态 5 中"血瘀"、"内火"和"痰湿"的概率值都很大，分别为 95.46%、78.13% 和 71.60%，可命名为"血瘀 + 内火 + 痰湿"组；潜在状态 6 中"痰湿"的概率值最大，为 90.94%，可以把潜在状态 6 称为"痰湿"组。

表 11-11　项目反应概率(证候取值 =1 时)

状　态	1	2	3	4	5	6
内风(第 1 天)	0.2934	0.2652	0.2299	1.0000	0.0301	0.4236
内火(第 1 天)	0.4480	0.0517	0.3215	0.6768	0.7813	0.7167
痰湿(第 1 天)	0.1642	0.2580	0.0856	0.7139	0.7160	0.9094
血瘀(第 1 天)	0.6246	0.9728	0.0378	0.9168	0.9546	0.0209
气虚(第 1 天)	0.5459	0.5687	0.3639	0.4892	0.2800	0.3382
阴虚(第 1 天)	0.9677	0.0266	0.0031	0.2416	0.2017	0.1830

基于第 1 天患者的最大后验概率将 993 例缺血性中风病患者进行分类的结果如下。

(1)潜在状态 1："阴虚"组(89 人);

(2)潜在状态 2："血瘀"组(83 人);

(3)潜在状态 3："无明显证候"组(54 人);

(4)潜在状态 4："内风"组(581 人);

(5)潜在状态 5："血瘀 + 内火 + 痰湿"组(63 人);

(6)潜在状态 6："痰湿"组(123 人)。

以下是男性组转移概率情况。

表 11-12 为转移概率,是第 1 天时在一个潜在状态中的缺血性中风病男性患者在第 7 天时转至另一潜在状态的概率,通常以矩阵的方式排列。例如,第 1 天属于潜在状态 1 的男性患者在第 7 天有 93.96% 还在潜在状态 1 中,3.7% 转至潜在状态 2,2.34% 转至潜在状态 6。转移概率矩阵的对角元素表示第 1 天潜在状态为 s 的男性患者在第 7 天时潜在状态仍为 s 的概率。

表 11-12　男性组第 1 天在第 i 个潜在状态的患者在第 7 天时转至第 j 个潜在状态的概率

第 1 天的潜在状态	第 1 天在第 i 个潜在状态的患者在第 7 天时转至第 j 个潜在状态的概率					
	第 7 天的潜在状态: 1	2	3	4	5	6
1	0.9396	0.0370	0.0000	0.0000	0.0000	0.0234
2	0.0000	0.8997	0.0752	0.0000	0.0000	0.0241
3	0.0000	0.0000	0.9508	0.0000	0.0492	0.0000
4	0.1000	0.1974	0.0332	0.2449	0.3629	0.0616
5	0.0000	0.2065	0.0000	0.0000	0.7935	0.0000
6	0.0000	0.0000	0.2512	0.0000	0.0316	0.7171

表 11-13 为转移概率,是第 7 天时在一个潜在状态中的缺血性中风病男性患者在第 14 天时转至另一潜在状态的概率。例如,第 7 天属于潜在状态 1 的男性患者在第 14 天有 84.87% 还在潜在状态 1 中,3.65% 转至潜在状态 2,7.56% 转至潜在状态 3,3.91% 转至潜在状态 5。转移概率矩阵的对角元素表示第 7 天潜在状态为 s 的男性患者在第 14 天时潜在状态仍为 s 的概率。

表 11-13　男性组第 7 天在第 i 个潜在状态的患者在第 14 天时转至第 j 个潜在状态的概率

第 7 天的潜在状态	第 7 天在第 i 个潜在状态的患者在第 14 天时转至第 j 个潜在状态的概率					
	第 14 天的潜在状态: 1	2	3	4	5	6
1	0.8487	0.0365	0.0756	0.0000	0.0391	0.0000
2	0.0498	0.8748	0.0754	0.0000	0.0000	0.0000
3	0.0539	0.0160	0.9302	0.0000	0.0000	0.0000
4	0.0346	0.3441	0.0000	0.5538	0.0675	0.0000
5	0.0460	0.2528	0.0407	0.0296	0.6309	0.0000
6	0.1341	0.0000	0.3718	0.0000	0.0089	0.4851

表 11-14 为转移概率，是第 14 天时在一个潜在状态中的缺血性中风病男性患者在第 28 天时转至另一潜在状态的概率。例如，第 14 天属于潜在状态 1 的男性患者在第 28 天有 74.96% 还在潜在状态 1 中，0.66% 转至潜在状态 2，10.41% 转至潜在状态 3，3.2% 转至潜在状态 4，10.07% 转至潜在状态 5，0.7% 转至潜在状态 6。转移概率矩阵的对角元素表示第 14 天潜在状态为 s 的男性患者在第 28 天时潜在状态仍为 s 的概率。

表 11-14　男性组第 14 天在第 i 个潜在状态的患者在第 28 天时转至第 j 个潜在状态的概率

第 14 天的潜在状态	第 28 天的潜在状态：	第 14 天在第 i 个潜在状态的患者在第 28 天时转至第 j 个潜在状态的概率					
		1	2	3	4	5	6
1		0.7496	0.0066	0.1041	0.0320	0.1007	0.0070
2		0.0245	0.8307	0.1203	0.0000	0.0000	0.0245
3		0.0000	0.0832	0.8780	0.0024	0.0000	0.0363
4		0.0000	0.1189	0.0000	0.7121	0.1209	0.0481
5		0.0000	0.2333	0.0984	0.0581	0.6103	0.0000
6		0.0000	0.1162	0.1715	0.0000	0.0495	0.6628

以下是女性组转移概率情况。

表 11-15 为转移概率，是第 1 天时在一个潜在状态中的缺血性中风病女性患者在第 7 天时转至另一潜在状态的概率，通常以矩阵的方式排列。例如，第 1 天属于潜在状态 1 的女性患者在第 7 天有 96.36% 还在潜在状态 1 中，2.24% 转至潜在状态 4，1.4% 转至潜在状态 6。

表 11-15　女性组第 1 天在第 i 个潜在状态的患者在第 7 天时转至第 j 个潜在状态的概率

第 1 天的潜在状态	第 7 天的潜在状态：	第 1 天在第 i 个潜在状态的患者在第 7 天时转至第 j 个潜在状态的概率					
		1	2	3	4	5	6
1		0.9636	0.0000	0.0000	0.0224	0.0000	0.0140
2		0.0000	1.0000	0.0000	0.0000	0.0000	0.0000
3		0.0699	0.0000	0.9301	0.0000	0.0000	0.0000
4		0.0501	0.1539	0.0331	0.2309	0.4746	0.0574
5		0.0000	0.0135	0.0000	0.0280	0.9246	0.0340
6		0.0000	0.0000	0.0717	0.0000	0.0264	0.9019

表 11-16 为转移概率，是第 7 天时在一个潜在状态中的缺血性中风病女性患者在第 14 天时转至另一潜在状态的概率。例如，第 7 天属于潜在状态 1 的女性患者在第 14 天有 89.34% 还在潜在状态 1 中，3.24% 转至潜在状态 2，5.79% 转至潜在状态 3，1.63% 转至潜在状态 6。转移概率矩阵的对角元素表示第 7 天潜在状态为 s 的女性患者在第 14 天时潜在状态仍为 s 的概率。

表 11-16　女性组第 7 天在第 i 个潜在状态的患者在第 14 天时转至第 j 个潜在状态的概率

第 7 天的潜在状态	第 14 天的潜在状态：	第 7 天在第 i 个潜在状态的患者在第 14 天时转至第 j 个潜在状态的概率					
		1	2	3	4	5	6
1		0.8934	0.0324	0.0579	0.0000	0.0000	0.0163
2		0.0164	0.8168	0.1237	0.0000	0.0431	0.0000
3		0.0000	0.1451	0.8549	0.0000	0.0000	0.0000
4		0.0000	0.0710	0.0109	0.6318	0.2412	0.0451
5		0.0094	0.0719	0.0683	0.0429	0.7951	0.0125
6		0.0426	0.0244	0.2074	0.0000	0.0462	0.6795

表 11-17 为转移概率, 是第 14 天时在一个潜在状态中的缺血性中风病女性患者在第 28 天时转至另一潜在状态的概率, 例如, 第 14 天属于潜在状态 1 的女性患者在第 28 天有 76.05% 还在潜在状态 1 中, 12.46% 转至潜在状态 2, 8.38% 转至潜在状态 3, 3.11% 转至潜在状态 5。转移概率矩阵的对角元素表示第 14 天潜在状态为 s 的女性患者在第 28 天时潜在状态仍为 s 的概率。

表 11-17　女性组第 14 天在第 i 个潜在状态的患者在第 28 天时转至第 j 个潜在状态的概率

| 第 14 天的潜在状态 | 第 14 天在第 i 个潜在状态的患者在第 28 天时转至第 j 个潜在状态的概率 | | | | | |
	第 28 天的潜在状态:	1	2	3	4	5	6
1		0.7605	0.1246	0.0838	0.0000	0.0311	0.0000
2		0.0000	0.9609	0.0000	0.0188	0.0000	0.0203
3		0.0000	0.0122	0.8448	0.0000	0.0649	0.0781
4		0.0373	0.1179	0.0357	0.6041	0.1837	0.0213
5		0.0287	0.1077	0.0396	0.1224	0.6901	0.0114
6		0.0000	0.0000	0.1810	0.0718	0.0134	0.7338

聚类后各组患者各证候随时间的变化趋势及比较从略。

对例 11-3 进行潜在转移模型分析, SAS 程序(程序名为 TJFX11_3.SAS)如下:

```
proc import out = work.tjfx11_3        /* 1*/
    datafile = "'D:\TJFX\TJFX11_
            1.xls"
    dbms = excel replace;
    range = "sheet";
    getnames = yes;
    mixed = no;
    scantext = yes;
    usedate = yes;
    scantime = yes;
run;

data a;                                 /* 2*/
set tjfx11_3;
if feng1 = 0 then feng1 = 2;
if feng7 = 0 then feng7 = 2;
if feng14 = 0 then feng14 = 2;
if feng28 = 0 then feng28 = 2;
if feng90 = 0 then feng90 = 2;
if huo1 = 0 then huo1 = 2;
if huo7 = 0 then huo7 = 2;
if huo14 = 0 then huo14 = 2;
if huo28 = 0 then huo28 = 2;
if huo90 = 0 then huo90 = 2;
if tan1 = 0 then tan1 = 2;
if tan7 = 0 then tan7 = 2;
if tan14 = 0 then tan14 = 2;
if tan28 = 0 then tan28 = 2;
if tan90 = 0 then tan90 = 2;
```

```
proc lta data = a outpost = post1       /* 3*/
outest = est1 outparam = par1;
nstatus3;
ntimes4;
items feng1 huo1 tan1 yu1 qi1 yin1
feng7 huo7 tan7 yu7 qi7 yin7
feng14 huo14 tan14 yu14 qi14 yin14
feng28 huo28 tan28 yu28 qi28 yin28;
categories2 2 2 2 2 2 ;
covariates1 age;
id ID;
groups xb;
groupnames male female;
measurement times groups;
seed592667;
run;

data p;                                 /* 4*/
set post1;
if POSTPROBSTATUS1T1 > POSTPROBSTATUS2T1 and
POSTPROBSTATUS1T1 > POSTPROBSTATUS3T1  then
post =1;
if POSTPROBSTATUS2T1 > POSTPROBSTATUS1T1 and
POSTPROBSTATUS2T1 > POSTPROBSTATUS3T1  then
post =2;
if POSTPROBSTATUS3T1 > POSTPROBSTATUS1T1 and
POSTPROBSTATUS3T1 > POSTPROBSTATUS2T1  then
post =3;
run;
```

```
if yu1 =0 then yu1 =2;
if yu7 =0 then yu7 =2;
if yu14 =0 then yu14 =2;
if yu28 =0 then yu28 =2;
if yu90 =0 then yu90 =2;
if qi1 =0 then qi1 =2;
if qi7 =0 then qi7 =2;
if qi14 =0 then qi14 =2;
if qi28 =0 then qi28 =2;
if qi90 =0 then qi90 =2;
if yin1 =0 then yin1 =2;
if yin7 =0 then yin7 =2;
if yin14 =0 then yin14 =2;
if yin28 =0 then yin28 =2;
if yin90 =0 then yin90 =2;
if xb =0 then xb =2;
run;
```

【程序说明】 第1步建立数据集 tjfx11_3，使用 import 过程将 TJFX11_1. xls 导入进来。LTA 过程的数值要求为 1~2 的整数，所以第2步将证候和性别编码中的 0 转化成 2。第3步对993例缺血性中风病住院患者(结果变量为第1、7、14、28 天四个时间点内风、内火、痰湿、血瘀、气虚和阴虚情况)进行潜在转移模型分析，潜在状态数为3。过程中的语句和选项含义同 tjfx11_1. sas。由于例 11-3 纳入了分组变量性别和协变量年龄，故增加 groups 语句，指定分类的分组变量；groupnames 语句为每一组命名；"covariates1"选项用于指定一个或多个协变量来预测时点1的潜在状态；measurement 语句调用时间点间和组间测量不变性。第4步按第一个时间点患者的后验概率的大小对受试对象进行分组。

【输出结果及解释】

数据和模型总结以及拟合统计量

(EM Algorithm with Logistic Regression)

Number of subjects in dataset：   993

Number of subjects in analysis：   993

以上是数据集中和要分析的受试对象的数量。

Number of measurement items per time：6

Response categories per item：   2 2 2 2 2 2

Number of occasions (times)：   4

Number of groups in the data：   2

Number of latent statuses：   3

以上是每个时间点项目的数量、每个项目的反应种类、时点数、组数和潜在状态数。

Logistic model for time 1：   multinomial

Number of covariates for time 1：   1

Reference status for time 1：   1

Rho starting values were randomly generated (seed = 592667).

Parameter restrictions：Rho (measurement) parameters were constrained to be equal across groups and time.

以上是时点1的 logistic 模型类型、协变量数量、参照状态，限定项目反应概率在组间相等。

The model converged in 604 iterations.

Maximum number of iterations：5000

Convergence method：maximum absolute deviation（MAD）

Convergence criterion： 0.000001000

==

Fit statistics：

==

Log-likelihood： -13817.54

由以上结果可见，拟合统计量中对数似然值为 -13817.54。

表 11-18 是第 1、7、14 和 28 天潜在状态数为 3 时缺血性中风病住院男性患者的潜在状态概率，表示各时间点每个潜在状态的可能性大小。例如，第 1 天的潜在状态概率值分别是 0.0884、0.8391 和 0.0724，潜在状态 2 的比重最大，其次是潜在状态 1，潜在状态 3 最小，概率和等于 1。概率值越大说明在潜在变量中的地位就越高，对外显变量（结果变量）的影响就越大。

表 11-18　男性组潜在状态概率

状　态	1	2	3
第 1 天	0.0884	0.8391	0.0724
第 7 天	0.2731	0.2186	0.5083
第 14 天	0.2936	0.1552	0.5513
第 28 天	0.3282	0.1573	0.5145

表 11-19 是第 1、7、14 和 28 天潜在状态数为 7 时缺血性中风病住院女性患者的潜在状态概率。例如，第 1 天的潜在状态概率值分别是 0.065、0.8508 和 0.0842，潜在状态 2 的比重最大，其次是潜在状态 3，潜在状态 1 最小，概率和等于 1。

表 11-19　女性组潜在状态概率

状　态	1	2	3
第 1 天	0.0650	0.8508	0.0842
第 7 天	0.2260	0.2145	0.5595
第 14 天	0.2632	0.1725	0.5642
第 28 天	0.2775	0.1949	0.5276

项目反应概率用于说明外显变量和潜在状态间的关系，概率值越大说明潜在变量对外显变量的影响就越大，它给出潜在状态解释和命名的依据。由表 11-20 可以看出，第 1 天时潜在状态 1 中外显变量都不是最大，因此，可以把潜在状态 1 命名为"无明显证候"组；潜在状态 2 中"内风"的概率值很大（95.05%），可以把潜在状态 2 称为"内风"组；潜在状态 3 中概率值最大的外显变量为"血瘀"，达到 95.2%，故可称为"血瘀"组。

表 11-20　项目反应概率（证候取值 =1 时）

项　目	状态 1	状态 2	状态 3
内风（第 1 天）	0.1715	0.9505	0.0636
内火（第 1 天）	0.4609	0.5997	0.4697
痰湿（第 1 天）	0.3730	0.6309	0.4724
血瘀（第 1 天）	0.0357	0.7952	0.9520
气虚（第 1 天）	0.3462	0.5268	0.3975
阴虚（第 1 天）	0.1920	0.2764	0.2318

基于第 1 天患者的最大后验概率将 993 例缺血性中风病患者分成三类的结果如下。

(1)潜在状态 1："无明显证候"组(46 人)；

(2)潜在状态 2："内风"组(854 人)；

(3)潜在状态 3："血瘀"组(93 人)。

以下是男性组转移概率情况。

表 11-21 为转移概率，是第 1 天时在一个潜在状态中的缺血性中风病男性患者在第 7 天时转至另一潜在状态的概率，通常以矩阵的方式排列。例如，第 1 天属于潜在状态 1 的男性受试对象在第 7 天 100.00% 还在潜在状态 1 中。转移概率矩阵的对角元素表示第 1 天潜在状态为 s 的男性患者在第 7 天时潜在状态仍为 s 的概率。

表 11-21　男性组第 1 天在第 i 个潜在状态的患者在第 7 天时转至第 j 个潜在状态的概率

第 1 天的潜在状态	第 1 天在第 i 个潜在状态的患者在第 7 天时转至第 j 个潜在状态的概率		
	第 7 天的潜在状态：	1	2	3
1		1.0000	0.0000	0.0000
2		0.2200	0.2605	0.5195
3		0.0000	0.0000	1.0000

表 11-22 为转移概率，是第 7 天时在一个潜在状态中的缺血性中风病男性患者在第 14 天时转至另一潜在状态的概率。例如，第 7 天属于潜在状态 1 的男性受试对象在第 14 天有 93.29% 还在潜在状态 1 中，6.71% 转至潜在状态 3。转移概率矩阵的对角元素表示第 7 天潜在状态为 s 的男性患者在第 14 天时潜在状态仍为 s 的概率。

表 11-22　男性组第 7 天在第 i 个潜在状态的患者在第 14 天时转至第 j 个潜在状态的概率

第 7 天的潜在状态	第 7 天在第 i 个潜在状态的患者在第 14 天时转至第 j 个潜在状态的概率		
	第 14 天的潜在状态：	1	2	3
1		0.9329	0.0000	0.0671
2		0.0414	0.7097	0.2489
3		0.0586	0.0000	0.9414

表 11-23 为转移概率，是第 14 天时在一个潜在状态中的缺血性中风病男性患者在第 28 天时转至另一潜在状态的概率。例如，第 14 天属于潜在状态 1 的男性受试对象在第 28 天有 84.01% 还在潜在状态 1 中，3.51% 转至潜在状态 2，12.48 % 转至潜在状态 3。转移概率矩阵的对角元素表示第 14 天潜在状态为 s 的男性患者在第 28 天时潜在状态仍为 s 的概率。

表 11-23　男性组第 14 天在第 i 个潜在状态的患者在第 28 天时转至第 j 个潜在状态的概率

第 14 天的潜在状态	第 14 天在第 i 个潜在状态的患者在第 28 天时转至第 j 个潜在状态的概率		
	第 28 天的潜在状态：	1	2	3
1		0.8401	0.0351	0.1248
2		0.0047	0.7519	0.2434
3		0.1466	0.0551	0.7983

以下是女性组转移概率情况。

表 11-24 为转移概率，是第 1 天时在一个潜在状态中的缺血性中风病女性患者在第 7 天时转至另一潜在状态的概率，通常以矩阵的方式排列。例如，第 1 天属于潜在状态 1 的女性受试对象在第 7 天有 100.00% 还在潜在状态 1 中。转移概率矩阵的对角元素表示第 1 天潜在状态为 s 的女性患者在第 7 天时潜在状态仍为 s 的概率。

表 11-24　女性组第 1 天在第 i 个潜在状态的患者在第 7 天时转至第 j 个潜在状态的概率

第 1 天的潜在状态	第 7 天在第 i 个潜在状态的患者在第 14 天时转至第 j 个潜在状态的概率		
	第 7 天的潜在状态： 1	2	3
1	1.0000	0.0000	0.0000
2	0.1893	0.2521	0.5587
3	0.0000	0.0000	1.0000

表 11-25 为转移概率，是第 7 天时在一个潜在状态中的缺血性中风病女性患者在第 14 天时转至另一潜在状态的概率，例如，第 7 天属于潜在状态 1 的女性受试对象在第 14 天有 91.83% 还在潜在状态 1 中，8.17% 转至潜在状态 3。转移概率矩阵的对角元素表示第 7 天潜在状态为 s 的女性患者在第 14 天时潜在状态仍为 s 的概率。

表 11-25　女性组第 7 天在第 i 个潜在状态的患者在第 14 天时转至第 j 个潜在状态的概率

第 7 天的潜在状态	第 7 天在第 i 个潜在状态的患者在第 14 天时转至第 j 个潜在状态的概率		
	第 14 天的潜在状态： 1	2	3
1	0.9183	0.0000	0.0817
2	0.0251	0.7425	0.2323
3	0.0899	0.0238	0.8863

表 11-26 为转移概率，是第 14 天时在一个潜在状态中的缺血性中风病女性患者在第 28 天时转至另一潜在状态的概率，例如，第 14 天属于潜在状态 1 的女性受试对象在第 28 天有 94.47% 还在潜在状态 1 中，0.92% 转至潜在状态 2，4.61% 转至潜在状态 3。转移概率矩阵的对角元素表示第 14 天潜在状态为 s 的女性患者在第 28 天时潜在状态仍为 s 的概率。

表 11-26　女性组第 14 天在第 i 个潜在状态的患者在第 28 天时转至第 j 个潜在状态的概率

第 14 天的潜在状态	第 14 天在第 i 个潜在状态的患者在第 28 天时转至第 j 个潜在状态的概率		
	第 28 天的潜在状态： 1	2	3
1	0.9447	0.0092	0.0461
2	0.0575	0.7504	0.1921
3	0.0335	0.1116	0.8549

表 11-27 和表 11-28 分别为男性组和女性组参数 β 估计值，表中的数据均以潜在状态 1 为参照，给出协变量年龄的 logistic 回归系数。

表 11-27　男性组参数 β 估计值

状　态	1	2	3
截距：	参照	2.6660	1.2078
年龄：		-0.0061	-0.0208

表 11-28　女性组参数 β 估计值

状　态	1	2	3
截距：	参照	0.9312	-0.2480
年龄：		0.0261	0.0082

表 11-29 给出男性组以潜在状态 1 为参照时, 潜在状态 2 和 3 的年龄的 OR 值。

表 11-30 给出女性组以潜在状态 1 为参照时, 潜在状态 2 和 3 的年龄的 OR 值。

表 11-29 男性组 OR 估计值				表 11-30 女性组 OR 估计值		
状　态	1	2	3	状　态	1	2	3
截距(odds):	参照	14.3818	3.3462	截距(odds):	参照	2.5374	0.7804
年龄:		0.9939	0.9794	年龄:		1.0264	1.0082

显著性检验

时点 1 协变量参数 β 检验(Type Ⅲ): 基于 $2 \times$ 对数似然

Covariate	Exclusion LL	Change in 2 * LL	deg freedom	p – Value
年龄	– 13819.2819	3.4774	4	0.4813

以上是协变量年龄的 logistic 回归系数的检验结果, $P = 0.4813$, 大于 0.05, 说明年龄对结果的影响没有统计学意义。

聚类后各组患者各证候随时间的变化趋势及比较从略。

11.5　潜在转移模型分析基本概念

阶段连续发展过程在行为学和生物医学中扮演重要角色, 可以用于找到施加干预的最佳时机。潜在类别分析是基于受试对象对一组分类变量的反应来确定受试对象潜在组别的一种统计分析方法, 是一种在单个时间点建模的方法, 潜在变量是静态的。潜在转移模型分析(Latent Transition Analysis, LTA)将此构架扩展到纵向数据(每个个体在两个或两个以上时间点被重复测量), 是一个潜在 Markov 模型, 其潜在变量是动态的。它允许潜在类别概率随时间变化, 是一个用于度量阶段连续动态潜在变量并且估计和检验阶段连续模型的潜在类别过程。在这个模型中, 变化被两个相邻时间点间转移概率的矩阵量化。

在潜在类别分析中, 我们使用"潜在类别"表示不随时间改变的受试对象的亚组。为了区分 LCA 和 LTA, 在 LTA 中, 潜在类别被称为潜在状态(latent statuses), 表示随时间改变的受试对象的亚组。潜在转移模型分析所需的样本含量最好在 300 以上。LTA 的许多扩展使它成为非常通用的分析过程, 最常用的两个分别是多组别 LTA 和含协变量的 LTA。

数据分析通过 SAS 9.2 完成。PROC LTA 是一个用于潜在转移模型分析的新的 SAS 过程, 可用于拟合多种潜在转移模型。它和 PROC LCA 一样, 是适用于 SAS 9.1 及以上版本的外挂程序, 使用方便, 安装软件可以在 http://methodology.psu.edu 免费下载, 安装后从 SAS 中直接调用。这个过程以与 PROC LCA 同样的方式处理外显变量(结果变量)存在缺失的数据。

11.6　潜在转移模型分析原理概述

11.6.1　基本模型

基本的 LTA 的数学表达见式(11-1), 它是潜在转移模型的基础。

假定 $j = 1, \cdots, J$ 个外显变量在 $t = 1, \cdots, T$ 个时间点被重复测量, 外显变量 j 有 $r_{j, t} = 1, \cdots,$ $R_{j, t}$ 个水平。通常假定不同时点外显变量水平数是一样多的, 即对于所有 j, $R_{j, 1} = R_{j, 2} = \cdots =$

$R_{j,T} = R_j$。建立指示函数 $I(y_{j,t} = r_{j,t})$，当在时点 t 变量 $j = r_j$ 时，其值等于 1，否则为 0。模型如下：

$$P(Y = y) = \sum_{s_1=1}^{S} \cdots \sum_{s_T=1}^{S} \delta_{s_1} \tau_{s_2|s_1} \cdots \tau_{s_T|s_{T-1}} \prod_{t=1}^{T} \prod_{j=1}^{J} \prod_{r_{j,t}=1}^{R_j} \rho_{t,j,r_{j,t}|s_t}^{I(y_{j,t}=r_{j,t})} \qquad (11\text{-}1)$$

式中，δ_{s_1} 表示时点 1 时成员在潜在状态 s_1 中的概率；$\tau_{s_2|s_1}$ 表示时点 1 潜在状态为 s_1 的成员在时点 2 时转至潜在状态 s_2 的概率；$\rho_{t,j,r_{j,t}|s_t}$ 表示时点 t 潜在状态为 s_t 的成员在时点 t 时外显变量 j 的观测结果为 $r_{j,t}$ 的概率。

如果只有两个时点，式(11-1)可以简化为

$$P(Y = y) = \sum_{s_1=1}^{S} \sum_{s_2=1}^{S} \delta_{s_1} \tau_{s_2|s_1} \prod_{t=1}^{2} \prod_{j=1}^{J} \prod_{r_{j,t}=1}^{R_j} \rho_{t,j,r_{j,t}|s_t}^{I(y_{j,t}=r_{j,t})} \qquad (11\text{-}2)$$

LTA 中的自由度以与 LCA 中一样的方式计算，即自由度等于多因素表格的全部单元格数量减去参数的数量再减 1。若列联表总单元格的数量是 W，那么有

$$df = W - P_\delta - P_\rho - P_\tau - 1$$

其中，P_δ 表示潜在状态概率参数数量；P_ρ 表示项目反应概率参数数量；P_τ 表示转移概率参数数量。

11.6.2　模型参数

LTA 涉及三类不同参数，其中两类与 LCA 中的一样。

1. 潜在状态概率(latent status prevalences)

LTA 中的潜在状态概率与 LCA 中潜在类别概率本质上扮演相同的角色。潜在类别概率和潜在状态概率主要的不同是后者有每个时点潜在状态概率的向量。潜在状态概率用希腊字母 δ 表示，说明每个时间点潜在状态的大小。δ_{s_t} 表示时点 t 成员在潜在状态 s_t 中的概率。

在时点 t 内，潜在状态概率总和为 1，即

$$\sum_{s_t=1}^{S} \delta_{s_t} = 1$$

2. 项目反应概率(item-response probabilities)

项目反应概率在 LTA 和 LCA 中扮演同样的角色，区别是 LTA 中每个时点对应一组项目反应概率。在 LCA 和 LTA 中项目反应概率都用希腊字母 ρ 表示，说明外显变量和潜在状态间的相关。$\rho_{t,j,r_{j,t}|s_t}$ 表示时点 t 潜在状态为 s_t 的成员在时点 t 时外显变量 j 的观测结果为 $r_{j,t}$ 的概率。和因子分析中因子载荷连接外显变量与潜在变量一样，它给出潜在状态解释和命名的依据。

在时点 t 时每个个体的外显变量 j 仅有一个观测结果，即对于在时点 t 潜在状态为 s_t 的个体，外显变量 j 的各观测结果的概率总和为 1，即

$$\sum_{r_{j,t}=1}^{R_j} \rho_{t,j,r_{j,t}|s_t} = 1$$

3. 转移概率(transition probabilities)

在 LTA 中估计的第三类参数是转移概率，这是 LCA 中所没有的。用希腊字母 τ 表示，说明时点 t 在一个潜在状态中的成员在时点 $t+1$ 时转至另一潜在状态的概率，这通常是我们最

感兴趣的。转移概率通常以矩阵的方式排列，$\tau_{s_{t+1}|s_t}$ 表示时点 t 潜在状态为 s_t 的成员在时点 $t+1$ 时转至潜在状态 s_{t+1} 的概率。共有 $T-1$ 个转移概率矩阵。转移概率矩阵的对角元素表示时点 t 潜在状态为 s 的个体在时点 $t+1$ 潜在状态为 s 的概率。

τ 通常以下面的转移概率矩阵排列：

$$\begin{pmatrix} \tau_{1_{t+1}|1_t} & \tau_{2_{t+1}|1_t} & \cdots & \tau_{s_{t+1}|1_t} \\ \tau_{1_{t+1}|2_t} & \tau_{2_{t+1}|2_t} & \cdots & \tau_{s_{t+1}|2_t} \\ \cdots & \cdots & \cdots & \cdots \\ \tau_{1_{t+1}|s_t} & \tau_{2_{t+1}|s_t} & \cdots & \tau_{s_{t+1}|s_t} \end{pmatrix}$$

时点 t 潜在状态为 s_t 的个体，在时点 $t+1$ 时每个个体仅在一个潜在状态 s_{t+1} 中（s_{t+1} 表示与 s_t 相同的潜在状态或不同的潜在状态）。在每个时点每个个体属于一个且仅属于一个潜在状态，即转移概率矩阵的每一行总和为 1，即

$$\sum_{s_{t+1}=1}^{S} \tau_{s_{t+1}|s_t} = 1$$

当含有一个或多个协变量时，还会估计两组 β 参数：

（1）一组 β 参数为时点 1 预测潜在状态成员协变量的 logistic 回归系数；

（2）另一组 β 参数为预测随时间转移协变量的 logistic 回归系数。

当含有协变量时，只估计参数 ρ 和参数 β，参数 δ 和参数 τ 作为参数 β 和协变量的函数被计算；当含有分组变量时，所有参数集 $(\delta, \tau, \rho, \beta)$ 受到组别制约。

11.6.3 模型估计

与 LCA 一样，LTA 的最大似然参数估计使用 EM 算法联合 Newton-Raphson 算法的方法来估计，兼具两种算法的优点。先使用 EM 算法迭代至达到收敛标准或达到指定的最大迭代数，之后再转用 Newton-Raphson 算法。

在一些 LTA 模型中，若数据提供的信息量相对于被估计的参数数量较小时，最佳解很难被识别。当模型复杂时（如有较多潜在状态、组别或协变量），需要从数据中获得更多信息。在其他条件相同的情况下，样本量较小的数据提供的信息也较少，会引起最大似然估计困难，常常出现识别问题。模型的识别可通过使用大量初始值来对数据拟合模型来评定。

LTA 和 LCA 以同样的方式进行参数限定来简化模型，有助于模型识别。参数限定包括等值限定和定值限定。定值限定是假定参数为特定值，在估计开始前它的值被指定在 0~1 范围内，此参数不被估计。等值限定是将模型中多个参数设定相等，范围在 0~1 之间。LTA 可以对潜在状态概率、项目反应概率和转移概率进行限定。限定转移概率在检验模型随时间的变化中特别有用。例如，当 $T \geq 3$ 时，限定 $\tau_{s_2|s_1} = \tau_{s_3|s_2} \cdots = \cdots \tau_{s_t|s_{t-1}}$，之后比较限定模型和未限定模型的拟合。组间测量不变性通过限定参数 ρ 在组间相等来评定。同样地，时间的测量不变性通过比较每个时点项目反应概率被自由估计的模型和限定两个时点项目反应概率相等的模型来评定。参数限定越多，模型就越简单，但是与少量限定的模型相比，它对数据拟合得不太好。

潜在转移模型和潜在类别模型一样，都依赖局部独立假定，即假定在潜在状态内观测变量是相互独立的。LTA 同样使用 Bayes 定理获得后验概率估计值（在 SAS 中，可以通过 PROC LTA 过程的"OUTPOST"选项指定文件名，将后验概率保存至 SAS 数据文件中），之后根据每个受试对象的最高的后验概率将受试对象分组。

11.6.4　模型评价

不同潜在状态数的 LTA 模型可以使用一些统计量和准则进行比较,包括似然比 χ^2 统计量(G^2)、AIC 和 BIC。由于分类外显变量随时间被重复观测,大规格的列联表(列联表中单元格数量很多)在 LTA 中很普遍,列联表可能会出现空单元或单元计数较少的情况。这时, G^2 统计量不服从 χ^2 分布,传统假设检验几乎无效, P 值是不正确的。因此,我们主要依靠 AIC 和 BIC 进行模型选择,选择有最小 AIC 或 BIC 的模型。当然,和在 LCA 中一样,选择模型时还要考虑潜在状态的稳定性和解释性。若潜在状态增加,则潜在状态间的异质性降低,但会使模型简约性不好。当两个或多个潜在状态可以被同样解释时,我们考虑选择潜在状态数较少的模型。模型被选定后,下一步是对 LTA 中的潜在状态进行命名,潜在状态的名字要能很全面地表达所有结果的含义,要能刻画每个潜在状态,并且有助于区分潜在状态间的不同。

在 LTA 的模型选择中,可以在每个时间点先用 LCA 探索潜在类别结构,有时,通过在单个时点对数据拟合一系列不同数量潜在类别的潜在类别模型,可以获得时点内潜在类别和潜在类别如何随时点变化的信息,但不能作为潜在转移模型中潜在状态数量的最终答案。或者先使用 LTA 进行模型选择,然后在每个时点拟合 LCA 模型来证实 LTA 的结论。这些方法可使我们了解每个时间点的潜在状态并确保这些潜在状态出现在最终的 LTA 模型中。有时通过多个时点测量结果提供的信息能发现另外的潜在类别。例如,用一个测量时点的数据拟合的潜在类别模型其某一潜在状态概率非常低,不被作为潜在类别,但下一个时点它会很高,此潜在状态又变得很重要。此外,缺失数据有可能会影响特定时点潜在类别结构的有效性。所以对任意给定时点数据拟合潜在类别模型与对所有测量时点数据拟合潜在转移模型得到的结论有可能是不一致的。LTA 的模型选择主要基于使用来自所有测量时点的数据得到的结论。

11.7　本章小结

潜在转移模型分析很好地解决了结果变量为证候数据的重复测量设计多元定性资料的受试对象的聚类问题(即基于重复测量设计的多元定性资料对样品进行聚类分析)。本章给出了潜在转移模型分析所用数据结构、对数据结构的分析及用到的软件和过程,概括地介绍了与潜在转移模型分析有关的一些基本概念和有关内容,阐述了潜在类别分析的基本原理,通过实例详细介绍了用 SAS 软件实现潜在类别分析的具体方法和结果解释。

参 考 文 献

[1] Lanza ST, Bary BC. Transitions in drug use among high – risk women:an application of latent class and latent transition analysis[J]. Adv Appl Stat Sci, 2010, 3(2):203-235.

[2] Chung H, Lanza ST, Loken E. Latent transition analysis:inference and estimation[J]. Statistics in Medicine, 2008, 27(11):1834-1854.

[3] Lanza ST, Patrick ME, Maggs JL. Latent transition analysis:benefits of a latent variable approach to modeling transitions in substance use[J]. J Drug Issues, 2010, 40(1):93-120.

［4］Lanza ST, Collins LM. A new SAS procedure for latent transition analysis: transitions in dating and sexual risk behavior［J］. Developmental Psychology, 2008, 44(2):446-456.

［5］Roberts TJ, Ward SE. Using latent transition analysis in nursing research to explore change over time［J］. Nurs Res, 2011, 60(1):73-79.

［6］Connell A, Bullock BM, Dishion TJ, et al. Family intervention effects on co-occurring early childhood behavioral and emotional problems: a latent transition analysis approach［J］. J Abnorm Child Psychol, 2008, 36(8): 1211-1225.

［7］Lanza ST, Dziak JJ, Huang L, et al(2011). PROC LCA & PROC LTA User's Guide(Version 1.2.7). University Park: The Methodology Center, Penn State. Retrieved from http://methodology. psu. edu.

附录 A 中风病证候要素评价量表备选条目

内风 15

近 48 小时内病情加重或波动
- ☐ 否；(0)
- ☐ 是。(1)

目偏不瞬
- ☐ 无；(0)
- ☐ 有。(1)

目珠游动
- ☐ 无；(0)
- ☐ 有。(1)

瞳神异常(瞳孔缩小、散大或不等)
- ☐ 无；(0)
- ☐ 有。(1)

口噤
- ☐ 无；(0)
- ☐ 有。(1)

项强
- ☐ 无；(0)
- ☐ 有。(1)

手足或下颌颤动
- ☐ 无；(0)
- ☐ 有。(1)

抽搐
- ☐ 无；(0)
- ☐ 有。(1)

肢体僵硬状态
- ☐ 无；(0)
- ☐ 肢体略僵硬；(1)
- ☐ 肢体强硬，但能被动伸展；(2)
- ☐ 肢体拘急，难以被动伸展。(3)

步履不稳(共济失调)
- ☐ 无；(0)
- ☐ 轻度不稳可自行行走；(1)
- ☐ 倚靠辅助工具可行走；(2)
- ☐ 倚靠辅助工具无法行走。(3)

头晕
- ☐ 无；(0)
- ☐ 偶尔出现，但不影响日常生活；(1)
- ☐ 经常出现，影响日常生活，尚可忍受；(2)
- ☐ 频繁出现，甚则摔倒，严重影响日常生活，难以忍受。(3)

目眩
- ☐ 无；(0)
- ☐ 偶尔出现，但不影响日常生活；(1)
- ☐ 经常出现，影响日常生活，尚可忍受；(2)
- ☐ 频繁出现，甚则摔倒，严重影响日常生活，难以忍受。(3)

舌短缩
- ☐ 无；(0)
- ☐ 有。(1)

舌颤
- ☐ 无；(0)
- ☐ 有。(1)

弦脉
- ☐ 否；(0)
- ☐ 是。(1)

内火 25

躁扰不宁
- ☐ 无；(0)
- ☐ 有。(1)

面红或目赤
- ☐ 无；(0)
- ☐ 面红或目赤(1)

☐ 面红目赤(2)

口唇深红

☐ 无；(0)

☐ 有。(1)

呼吸气粗

☐ 无；(0)

☐ 有。(1)

谵语

☐ 无；(0)

☐ 有。(1)

心烦

☐ 无；(0)

☐ 心情烦躁；(1)

☐ 心烦易怒。(2)

口臭

☐ 无；(0)

☐ 口气臭秽，仅靠近时可闻；(1)

☐ 口臭较重，较易闻到；(2)

☐ 口气臭秽极重，远处可闻及。(3)

发热

☐ 无；(0)

☐ 有。(1)

口干

☐ 无；(0)

☐ 口舌干燥；(1)

☐ 口干欲饮；(2)

☐ 口干喜饮。(3)

渴喜冷饮

☐ 无；(0)

☐ 有。(1)

口苦

☐ 无；(0)

☐ 有。(1)

头胀痛

☐ 无；(0)

☐ 轻微头胀痛；(1)

☐ 头胀痛但可忍受；(2)

☐ 头胀痛难以忍受。(3)

黄痰

☐ 无；(0)

☐ 有。(1)

腹胀

☐ 无；(0)

☐ 有。(1)

呃逆

☐ 无；(0)

☐ 偶发，一日不过三四次，瞬间即平；(1)

☐ 较频，每日五至一二十次，或持续
　时间较长；(2)

☐ 呃逆频繁，每小时发多次，甚至整
　天发作。(3)

便干便秘

☐ 无；(0)

☐ 便质略干，每日1次；(1)

☐ 便干，排便费力；或3日未解；(2)

☐ 便干，呈球状；或5日以上未解。(3)

小便黄赤

☐ 无；(0)

☐ 有。(1)

芒刺舌

☐ 无；(0)

☐ 有。(1)

舌红

☐ 无；(0)

☐ 舌边尖红；(1)

☐ 舌红；(2)

☐ 舌红绛。(3)

舌干

☐ 无；(0)

☐ 舌干少津；(1)

☐ 舌干裂。(2)

黄苔

☐ 无；(0)

☐ 舌苔薄黄；(1)

☐ 舌苔黄厚；(2)

☐ 舌苔焦黄。(3)

燥苔

☐ 无；(0)

☐ 舌苔少津；(1)

☐ 舌苔干燥；(2)

□ 舌苔燥裂。(3)

数脉

□ 否；(0)

□ 是。(1)

疾脉

□ 否；(0)

□ 是。(1)

滑脉

□ 否；(0)

□ 是。(1)

痰湿 16

神情呆滞

□ 无；(0)

□ 有。(1)

但欲寐

□ 无；(0)

□ 困倦思睡；(1)

□ 时时欲睡；(2)

□ 不能控制的睡意。(3)

头昏

□ 无；(0)

□ 偶尔出现，但不影响日常生活；(1)

□ 经常出现，影响日常生活，尚可忍受；(2)

□ 频繁或持续出现，甚则摔倒，严重影响日常生活，难以忍受。(3)

头部闷重

□ 无；(0)

□ 头部闷沉感；(1)

□ 头重如裹；(2)

□ 头目沉重不欲举。(3)

肢体沉重

□ 无；(0)

□ 有。(1)

痰量

□ 无；(0)

□ 偶有咯痰；(1)

□ 咯痰较多；(2)

□ 痰涎壅盛，喉中痰鸣。(3)

流涎

□ 无；(0)

□ 偶见流涎，涎量不多；(1)

□ 时见流涎，涎量较多；(2)

□ 流涎不止，涎量甚多。(3)

纳呆

□ 无；(0)

□ 食欲较平时差，进食量无明显变化；(1)

□ 不欲进食，进食量明显下降；(2)

□ 厌食，进食极少或不进食。(3)

口黏腻

□ 无；(0)

□ 有。(1)

恶心呕吐

□ 无；(0)

□ 有。(1)

大便不成形

□ 无；(0)

□ 便初硬后软；(1)

□ 便溏；(2)

□ 水泻。(3)

胖大舌或齿痕舌

□ 无；(0)

□ 舌体略胖大；(1)

□ 舌体胖大，边有齿痕；(2)

□ 伸舌满口，齿痕多而深。(3)

厚苔

□ 否；(0)

□ 是。(1)

滑苔

□ 否；(0)

□ 是。(1)

腻苔

□ 否；(0)

□ 是。(1)

滑脉

□ 否；(0)

□ 是。(1)

血瘀 10

面色晦暗

☐　无；（0）

☐　面色略暗，有光泽；（1）

☐　面色晦暗，无光泽。（2）

口唇色暗

☐　无；（0）

☐　口唇淡暗；（1）

☐　口唇紫暗；（2）

☐　口唇紫黑。（3）

肌肤润泽状况

☐　肌肤润泽如常；（0）

☐　皮肤少泽；（1）

☐　皮肤粗糙；（2）

☐　肌肤甲错。（3）

头刺痛

☐　无；（0）

☐　程度轻微，不影响日常生活；（1）

☐　头痛如针刺，影响日常生活，但尚
可忍受；（2）

☐　头痛如锥刺，难以忍受。（3）

痛有定处

☐　无；（0）

☐　有。（1）

肌肤不仁

☐　无；（0）

☐　略感麻木，触物感无明显影响；（1）

☐　麻木较明显，触物如有隔物；（2）

☐　麻木严重，冷热不知。（3）

舌质暗

☐　无；（0）

☐　舌暗；（1）

☐　舌有瘀点或瘀斑。（2）

舌下脉络

☐　无青紫及曲张；（0）

☐　舌下脉络青紫；（1）

☐　舌下脉络青紫迂曲。（2）

涩脉

☐　否；（0）

☐　是。（1）

结脉或代脉

☐　否；（0）

☐　是。（1）

气虚 18

神疲

☐　无；（0）

☐　精神欠佳；（1）

☐　精神萎靡。（2）

乏力

☐　无；（0）

☐　日常活动后乏力；（1）

☐　轻微活动后乏力；（2）

☐　安静状态下乏力。（3）

面色白

☐　无；（0）

☐　面色淡；（1）

☐　面色白而无华；（2）

☐　面色白而虚浮。（3）

口张

☐　无；（0）

☐　有。（1）

呼吸微弱

☐　无；（0）

☐　有。（1）

语声低微

☐　无；（0）

☐　语声低微，床边可闻及；（1）

☐　语声低微，需仔细辨听；（2）

☐　语声低微，难以辨听。（3）

气短

☐　无；（0）

☐　日常活动后气短；（1）

☐　轻微活动后气短；（2）

☐　安静状态下气短。（3）

手或足肿胀

☐　无；（0）

☐　手或足略浮肿，按之略陷；（1）

☐　手或足浮肿明显，皮肤薄而有光，

按之可陷；（2）

□ 手或足浮肿明显，皮肤薄，紧绷发亮，按之深陷。（3）

肢体松懈瘫软

□ 无；（0）

□ 有。（1）

肢体发凉

□ 无；（0）

□ 肢凉不过手足，程度较轻；（1）

□ 肢凉过手足，不过肘膝；（2）

□ 肢凉过肘膝，程度重。（3）

心悸

□ 无；（0）

□ 日常活动时心悸；（1）

□ 轻微活动时心悸；（2）

□ 安静时即感心悸。（3）

自汗

□ 无；（0）

□ 稍动则汗出；（1）

□ 安静时汗出；（2）

□ 汗出不止。（3）

大便或小便失禁

□ 无；（0）

□ 偶有失禁；（1）

□ 经常失禁；（2）

□ 不能自控或留置导尿。（3）

大便不成形

□ 无；（0）

□ 便初硬后软；（1）

□ 便溏；（2）

□ 水泻。（3）

胖大舌或齿痕舌

□ 无；（0）

□ 舌体略胖大；（1）

□ 舌体胖大，边有齿痕；（2）

□ 伸舌满口，齿痕多而深。（3）

缓脉或弱脉

□ 否；（0）

□ 是。（1）

沉脉

□ 否；（0）

□ 是。（1）

细脉

□ 无；（0）

□ 是。（1）

阴虚 13

两颧潮红

□ 无；（0）

□ 有。（1）

心烦

□ 无；（0）

□ 心情烦躁；（1）

□ 心烦易怒。（2）

手足心热

□ 无；（0）

□ 有。（1）

盗汗

□ 无；（0）

□ 偶有盗汗，以头部汗出为主；（1）

□ 经常盗汗，胸背潮湿；（2）

□ 盗汗不止，常湿透衣被，周身潮湿如水洗。（3）

耳鸣

□ 无；（0）

□ 偶尔出现，不影响日常生活；（1）

□ 经常出现，影响日常生活，尚可忍受；（2）

□ 持续存在，严重影响日常生活，难以忍受。（3）

腰膝酸软

□ 无；（0）

□ 劳累后腰膝发酸，日常活动偶尔出现；（1）

□ 日常活动中经常腰膝酸软；（2）

□ 腰酸欲折，膝软站立困难。（3）

便干便秘

□ 无；（0）

□ 便质略干，每日1次；（1）

□ 便干，排便费力，或3日未解；（2）

☐ 便干，呈球状；或 5 日以上未解。(3)

不寐

☐ 无；(0)

☐ 入寐较难，或寐后易醒，每夜睡眠
　　四五小时；(1)

☐ 夜难入寐，或寐后易醒，每夜睡眠
　　两三小时；(2)

☐ 通宵不寐，每夜睡眠不到 1 小时。(3)

舌干

☐ 无；(0)

☐ 舌干少津；(1)

☐ 舌干裂。(2)

少苔

☐ 无；(0)

☐ 少苔；(1)

☐ 剥脱苔；(2)

☐ 镜面舌，无苔。(3)

弦脉

☐ 否；(0)

☐ 是。(1)

细脉

☐ 无；(0)

☐ 是。(1)

数脉

☐ 否；(0)

☐ 是。(1)

附录 B 胡良平统计学专著及配套软件简介

1.《医学统计学与 SAS 应用技巧》简介

胡良平，周士波主编.北京：中国科学技术出版社，15.67 万字，1991（定价：4.20 元）。本书基于 DOS 版 SAS 6.03 软件，介绍了 SAS 应用入门、医学试验设计、常用统计分析、多元统计分析和 VAX SAS 应用入门。

2.《医学统计应用错误的诊断与释疑》简介

胡良平主编.北京：军事医学科学出版社，17.8 万字，1999（定价：12.00 元）。本书针对医学科研和医学期刊中常犯的统计学错误，讲解如何识别错误，如何正确选用统计分析方法。

3.《医学统计学内容概要、考题精选与考题详解》简介

胡良平编著.北京：军事医学科学出版社，37 万字，2000（定价：22.00 元）。本书简明扼要地概述了医学统计学的主要内容，精选出 20 套适合检查统计学应用水平的考题，并附有详细的解答。

4.《现代统计学与 SAS 应用》简介

胡良平主编.北京：军事医学科学出版社，1996，2000，2002（定价：40.00 元）。本书详细地介绍了各种常用和多元统计分析方法，并给出了手工计算和用 6.04 版 SAS 软件实现统计计算的方法和结果的解释。

5.《Windows SAS 6.12 & 8.0 实用统计分析教程》简介

胡良平编著.北京：军事医学科学出版社，96.9 万字，2001（定价：52.00 元）。本书不仅介绍了各种常用和多元统计分析方法，还着重介绍了 Windows SAS 6.12 & 8.0 的使用方法（含编程法和非编程法），详细介绍了辨析多因素设计类型的技巧和用 SAS 实现实验设计的方法。

6.《医学统计学基础与典型错误辨析》简介

胡良平，李子建主编.北京：军事医学科学出版社，60.4 万字，2003（定价：36.00 元）。本书详细地介绍了学习统计学的策略、所必需的基本知识、常用的描述性统计分析方法和假设检验方法。

7.《检验医学科研设计与统计分析》简介

胡良平主编.北京：人民军医出版社，64 万字，2004（定价：65.00 元）。本书紧紧围绕实验设计的三要素和四原则、分析定量资料和定性资料的要领、诊断性试验和一致性检验中的统计分析方法等重要内容，从正反两方面详细阐述了学习和灵活运用这些知识的方法和技术。

8.《医学统计实用手册》简介

胡良平主编.北京：人民卫生出版社，48.5 万字，2004（定价：30.00 元）。鉴于目前医学科研和医学期刊中存在大量误用和滥用统计学的现象，本书通过分析这些现象产生的根源和实质，有针对性地提出了解决这些问题的对策。

9.《统计学三型理论在实验设计中的应用》简介

胡良平主编.北京：人民军医出版社，50.1 万字，2006（定价：45.00 元）。本书针对"许多人学了多遍统计学仍不得要领，几乎是一用就错"的普遍现象，提出了彻底解决的对策，其精髓就是"统计学三型理论（简称'三型理论'）"，即统计学问题基本上都可归结为"表现型"、"原型"和"标准型"，准确把握每个具体问题中的"三型"，将能科学合理地解决科研工作中与统计学有关的实际问题。事实上，统计学中的全部内容皆可运用"三型理论"来解说，但本书仅关注"科研设计"，特别是"实验设计"方面的问题。

10.《医学统计实战练习》简介

胡良平主编.北京：军事医学科学出版社，83.4 万字，2007（定价：66.00 元）。本书收录笔者 21 年来从事统计教学、科研、咨询和培训工作中积累的各种考试真题以及根据审稿的稿件和公开发表的论文中提取的资料改编而成的新题，总共约有 1000 余道，并给出了每道题的详细解答。

11.《口腔医学科研设计与统计分析》简介

胡良平主编.北京：人民军医出版社，54 万字，2007（定价：65.00 元）。

书中给出了取自口腔医学科研设计和统计分析的大量实例，运用"统计学三型理论"辨析"实验设计、统计描述和统计分析"中出现的错误，在给出正确做法的同时，还给出了带有原始数据的各种实例，用 SAS 软件演示统计分析的全过程和部分手工计算过程。还给出了估计样本含量的公式、实例和用 SAS 实现计算的方法。

12.《统计学三型理论在统计表达与描述中的应用》简介

胡良平主编.北京：人民军医出版社，55.3 万字，2008（定价：80.00 元）。本书运用统计学三型理论，透过各种具体的统计表达和描述方面问题的"表现型"，揭示其"原型"，进而将"原型"正确地转变为"标准型"，使统计表达与描述方面的问题尽可能得到圆满解决。

13.《科研课题的研究设计与统计分析（第一集）》简介

胡良平主编.北京：军事医学科学出版社，72.5 万字，2008（定价：55.00 元）。本书取材于我国 2006 年 500 多种生物医学期刊中影响因子较高的 23 种期刊，查阅这些期刊中近 3000篇论著，从中挑选出具有广泛代表性的论著约 300 篇，主要从统计研究设计和统计分析方法选用两个方面，剖析了论著中存在的统计学问题，从而提示我国生物医学科研工作的质量需要进一步提高。

14.《医学统计学——运用三型理论分析定量与定性资料》简介

胡良平主编.北京：人民军医出版社，72.3 万字，2009（定价：115.00 元）。本书在统计学思想指导下，运用统计学三型理论，透过各种具体科研问题所呈现的"表现型"，揭示其"原型"，进而将"原型"正确地转变为"标准型"，全面系统地介绍了各种实验设计类型下收集的定量与定性资料的假设检验方法以及用 SAS 软件实现统计计算和结果解释。除常用的定量与定性资料的统计分析外，还介绍了 META 分析方法和高维列联表资料的各种处理方法。

15.《科研课题的研究设计与统计分析（第二集）》简介

胡良平主编.北京：军事医学科学出版社，69.5 万字，2009（定价:56.00 元）。针对科研工作者所写出的学术论文和硕士与博士研究生所写出的学位论文在统计学方面存在很多问题的现实,本书全面介绍了撰写高质量的论文所必需掌握的科研设计知识、统计分析知识和国际著名统计分析系统(SAS 软件)使用知识,并针对生物医学科研领域中一些主干学科的特点,分析了约 15 个主干学科硕士和博士研究生学位论文中存在的统计学错误。从正反两个方面,揭示科研设计和统计分析的重要性,有利于提高科研工作者和研究生的科研素质、科研质量和论文的水平。

16.《医学统计学—运用三型理论进行多元统计分析》简介

胡良平主编. 北京:人民军医出版社,41 万字,2010(定价:70.00 元)。本书涵盖了现代多元统计分析方法中的绝大部分内容,运用三型理论为指导,对多元统计分析方法进行了科学的分类,有利于实际工作者学习和使用。其内容包括变量聚类分析、主成分分析和探索性因子分析、典型相关分析、结构方程模型分析、无序样品聚类分析和有序样品聚类分析、多维尺度分析、各种设计定量资料的多元方差分析和多元协方差分析、判别分析、对应分析及其 SAS 实现。

17.《心血管病科研设计与统计分析》简介

胡良平主编. 北京:人民军医出版社,47.5 万字,2010(定价:60.00 元)。本书内容分正反两个方面,正面讲述统计学中的主要内容,包括统计表达与描述、实验设计、定量与定性资料统计分析、简单相关回归分析和多重回归分析;围绕这些内容,又针对人们误用统计学的实际案例,对差错进行辨析与释疑。无论是正面还是反面内容,基本上都取材于与心血管疾病有关的我国数十种学术期刊中的科研论文。

18.《SAS 统计分析教程》简介

胡良平主编. 北京:电子工业出版社,106.5 万字,2010(定价:68.00 元)。本书内容丰富且新颖,实用面宽且可操作性强。涉及定量与定性资料差异性和预测性分析、变量间和样品间相互与依赖关系及近似程度分析、数据挖掘与基因表达谱分析、绘制统计图与实验设计、SAS 语言和 SAS 非编程模块用法。这些内容高质量高效率地解决了实验设计、统计表达与描述、各种常用和多元统计分析、现代回归分析和数据挖掘、SAS 语言基础和 SAS 实现及结果解释等人们迫切需要解决却又十分棘手的问题。

19.《SAS 实验设计与统计分析》简介

胡良平主编. 北京:人民卫生出版社,88.8 万字,2010(定价:72.00 元)。本书内容涉及面十分宽泛,由 SAS 软件基础、SAS 非编程模块介绍、SAS 编程法用法介绍、SAS 高级编程技术及其应用和 SAS 语言基础等 5 篇组成,涵盖了 SAS 软件及其语言的基础和高级用法,实验设计、统计表达与描述和统计分析的主要内容及 SAS 实现。

20.《医学统计学—运用三型理论进行现代回归分析》简介

胡良平主编. 北京:人民军医出版社,45.2 万字,2010(定价:75.00 元)。本书介绍了现代回归分析方法中的大部分内容,包括多重线性回归分析、岭回归分析、各种复杂曲线回归分析、主成分回归分析、Poisson 回归分析、Probit 回归分析、负二项回归分析、配对和非配对设计定性资料多重 logistic 回归分析、对数线性模型分析、生存分析和时间序列分析。

21.《医学遗传统计分析与 SAS 应用》简介

胡良平,郭晋主编. 北京:人民卫生出版社,41.3 万字,2011(定价:36.00 元)。本书结合实例，介绍了如何用 SAS 实现四大类遗传数据的统计分析方法，并介绍了简明遗传学的概念与原理、遗传资料统计分析的原理。

22.《正确实施科研设计与统计分析—统计学三型理论的应用与发展》简介

胡良平主编.北京：人民军医出版社，87.8 万字，2011（定价：139.00 元）。本书全面介绍了如何在三型理论指导下进行科研设计、统计表达与描述、常用统计分析、现代回归分析、多元统计分析和 SAS 实现方法。科研设计部分涵盖了概念、要点、设计类型等；统计表达与描述部分涵盖了统计表、统计图和概率分布等；常用统计分析部分涵盖了一元定量与定性资料的差异性分析；现代回归分析部分涵盖了包括多重线性回归分析、生存分析和时间序列分析等十余种现代回归分析方法；多元统计分析部分涵盖了包括变量聚类分析、判别分析和对应分析等十余种现代多元统计分析方法；以上各部分均涉及如何用 SAS 软件巧妙实现的技术和方法，并有配套软件 SASPAL 方便程序调用。

23.《中医药科研设计与统计分析》简介

胡良平，王琪主编.北京：人民卫生出版社，41.4 万字，2011（定价：36.00 元）。本书结合中医药领域中科研实例，不仅从正面介绍了试验设计、统计表达与描述、统计分析方法及 SAS 实现技术，还对实际工作者在运用前述内容过程中所犯的各种错误进行了辨析与释疑。

24.《临床科研设计与统计分析》简介

胡良平，陶丽新主编.北京：中国中医药出版社，70.7 万字，2012（定价：45.00 元）。本书主要对临床科研设计与统计分析问题进行阐述，同时还用较大篇幅揭示了临床科研课题和论文中的统计学错误，并给出了辨析与释疑。全书中的统计计算均用 SAS 软件实现。

25.《面向问题的统计学—(1) 科研设计与统计分析》简介

胡良平主编.北京：人民卫生出版社，119.1 万字，2012（定价：98.00 元）。本书分为 6 篇共 54 章，内容涉及消除学习统计学时的心理顾虑、统计思想、三型理论、科研设计、质量控制、表达与描述、单因素设计—元定量与定性资料统计分析、单组设计二元定量资料相关与回归分析和 SAS 语言基础与高级编程技术。

26.《面向问题的统计学—(2) 多因素设计与线性模型分析》简介

胡良平主编.北京：人民卫生出版社，97.5 万字，2012（定价：80.00 元）。本书分为 6 篇共 52 章，内容涉及多因素试验设计类型及其定量与定性资料的差异性分析和现代回归分析、判别分析、生存分析和时间序列分析；还介绍了多水平模型分析法和综合分析法。

27.《面向问题的统计学—(3) 试验设计与多元统计分析》简介

胡良平主编.北京：人民卫生出版社，85.2 万字，2012（定价：65.00 元）。本书分为 5 篇共 25 章，内容涉及三类典型的多元数据结构（单组设计多元定量资料、单因素多水平设计多元定量资料、相似或不相似度矩阵）的各种多元统计分析方法，其代表性方法有主成分分析、样品聚类分析、对应分析、多维尺度分析、多元方差和协方差分析。

28.《外科科研设计与统计分析》简介

胡良平，毛玮主编.北京：中国协和医科大学出版社，40 万字，2012（定价：38.00 元）。本书分为 3 篇，第 1 篇统计学内容概要，包括统计表达与描述、试验设计、定量与定性资料的统计分析、简单相关与回归分析、多重线性回归分析与多重 logistic 回归分析；第 2 篇外科科研中常见统计学错误辨析与释疑；第 3 篇医学统计学要览，以"问题引导"的形式提纲挈领地介绍了"科研设计要览"与"统计分析要览"。

29.《科研设计与统计分析》简介

胡良平主编. 北京：军事医学科学出版社，130.5 万字，2012（定价：98.00 元）。本书用 7 篇 31 章约 130 多万字的篇幅，概述了国内外迄今为止应该涵盖在统计学之中的绝大部分精彩内容：富含唯物辩证法精髓和心理学分析的统计思想、使统计思想具体化并具有可操作性的三型理论、灵活运用三型理论解决科研设计、统计表达与描述、各种简单与复杂统计分析、用国际著名统计分析系统 SAS 实现与前述全部内容有关的计算、结果解释和结论陈述。

30.《呼吸系统科研设计与统计分析》简介

胡良平，鲍晓蕾主编. 北京：军事医学科学出版社，53.8 万字，2013（定价：55.00 元）。本书以近几年出版的与呼吸科研相关杂志为主要的资料来源，在阐述统计学的基本理论、知识和技能的基础上，突出培养统计学思维方法、科研设计能力和应用统计分析方法的能力，以及计算机在处理临床科研资料中的正确应用技术。书中还用较大篇幅介绍了呼吸科研课题和论文中常见统计学错误案例的辨析与释疑、SAS 软件的基础知识和使用技巧。

31.《护理科研设计与统计分析》简介

胡良平，关雪主编. 北京：军事医学科学出版社，47.7 万字，2013（定价：50.00 元）。本书以近几年出版的护理科研相关杂志为主要的资料来源，在阐述统计学的基本理论、知识和技能的基础上，突出培养统计学思维方法、科研设计能力和应用统计分析方法的能力，以及计算机在处理护理科研资料中的正确应用技术。书中自始至终采用"识别错误"、"正确引导"和"归纳总结"的写作思路，把人们实施护理课题和撰写学术论文中常出现的错误呈现出来，并逐一对错差进行辨析与释疑；对案例所涉及的统计学基础知识进行系统梳理，从正面加以引导；对有关的统计理论和方法，从原理上进行归纳总结，以便实际工作者不仅知其然，还能知其所以然。

32.《脑血管病科研设计与统计分析》简介

胡良平，贾元杰主编. 北京：军事医学科学出版社，50.3 万字，2013（定价：58.00 元）。本书结合脑血管病临床科研实际，比较全面地介绍了从事临床科研工作所必需的思维方法、统计学基础理论和基本的统计分析技术，内容包括统计思想与三型理论在脑血管病科研中的应用、脑血管病科研基础——统计表达与描述、脑血管病科研设计、脑血管病试验设计、脑血管病临床试验设计、脑血管病调查设计、样本量估计与检验效能分析、常见多因素试验设计类型辨析、定量与定性资料统计分析、简单相关与回归分析、多重线性回归分析与多重 logistic 回归分析。

33.《临床试验设计与统计分析》简介

胡良平，陶丽新主编. 北京：军事医学科学出版社，54.7 万字，2013（定价：58.00 元）。本书结合临床科研和临床试验实际，首先介绍了临床前研究和临床研究的主要内容，不仅在内容的安排上达到了承上启下的效果，使读者很自然地进入临床试验的情境之中；而且在要点把握上也起到了言简意赅、纲举目张的作用，使读者能在尽可能短的时间内领悟和抓住临床试验的核心和要领。在此基础上，结合笔者在国家级新药评审中发现的诸多问题，揭示了新药或医疗器械临床试验研究中的陷阱和识别错误的策略；介绍了如何把握好临床试验研究中的三要素、四原则、设计类型和比较类型的概念、方法和技术要领。进而针对临床试验研究中使用频率最高的设计类型——成组设计，围绕四种比较类型、定量与定性资料、假设检验、样本量和检验效能估计等关键性问题，结合临床实例逐一进行介绍，并对同类问题进行了比较研究。

34.《非线性回归分析与 SAS 智能化实现》简介

胡良平，高辉主编．北京：电子工业出版社，51.5 万字，2013（定价：39.00 元）。本书概述了回归分析的概念、分类、简单直线、曲线回归分析和多重线性回归分析、复杂固定模式和非固定模式曲线回归分析、单水平和多水平多重曲线回归分析。每种回归分析方法，都介绍了分析目的、数据结构（问题与数据）、切入点（分析与解答）、统计模型（计算原理）、分析步骤（含 SAS 实现）。在固定模式单水平非线性回归分析中，涉及的统计模型有二项型和三项型指数曲线模型、Logistic 和 Gompertz 和 Richards 生长曲线模型、Bleasdale- Nelder 和 Halliday 和 Farazdaghi- Harris 产量-密度曲线模型；在非固定模式单和多水平多重非线性回归分析中，涉及的统计模型有：二值结果变量定性资料单和多水平 logistic 和 probit 和互补双对数回归模型；多值有序结果变量定性资料单和多水平累积 logistic 和 probit 和互补双对数回归模型；多值名义结果变量定性资料单和多水平扩展 logistic 回归模型和计数资料单和多水平 Poisson 和负二项回归模型。在上述各种情况下，还给出了同类问题的比较研究和 SAS 智能化实现及结果解释。

35.《课题设计与数据分析—关键技术与标准模板》简介

胡良平主编.北京：军事医学科学出版社，48.5 万字，2014（定价：48.00 元）。本书以"如何做好科研课题"为出发点和落脚点，开门见山，直奔主题，第 1 章从正反两种不同的视角，全面介绍了课题设计的基本概念、关键技术、具体做法和常见错误的辨析与释疑；第 2 章介绍了智源临床研究执行平台，它是一个智能化很高的数据管理和数据分析软件平台，它集数据网络平台录入、随机分组、逻辑核查、与国际著名统计分析软件 SAS 实现无缝对接等功能于一身；第 3 章和第 4 章介绍了临床试验研究中不可缺少的两个关键技术，即样本含量估计和随机化的 SAS 实现；第 5 章介绍了临床试验数据管理的标准操作规程、质量控制、具体流程和建立数据库的多款软件；第 6 ~ 9 章介绍了与高质量完成科研课题密切有关的第二部分内容，即对资料的统计表达描述和各种统计分析。与众不同的是，书中所介绍的统计分析方法几乎都可采用 SAS 智能化实现，免去了使用者在分析过程中很多不必要的担心和麻烦。

36.《SAS 语言基础与高级编程技术》介绍

胡良平，胡纯严主编．北京：电子工业出版社，73.3 万字，2014（定价：59.00 元）。本书全面系统地介绍了国际著名的统计分析系统 SAS 软件的主要内容，包括 SAS 语言基础、SAS 高级编程技术、SAS 9.2 和 9.3 版的新增内容及用法简介、用 SAS 实现试验设计及处理病态数据的两个过程简介，其中前两部分是本书的重点。SAS 语言基础部分涵盖了如下内容：SAS 软件介绍、导入访问外部数据、基本 SAS 语言及其应用、常用 SAS 函数及其应用；而 SAS 高级编程技术部分包括如下内容：宏及其应用、SQL 及其应用、ODS 及其应用、数组（ARRAY）及其应用、IML 及其应用和如何掌握 SAS 语言的核心技术。书中还介绍了 SAS 9.2 和 9.3 版中一些新增过程和新增选项以及部分实用新过程的使用方法和技巧。

37.《医学综合统计设计与数据分析》介绍

胡良平，赵铁牛，李长平主编．北京：电子工业出版社，59.8 万字，2014（定价：45.00 元）。

本书作者查阅了医学综合类期刊数十种,以每种期刊近 5 年中刊载的学术论文为研究对象,概括地总结了各类期刊论文中统计学应用的现况和在统计学应用方面存在的问题,先从正面讲解在生物医学和临床科研领域内如何正确使用统计学的理论、技术和方法,又列举了各种期刊论文中经常出现的误用和滥用的典型案例,对案例中出现的差错进行辨析与释疑,从正反两个方面启发和引导广大读者正确运用统计学、提高识别统计学错误的能力。内容涉及统计设计、统计表达与描述、统计分析、SAS 实现、结果解释和结论陈述。最后,又以一章的篇幅,提纲挈领、言简意赅地总结了学习统计学的方法。

38.《基础医学统计设计与数据分析》介绍

胡良平,余红梅,高辉主编.北京:电子工业出版社,50.56 万字,2014(定价:45.00 元)。本书作者查阅了基础医学和医学综合类期刊数十种,以每种期刊近 5 年中刊载的学术论文为研究对象,概括地总结了各类期刊论文中统计学应用的现况和在统计学应用方面存在的问题,先以 10 章的篇幅列举了各种期刊论文中时常出现的误用和滥用的典型案例,对案例中出现的差错逐一进行辨析与释疑,从反面引起广大读者的警觉,目的是用“反面刺激”有效提高广大读者识别统计学应用中可能出现的各种错误的能力,以期达到“吃一堑,长一智”之学习功效;接着又以 5 章的篇幅从正面比较系统地介绍了统计学的核心内容,内容涉及科研设计、统计表达与描述、统计分析方法合理选择和 SAS 实现等关键技术,以“提纲挈领、言简意赅”的写作手法,将统计学本身和使用方法的精华呈现在读者的面前。

39.《实用医学统计学》介绍

胡良平主编.胡纯严,李子建副主编.北京:金盾出版社,22.6 万字,2014(定价:22.00 元)。本书旨在全面介绍医学统计学的基础知识,内容涉及两篇,即第 1 篇医学统计学基础和第 2 篇单组设计及其资料的统计处理。第 1 篇包括 7 章,即试验设计基础(重点讲述其核心技术,即试验设计三要素、四原则、设计类型和质量控制)、统计分析基础与工具(重点讲述统计分析方法概述、SAS 软件简介、SAS 用法简介和 SASPAL 简介)、试验设计关键技术(估计样本含量和进行随机化的方法)、统计资料与基本概念、相对数与分位数、平均指标与变异指标、统计表与统计图;第 2 篇包括 4 章,即与单组设计有关的概念问题、与单组设计有关的区间估计问题、与单组设计有关的假设检验问题和与单组设计有关的相关与回归分析问题。上述内容不仅是医学统计学的重要基础,而且在写作手法上注重从实际出发,便于学习者易学易懂易用。

40.《新概念统计学—统计思维与三型理论在医药领域中的应用》介绍

胡良平,张天明主编.李长平,郭晋,田金洲,高颖,柳红芳,吴圣贤副主编.北京:中国中医药出版社,17.9 万字,2015(定价:29.00 元)。本书以统计思维和三型理论为一条红线,贯穿始终。从此理论开始发挥作用的统计学学科入手,延伸了触角、拓展了视野,将其应用于以医学为主要学科的众多研究领域,涉猎的范围包括统计学、医学、生物学、心理与认知科学。通读本书,可以使具有不同文化素养和知识结构的人都会受益匪浅,因为本书是来自军事医学科学院和中国科学院大学多位硕士研究生关于医药科学的思考而写出的心得,也是彰显他们才华和智慧的一个缩影。用统计思维和三型理论去解读与医药科研有关的问题,不仅可以在认识和解读事物和现象时达到“化繁为简、由表及里”之目的,甚至可以产生“洞见症结、醍醐灌顶”之功效。

41.《内科科研统计设计与数据分析》介绍

胡良平,王素珍,郭晋主编.吕军城,石福艳,任艳峰副.北京:电子工业出版社,72.4 万字，2015（定价：58.00 元）。本书作者查阅了多种内科学期刊，以每种期刊近 5 年中刊载的学术论文为研究对象，针对内科学期刊论文中统计学应用的现况和可能涉及的统计学知识，先以15 章的篇幅从正面比较系统地介绍了开展内科学科研所必需的科研设计知识、统计表达描述知识、常用统计分析和多元统计分析知识；接着，结合内科学论文中误用统计学的案例，介绍了"提高医学论文统计学质量的策略"和"内科学医学论文写作要领及应注意的问题"；又介绍了遗传资料的统计分析与 SAS 实现；最后，还用 4 章篇幅提纲挈领地介绍了临床科研设计、数据探索性分析、统计分析方法合理选择以及临床科研统计学方面常见差错辨析与释疑要览。

42.《应用数理统计》介绍

胡良平，胡纯严，鲍晓蕾著.应用数理统计，电子工业出版社，35.2 万字，2015（定价：35.00 元）。本书的内容和写作手法介于"概率论与数理统计"与"医学统计学"或"卫生统计学"之间，可以说，本书是学习"理论统计"与"应用统计"的一座坚实的桥梁。从"待分析的数据是否值得分析"入手，阐释了"应用数理统计"与前面提及的两大类泾渭分明的统计学的区别与联系。书中从试验设计、人为定义、概率分布和抽样分布四个大的方面，介绍了统计计算的基本原理和来龙去脉；接着，又紧紧抓住最小平方方法和最大似然法且拥有多种衍生方法的这两大类算法准则，介绍了基于这些准则构造估计方程（即求解统计模型中未知参数的过渡方程）并导出参数估计的方法。为了便于读者学习、理解和正确应用，在必要的统计推导之后，还附上了许多有价值的统计应用问题与解析。

43.《SAS 常用统计分析教程（第 2 版）》简介

胡良平主编.北京：电子工业出版社，99.2 万字，2015（定价：75.00 元）。本书内容丰富且新颖，实用面宽且可操作性强，涉及 SAS 软件基础和五种高级编程技术、统计设计中关键技术的 SAS 实现、定量与定性资料差异性和预测性分析、变量间和样品间相互与依赖关系及近似程度分析、数据挖掘与基因表达谱分析、时间序列分析、遗传资料统计分析、综合评价和统计图绘制。这些内容高质量高效率地解决了实验设计、统计表达与描述、各种常用和多元统计分析、现代回归分析和数据挖掘、SAS 语言基础和 SAS 实现及结果解释等人们迫切需要解决却又十分棘手的问题。

44.配套软件简介

（1）与前述介绍的《现代统计学与 SAS 应用》和《Windows SAS 6.12 & 8.0 实用统计分析教程》两本书对应的 SAS 引导程序，即 SASPAL 软件由李子建研制，需要者可发电子邮件联系：lphu812@ sina. com。

（2）与前述介绍的《口腔医学科研设计与统计分析》一书对应的 SAS 引导程序，即 SASPAL 软件由胡纯严研制，需要者可发电子邮件联系：valenccia@ sina. com 或 lphu812@ sina. com。

（3）与《统计学三型理论在统计表达与描述中的应用》、《统计学三型理论在定量与定性资料统计分析中的应用》、《医学统计学—运用三型理论进行多元统计分析》、《医学统计学—运用三型理论进行现代回归分析》、《正确实施科研设计与统计分析—统计学三型理论的应用与发展》、《SAS 统计分析教程》、《科研设计与统计分析》和《非线性回归分析与 SAS 智能化实现》八本书对应的 SAS 引导程序，即 SASPAL 软件由胡纯严研制，需要者或有疑问者请发电子邮件联系：valenccia@ sina. com。